化学教育实践研究

吴晗清　著

图书在版编目（CIP）数据

化学教育实践研究 / 吴晗清著. —北京：首都师范大学出版社，2019.12（2020.9重印）

ISBN 978-7-5656-5372-8

Ⅰ.①化… Ⅱ.①吴… Ⅲ.①中学化学课—教学研究 Ⅳ.①G633.82

中国版本图书馆 CIP 数据核字（2019）第 263478 号

HUAXUE JIAOYU SHIJIAN YANJIU

化学教育实践研究

吴晗清 著

责任编辑 孙志强

首都师范大学出版社出版发行

地 址 北京西三环北路 105 号

邮 编 100048

电 话 68418523（总编室） 68982468（发行部）

网 址 http://cnupn.cnu.edu.cn

印 刷 北京虎彩文化传播有限公司

经 销 全国新华书店

版 次 2019 年 12 月第 1 版

印 次 2020 年 9 月第 2 次印刷

开 本 710mm×1000mm 1/16

印 张 15.75

字 数 271 千

定 价 37.00 元

落实学生核心素养的化学教育实践研究范例

随着我国基础教育改革的深化发展，教学价值与目标旨向已经由双基、三维目标，走进了核心素养时代。文化基础、自主发展和社会参与的三足鼎立，支撑了学生一生的发展。化学学科核心素养，是化学教学中应然提供学生终身发展最有价值的关键内容，体现在五个方面，即宏观辨识与微观探析、变化观念与平衡思想、证据推理与模型认知、实验探究与创新意识，以及科学精神与社会责任。其中，宏观辨识与微观探析、变化观念与平衡思想是最具化学学科特色的内容，揭示了宏观现象与化学理论的辩证统一；证据推理与模型认知、实验探究与创新意识强调了科学探究方法的重要性；科学精神与社会责任则指出科学与人文的高度融合，强调科学对人类社会发展的积极引领。

那么在化学教学实践中如何落实这些核心素养？化学教育的价值取向应该如何？学生化学学习的心理机制是什么？如何有效进行化学重难点的教学？实验教学中有何问题，怎么去克服？学生在不同类型的化学问题解决中常见的问题有哪些，如何解决？本书尝试对这些问题做一些较为系统的研究和思考。笔者认为，这本书的价值不仅仅在于对化学教学中的问题提供了解决的思路和策略，更在于给了一线教师进行教育研究的范例。教育研究是当代教师专业发展的重要途径，一流的教师不仅需要精湛的教育教学技能，而且还需要教育研究的能力，即将教学中发现的问题，在理论的指引下，用实证的方法，收集证据，缜密分析，找到问题的症结，从而解决问题，并且撰写论文进行发表，提升教师自身的专业品质。这本书为一线化学教师的专业发展，开通了化学教学与化学教育研究方法的两条通道。

本书从化学教育实践中，精选了 30 个重要问题进行研究，将这些问题进行归类，分为了五个篇章：第一章，化学教育通论；第二章，化学学习研究；第三章，化学教学研究；第四章，化学实验研究；第五章，化学试题研究。涉及核心素养的方方面面，比如三重表征、化学平衡、化学学习心理、实验创新、绿色化学、唯物辩证法教育等。

一、化学教育通论

在这一章里，主要是研究一些较为上位的问题。比如化学教育有什么价值？作者指出，价值有着鲜明的主体性，基于已有研究构建了教育价值的个体主体、社会主体、人类主体的三级模型，并依此将化学教育价值解构为化学与生活、化学知识与技能、化学思想与方法、化学与人类文明四个模块。调查结果显示：学生认为化学教育的最大价值体现在提升个人生活品质；随着时间的推移，学生对各模块均有遗忘，化学知识模块遗忘程度最大；四大模块的学习既相对独立，又相互关联。继而提出化学教育价值的实现路径为：教学要与生活实际紧密联系，增强学习的现实价值感；要促进学生形成良好的个性化化学认知体系；要揭露蕴含于化学知识背后的思想和方法；要结合化学发展史，引领学生高位把握化学之于人类文明的贡献。

又如化学联系生活实际、绿色化学等也都是重要的教学理念。作者通过对高中生的调查研究发现，大部分学生认为化学学科有价值并感兴趣，绝大部分学生希望教学联系生活实际，而教学实践却往往远离学生的生活经验，导致学生将化学与生活联系的意识与能力较为薄弱，对于生活中的化学问题感知较为肤浅。指出应大力发掘与衣食住行等相关的化学内容，增强化学学习的亲生活性。以生活化的语言隐喻相关概念，增强化学理论的可感知性。培养在生活中自觉利用化学知识解决问题的意识，增强化学教育的现实价值感，以及开展科学探究活动，提升化学学科的亲社会性等。化学教育中渗透绿色理念也是非常必要的，调查发现学生绿色化学理念的总体水平位于中等层次。具体来说，“空气污染与防治”及“水体污染与水资源保护”掌握水平较高，“化学工业绿色化”和“化学能源的开发利用”掌握水平比较一般，而“食品安全与健康”和“化学药品与安全操作”掌握水平最低。从而指出化学教学中还亟须普及与深化绿色化学的理念，绿色化学的学习应该与学生生活实际紧密联系起来，让学生在实践活动中通过真实的体验来达成绿色理念的内化。

二、化学学习研究

在化学学习研究这部分中，主要涉及初高中的衔接、化学知识结构、三重表征、先行组织者、自我调节学习、学习机制，等等。关于初高中化学学习衔接，作者的调查结果表明，主要影响因素有学习压力、教材知识掌握难易程度、作业难易程度、教师受欢迎程度、课堂知识接受情况、遇困难处理方式、学校选修课开设情况、实验开设情况等；不同性别的学生在初高中核心知识点测试得分不存在显著性差异，但对化学学习男生显得比女生更有信心。基于此，教师宜转变视角，促进基于学生"学"的化学教学方式的变革；有的放矢，关注作业的数量和质量；重视差异，帮助学生树立学习信心；关注基础，促进学生有意义学习；利用实验，促进学生学业发展等。

比如，化学知识结构是经过专门的学习后所拥有的化学知识体系，是学生有效学习程度的反映。作者对学生的调查显示：只有少部分学生有结构意识，且主要源自教师的直接给予。其化学知识结构可分为四种类型：混乱型、框架性、具体型和创新型，类型的差异与学业成绩之间有显著关联。建议教师应激发学生的兴趣，培养学习的主动性；鼓励学生思考知识之间的关系及本质，培养知识的结构意识；鼓励学生对化学知识的个性化表达，培养学生的创造性等。

特别值得一提的是，作者参照相关学习理论，在大量实证研究的基础上，提出了化学学习机制模型，指出化学学习过程经历由易到难的四个核心阶段：实验现象、概念和原理、问题解决以及创造性地提出新问题或新观点。由此构建出感官感知、认知建构、认知重组和顿悟的四级学习机制模型。经过教学实践的检验，发现经历相应心理策略训练的学生化学学习能力有明显的提升，表明该模型对化学学习有良好的解释力。

三、化学教学研究

在教学研究部分，首先对信息技术给化学教学带来的变革做了辩证的分析，其次对元素化合物、催化剂、原子结构、原电池、化学反应速率和化学平衡等重要的化学学科核心内容做了深度的分析与探讨。翻转课堂作为一种新兴的教学方式，与传统课堂相比有利有弊。作者在翻转课堂的积极尝试和探索中，提炼出翻转课堂与传统课堂辩证创新的新范式，并且以原电池的教学为例，提出辩证创新的教学策略为：课前，优化微视频与视频同步学案，趣味性与启发性并重；课中，课堂讲授、课件与课堂导学案三位一体，注重知识的整体性和探究性；课后，关注学生的差异化发展，鼓励思考和质疑，培养学生的创新意识。

比如，在理论方面，原电池、热力学和动力学，一直都是教学的困难点。作者研究发现，铜锌原电池不具备原电池工作原理的普适性，教学中作为学生认知的第一模型，导致师生对原电池的认知存在诸多困境。继而对高中生进行测试发现：大部分学生错误地认为"两个电极材料一定是活泼性不同的"；大部分学生不能认识到原电池中电势差产生的本质原因；对原电池工作原理的理解局限于铜锌原电池模型。所以，建议教学中要对电极材料和电极反应物进行探讨，对电流产生本质原因进行探究，从而获得各类原电池工作原理的整体认知，而且作者还构建了原电池认知的通用模型，对教学改进有极强的实践意义。

"速率"和"平衡"是化学教学中的重点和难点，实践中它们往往被混为一谈。

作者对高中生的调查研究表明，半数学生不清楚“平衡只与体系的状态有关，与建立的途径无关”；大部分学生忽视速率的定量特征；几乎没有学生理解“速率所属的动力学及平衡所属的热力学，两者虽然相关但并不互为因果关系”。基于此，教师要从源头深刻把握热力学、动力学的本质差异；教学顺序可以进行调整，先学平衡再讲速率；要引导学生厘清平衡和速率，学会敏感地从热力学的角度解决平衡问题。这项研究为教学难点提供了理论分析和实践改进的思路。

四、化学实验研究

化学是一门基于实验的自然科学，实验对于化学的重要性不言而喻。化学实验旨在培养学生的实践能力和创新精神，而教学实践中这一效果并不理想。实践中存在教师观念偏差、知识与能力二元对立、学生问题意识淡薄、实验操作能力欠缺，以及相关教学制度阻滞等困境。基于实践问题的深度解剖，结合已有研究，指出可以从三个渠道实现瓶颈的突围：课内限定式探究性实验的挖掘、课内生成式探究性实验的利用，以及课外体验式探究性实验的开发。另外，作者从教育理论中汲取思想资源，并通过大量的教学实践考察，结合化学学科特点，指出实验教学应遵循直观性原则、过程性原则、发展性原则和虔敬性原则，让学生在实验中感受化学的魅力、体验过程的创新并自主构建动态的认知结构，从而涵养科学精神和人文情怀。

化学实验是影响学生科学素养形成的重要因素。作者利用自编的问卷，对我国高中化学教师进行了调查，并辅以对部分教师的深度半结构性访谈。结果表明，当前实验教学的症结主要体现在：实验价值的认识问题、探究性实验的实质性开展问题、“定性”向“定量”的转变问题，以及实验过程中学生的主体参与问题；大部分教师由于对实验价值缺乏足够的认知，加之高考升学压力、实验硬件条件等限制，导致仅有少量的教师能比较正常地开展实验教学；绝大部分教师理念上认同科学探究，然而实践中容易将其与高考应试二元对立起来，导致绝大部分实验均为验证性的简单实验；教师在理念和实践层面对“定量实验”都缺乏足够的重视；由于学生实验习惯、态度、课时、课堂管理以及教师自身素养等影响因素，在实验过程学生积极性并不高，照单抓药、缺乏问题意识和持续探究的热情。

另外，还对几则中学实验尽力改进。如“二氧化碳灭烛实验”，它是初中化学重要实验之一，然而教材呈现的实验方案存在诸多不足。改进后的优点体现在：不仅有利于学生认识二氧化碳不能燃烧且不支持燃烧，密度比空气大等性质；而且提高了实验的成功率，便于多班级轮流使用，减少了污染，发展了学生的科学探究思维。又如用三支注射器探究稀硝酸的强氧化性，对教材上铜与稀硝酸反应的装置进行改进，组装成一套密闭性好、价格便宜且抗摔的实验装置。改进后的实验操作简单，实验现象明显，能够更直观地观察到稀硝酸与铜反应的现象，更容易理解稀硝酸的强氧化性，且对尾气进行了吸收，绿色环保。

五、化学试题研究

虽然我们在理念上对应试教育应加以批判性的反思，然而实践中"考试"是教学环节的重要组成部分，对其进行研究具有重要的意义。本研究涉及实验题、计算题、图表题、有机化学试题等的探讨。实验题方面，作者以陈述性、程序性及策略性三类知识分类为切入点，重点对近十年北京市高考化学实验探究题进行分析，发现2010年及以前主要考查程序性知识，而后三类知识考查的频次趋于平均化。基于试题内容分析，作者认为化学教学和试题编制均应注重基础知识的内在结构，强调程序性和策略性知识，关注化学科技前沿的发展，激发学习兴趣和培养新情境中的问题解决能力，从而提高学生的科学素养。

图表信息题能够考查学生的综合能力，是近年来高考试题中的重要题型。作者分析指出，图表题主要关涉四类内容：STSE教育、反应原理、物质转化及化学实验。学生解题困境主要在于问题表征能力欠缺、信息获取及解读能力不足、化学语言表达能力薄弱等。基于此提出相应对策为，在化学教学中要培养学生的形象思维及其转化的能力、将大量信息进行有效结构化的能力以及问题解决中循序渐进的意志力。

又如，有机推断题是高考必考的题型之一，难度较大。作者对北京市高中生的研究表明：学生两极分化明显，容易"一卡全卡"，最怕书写同分异构及化学计算；大部分学生缺乏深度系统的有机知识结构；部分学生不清楚反应中化学键的断裂与生成情况，尤其是取代和消去反应；绝大部分学生空间想象力不够，难以理解分子的空间结构。基于此，提出教学中应通过点面结合来构建完整的有机化学知识结构体系；从键的不饱和度和键的极性来分析反应中化学键的变化情况；多维度提高学生对同分异构体的深度把握等。

这本书是吴晗清15年来对化学教育实践问题的探索，通览这本著作，我感到由衷的欣慰。首先，体现了作者学科教育的视野，尤其从第一章化学教育通论中可以看出。他从价值、辩证法等哲学概念出发，描述了一幅教育、科学教育等宏大背景下的化学教育地图，让我们从历史、现实及未来，理论及实践等不同的维度来审视化学教育。其次，比较全面地涉及了化学教育的方方面面。比如教学、学习、实验、考试等，能够启发一线教师立体式地思考化学教学。再次，研究有一定的深度。比如，将学生的化学知识结构分为四种类型：混乱型、框架型、具体型和创新型，指出类型的差异与学业成绩之间有显著关联。又如构建出感官感知、认知建构、认知重组和顿悟的四级学习机制模型。不仅有理性的分析，而且对实践有很强的针对性。最后，其实前面已提到，也是我尤其想表达的，那就是这本著作的最大价值不只是给一线教师们提供教学方面的启发，更重要的是，这30项相对独立的小研究，基本上都是较好的化学教育实证研究案例，能够很好地引领一线教师进行化学教育研究。

是为序。

西南大学教授　李远蓉

2019年 己亥秋 于重庆缙云山麓

目录

第一章　化学教育通论 ………………………………………………… (1)
第一节　化学教育价值及其实现 ……………………………………… (1)
第二节　化学教学中唯物辩证法教育的实证研究 ………………… (14)
第三节　联系生活的化学教学研究 ………………………………… (25)
第四节　高中生绿色化学理念现状的调查研究 …………………… (31)
第五节　科学素养视域下化学教师教学能力的调查研究 ………… (39)
第二章　化学学习研究 ………………………………………………… (48)
第一节　初高中化学学习衔接影响因素的实证研究 ……………… (48)
第二节　化学知识结构与学业成绩关联的实证研究 ……………… (59)
第三节　“三重表征”能力培养的瓶颈及其突破 …………………… (67)
第四节　化学学习中洞察力的培养 ………………………………… (74)
第五节　化学教学中先行组织者的层次 …………………………… (80)
第六节　不同学业水平学生化学自我调节学习策略的比较研究 ……… (86)
第七节　化学学习机制模型的建构及其检验 ……………………… (96)
第三章　化学教学研究 ………………………………………………… (106)
第一节　翻转课堂与传统课堂的辩证创新 ………………………… (106)
第二节　不同类型学生对元素化合物知识掌握差异的比较研究 ……… (114)
第三节　“催化剂”认知困境与教学对策 …………………………… (121)
第四节　原子结构示意图的教学研究 ……………………………… (130)
第五节　铜锌原电池作为原电池教学基本模型的局限性及其突破 …… (138)
第六节　“速率”和“平衡”教学亟待澄清的误区 ……………………… (145)
第七节　中学化学物质毒性的教学研究 …………………………… (153)
第四章　化学实验研究 ………………………………………………… (162)
第一节　化学实验教学原则新探 …………………………………… (162)
第二节　化学探究性实验教学的困境与突围 ……………………… (169)

第三节　高中化学实验教学的实践症结与对策探析 …………………… (174)
第四节　化学实验中学生“定量”概念的建构 …………………………… (184)
第五节　“二氧化碳灭烛实验”的改进 ……………………………………… (189)
第六节　三支注射器探究稀硝酸的强氧化性 ……………………………… (192)
第七节　化学探究性实验经历与问题解决能力关联的实证研究 ……… (196)
第五章　化学试题研究 …………………………………………………… (203)
第一节　北京市高考化学实验探究题探析 ………………………………… (203)
第二节　北京市高考化学图表类试题的分析与探讨 ……………………… (211)
第三节　化学计算问题解决困难的成因与教学对策 ……………………… (220)
第四节　有机化学推断题问题解决困难成因及对策探析 ………………… (228)
参考文献 ………………………………………………………………… (237)
后　　记 ………………………………………………………………… (241)

第一章　化学教育通论

第一节　化学教育价值及其实现

价值有着鲜明的主体性，基于已有研究本节构建了教育价值的个体主体、社会主体、人类主体的三级模型，并依此将化学教育价值解构为化学与生活、化学知识与技能、化学思想与方法、化学与人类文明四个模块。对北京市 1131 名学生的调查研究显示：学生认为化学教育的最大价值体现在提升个人生活品质；随着时间的推移，学生对各模块均有遗忘，化学知识模块遗忘程度最大；四大模块的学习既相对独立，又相互关联。在理论分析与实践考察的基础上，本文提出化学教育价值的实现路径为：教学要与生活实际紧密联系，增强学习的现实价值感；要促进学生形成良好的个性化化学认知体系；要揭露蕴含于化学知识背后的思想和方法；要结合化学发展史，引领学生高位把握化学之于人类文明的贡献。

一、价值与教育价值

人作为一种社会存在，总会面临两个基本问题：一是真理问题，比如“世界是什么、教育是什么”；二是价值问题，如“哲学有什么用、教育有什么用”，在日常生活中常用“好”与“坏”、有用无用等来表达价值问题。真理试图解决事物应然“是不是”的问题，而价值则是探讨事物实然“该不该”的问题。比如“化学教育有什么用”就是一个哲学中的价值问题。价值问题“实际上涉及人类一切价值思考的共同本质、特征和规律，普遍的前提和方法等基础性的问题”[①]，为理解诸如日常生活、伦理道德、社会经济、生命环境乃至人类文明进程等领域的本质和规律，提供深层的理论基础和方法论思考。因此，思考价值问题具有普遍的理论意义和现实意义。

马克思曾指出，“‘价值’这个普通的概念是从人们对待满足他的需要的外界物的关系中产生的”[②]。他还进一步提到价值“表示物的对人有用或使人愉快等的

① 李德顺．价值论研究的意义[J]．求是学刊，2000(6)：6.

② 马克思．马克思恩格斯全集(第 19 卷)[M]．北京：人民出版社，1963：406.

属性"[①]。可见价值中反映的是一种主客体关系，是客观事物满足人的需要所产生的一种意义的评价。简言之，价值是指客体属性对主体需要的符合程度。因此价值既不是客体的属性，也不是主体的属性，而是指客体与主体之间满足与被满足的关系。需要注意的是，在价值中虽然体现着主客观的辩证统一，但更加鲜明地表现出人的主体性，比如"究竟是指对谁的价值"；价值具有一定的相对性和绝对性，但两者并非完全对立，在相对中有绝对，在绝对中又有相对，应在特定的客观实践场域中来衡量价值问题；价值还有层次性，比如工具主义取向的价值，增进社会文明、促进人性完善的道德教化价值等。

教育价值从属于价值，但较之一般价值问题又有特殊性。通常所说的价值偏重于"客体的价值"，即主要反映了物品或社会服务本身对于占有或消费它们的人们的有用性程度。而教育价值则讨论的是"人的价值"。在教育价值取向问题上，一般说来理性主义者多表现为客观论、绝对论和内在价值论，实用主义者则多表现为主观论、相对论和工具价值论。理性主义价值论者，总是企图找出一个在教育目的问题上最终起决定作用的、不变的绝对因素，认为有一种教育追求总是亘古不变、放之四海而皆正确的，比如康德的"绝对理念"，虽然这个"理性"带有自然主义的色彩，但还不能如实地说明教育的本质和目的。实用主义价值论者，则不承认有什么绝对、不变的教育目的。在他们看来，教育目的绝不是什么最高的人生价值追求，只是暂时的一个行动纲领，比如杜威在《民主主义与教育》中就要求人们要防止把教育目的视为一般的和终极的目标。他认为教育即生长，目的就在过程之中，而试图建立一个唯一的总的教育目的是徒劳无益的。

上述两种思想都只强调了问题的一方面，事实上这两种极端的情况在历史上从未出现过，个体的发展、社会的需求，往往不是完全匹配的。显而易见，教育价值问题比普通价值问题更加复杂、多元、动态。教育哲学界一般认为，教育价值体系中的主体可以分为两大类，即社会主体和个体主体。[②] 社会主体指社会系统中的政治、经济、文化、科学等子系统；个体主体主要是指受教育者。教育价值的基本表现方式即教育对社会主体和个体主体发展需要的一定满足。也有研究者指出，学校价值可以分为个体价值、社会价值和人类价值三个维度。[③] 个体价值在于学校促进学生个体的发展，社会价值在于学校是社会生活的基础，而人类价值在于学校是唤醒人类意识的场所，培育人类共同体的力量。

教育领域中的价值问题，紧紧围绕着人的发展这一核心命题，一切能够促进学生发展的事物都有价值。为了更好地理解教育价值的复杂性，笔者认为教育价值主体可以分为：个体主体、社会主体及人类主体。教育的基本旨趣就是人的培

① 马克思．马克思恩格斯全集(第26卷第3册)[M]．北京：人民出版社，1974：326.

② 王卫东．关于教育价值问题的讨论[J]．教育研究，1996(4)：72.

③ 石中英．论学校的价值[J]．中小学管理，2009(1)：7.

养，而人又是组成社会的细胞，社会需要发展学生的某些品质，更需要把教育放在人类文明发展的长河中来思考。换言之，一切教育问题总是个体、社会及人类这三个主体在多维时空里博弈而产生的，可以用图 1-1 所示的模型来表示。

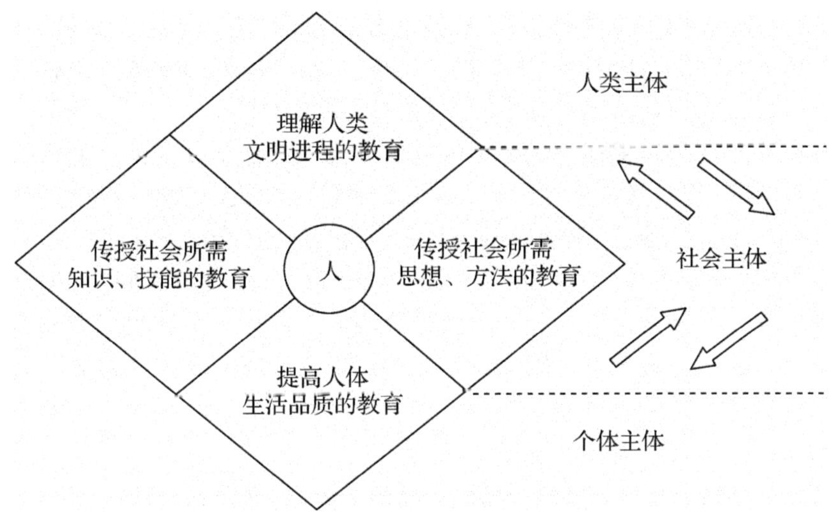

图 1-1　教育价值主体及内容模型

正如模型所示，我们认为：(1)教育价值具有鲜明的主体，那就是“人”。个体主体的“人”、社会主体的“人们”、人类主体的“人类”，其核心无不是“人”，且三个主体之间交互、相互影响。如果说“人类”是立体的，那么社会就是构成立体的面、人就是构成面的点。教育就是要促进这个立体空间的充实、有序、和谐、开放和更新。(2)教育价值具有明显的层级，但高层级以低层级为基础，不同层级均不可或缺。教育促进个人的发展，培养具有良好个性和社会适应性的个体，为社会发展服务；社会的进步又带来人文文明的不断创生。而这一高层级的价值体现，需要依赖于培养好每一个良好的社会细胞。(3)教育内容，作为实现教育价值的载体，其模块相对独立又相互联系。个体主体需要提升其生活品质的教育，社会主体需要提供促进社会发展的知识、技能、思想、方法等，而人类主体需要提供基于历史、把握现在、展望未来的教育。个体生活品质的提升促进社会的发展，继而创生人类文明，而文明的进步为个体提供更加优质的培养。总之，我们解构教育价值，是为了揭示教育价值的内在结构，以便更好地建构教育价值的整体认知。

二、化学教育价值的调查研究

作为化学教育研究者，笔者多年前就开始考虑一个问题：如果一个学生踏入社会后，其生活、工作等都与化学不相关，那么中学化学教育到底能够给予他们什么，对其终身发展有什么价值？爱因斯坦在《论教育》中提到"教育就是忘记了在学校所学的一切之后剩下的东西"。受此启发，我们对北京市 1131 名学生进行调查研究。其中高二学生 384 名(经评估，高考时能达到一本水平)、某一本院校大四理科生 399 名(数学、物理、信息技术专业)、大四文科生 348 名(文学、历史、英语专业)。他们分别占总人数的 34.0％、35.3％、30.8％。拟对三组样本进行分析比较，试图揭示当下化学教育价值的现实状况。

调查工具是课题组依据上述模型编制的。我们将化学教育价值解构为四大模块：化学与生活(提升学生生活品质)、化学知识与技能(提供参加社会工作所需的基本科学知识与技能)、化学思想与方法(提供参加社会工作所需的基本科学思想与方法)、化学与人类文明(为人类文明进程提供科学史的视野)。每个模块由问卷和相关典型测试题组成，每个模块总分均为 100 分，问卷效度主要通过专家诊断和预测来保证，调查信度则依赖于回答问题的内部一致性来检验。另外，课题组利用深度的半结构性访谈，进行了 60 份个案研究，为本研究提供了大量的质性材料。研究结果主要体现在以下几点：

(一)学生认为化学教育的最大价值体现在提升个人生活品质

分别有 54.2％、28.9％、29.3％的高二学生、大四理科生、大四文科生认为化学很有价值。当问及学习化学的最大价值时，55.4％的学生认为最大价值在于提升个人生活品质；16.1％的学生认为是通过考试；12.2％的学生认为是获得化学思维、思想、方法等；8.8％的学生认为是为了掌握化学知识；7.5％的学生认为最大价值体现在于更好地理解人类文明的进步。三类学生的具体选择略有差别，如文科生认为化学是为了提高生活品质、通过考试的略微多一些，理科生更多地认为要掌握系统的化学知识，领悟化学思维、思想方法等。具体如图 1-2 所示。

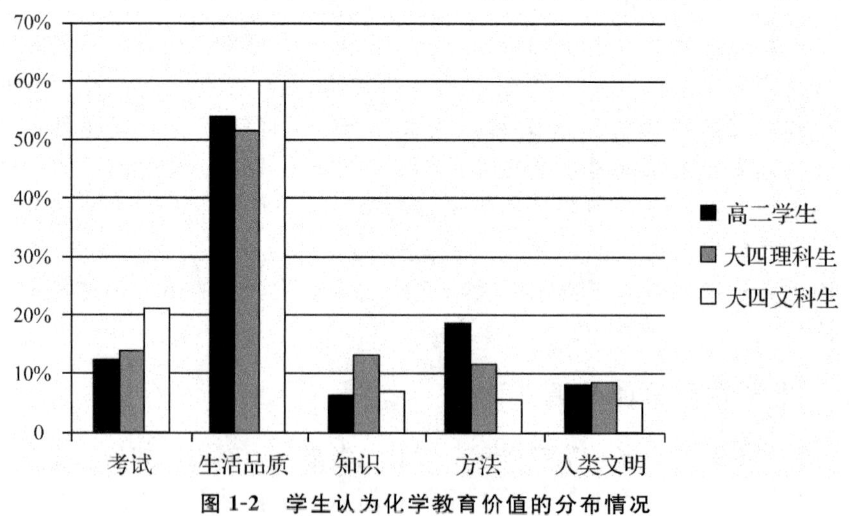

图 1-2　学生认为化学教育价值的分布情况

从图 1-2 可以看出，认为最大价值在于提升生活品质的占绝对优势。访谈时，他们表示“了解生活中的化学很有必要，以免引起不必要的麻烦和危害”。比如：84 消毒液和洁厕灵不能混用、铁锅除锈、软水硬水与去水垢、服饰材料与健康、微量元素与饮食、食品安全、药物成分、化妆品、房屋装修、空气质量等，涉及衣食住行多方面。我们在教学中应加强与实际生活的联系，虽然访谈对象的记忆水平存在差异，能够回想起的内容也各不相同，但是普遍集中在与生活的联系上。其次，部分学生认为价值体现在应试方面，“应付高考、会考最重要”，“对科学、对研究也没有什么兴趣，学好知识就是为了上个好大学、找个好工作，别的相比起来好像在学生时代都不重要”。再次，少部分学生认为“学习一些科学思想和方法最重要，因为只有明白思想和方法才能独立思考问题”，“不学化学这些思想和方法还有用”。最后，认为掌握化学知识或理解人类文明进程的则更少。不过还是有人从政治、经济、文化多角度谈到了化学之于人类进步的贡献，“觉得化学是一门很高深、很神圣的科目”。

(二)随着时间的推移，学生在化学知识与技能方面的遗忘程度最大，其他三方面情形相近，表明单一、机械地讲授化学知识是无效的

根据理论模型，我们将化学教育价值解构为四大模块：化学与生活、化学知识与技能、化学思想与方法、化学与人类文明。每个模块分别赋分 100 分，利用 SPSS 软件对各模块得分进行数据分析，如表 1-1 所示。

表 1-1　不同类别学生不同模块的得分情况

模块得分 / 学生类别	化学与生活		化学知识、技能		化学思想、方法		化学与人类文明	
	M 平均分	SD 标准差	M 平均分	SD 标准差	M 平均分	SD 标准差	M 平均分	SD 标准差
高 二 学生(384 名)	78.65	12.72	86.04	13.52	80.26	15.73	84.06	16.12
大四理科生(399 名)	64.09	18.98	42.05	18.64	72.12	17.79	70.55	18.10
大四文科生(348 名)	53.62	20.32	35.65	21.21	58.85	20.41	66.44	19.13

从表中可以看出，每一模块的得分均为高中生＞大四理科生＞大四文科生，标准差均为高中生＜大四理科生＜大四文科生。可以看出，随着时间的推移，学生所受的教育在不断打折扣。文科生遗忘得更多，且分化更为严重，表明接受教育愈多，留下的印记愈深。为了清晰地呈现不同类别学生的得分情况，将上表转化为直观的折线图如下：

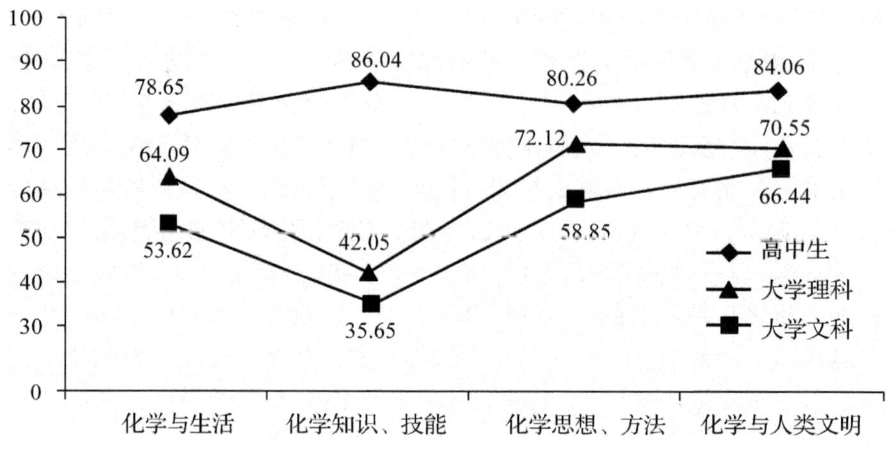

图 1-3　三类学生对“化学教育价值”不同模块掌握的结果

一目了然，学生在知识模块的得分差异巨大，高中生要比大四学生高出约五十分，表明学生对知识的遗忘程度令人震惊。“已经多年没有碰化学了，高中学的东西几乎都忘完了”，“只记得乙醇是酒，其他的都不记得了”。像氧化还原反应、物质的量等重要内容，不少学生已经完全没有印象。结合访谈和实践考察，笔者认为导致这一情形有如下重要因素：其一，忽视知识获取的重要途径即实验。实验“毕竟是自己动手，和听老师讲枯燥的知识比当然更有趣”，“很多理论知识只有经过了我的亲自验证我才能彻底相信它是真实的”，“是实验让我记住了很多知识”。其二，忽视知识背后的思想、方法等关联。学生表示“化学让人烦躁，因为内容比较繁杂”，“要背化学方程式、化合价和公式”，“最讨厌死板学书本的知识”。如何有效地教给学生将散点知识联结成灵活的结构体系是个重要的实践问题。

(三)化学学习中，在知识获得方面性别导致的差异显著，其他方面不明显；而不同类别的学生，对四模块的掌握均存在显著性差异

为了探究不同性别、不同类别，与不同模块得分之间的关系，利用 SPSS 软件对数据进行多因素方差分析，考查性别、类别对不同模块得分是否导致显著性影响。

表 1-2　四大模块得分的多因素方差分析

	化学与生活		化学知识、技能		化学思想、方法		化学与人类文明	
	F	*Sig.*	*F*	*Sig.*	*F*	*Sig.*	*F*	*Sig.*
性别	0.029	0.865	23.019	0.000	1.428	0.232	3.659	0.056
类别	137.165	0.000	89.245	0.000	80.497	0.000	74.930	0.000
性别 * 类别	1.524	0.218	1.961	0.141	4.863	0.008	1.501	0.223

$\alpha=0.05$(置信区间 95%)，*Sig.*<0.05 表明有显著性差异。

从上表可以看出：(1)对于“化学与生活”“化学与人类文明”两个模块来说，学生类别导致的差异均显著；性别导致的差异均不显著；两因素交互作用均不显著。(2)对于“化学知识、技能”来说，学生类别和性别导致的差异均显著；两因素交互作用不显著。(3)对于“化学思想、方法”来说，学生类别导致的差异显著，性别导致的差异不显著；两因素交互作用显著。可以看出，不同类别的学生对各模块的掌握程度都是有明显差异的。

对于高中生来说，“化学知识、技能”模块女生得分低于男生；而另三个模块，高中女生得分均高于男生；对于大四理科生、文科生来说，四个模块得分情况都是男生高于女生。也就是说，正在学习化学时，女生只是在知识掌握这一块是略胜男生一筹的；化学学习结束后，女生在各面的遗忘程度比男生都大一些。这可能与男女生的认知风格、思维模式等差异有关。

(四)在化学学习中，四大模块的学习相对独立，而又相互关联

为了探讨四个模块得分之间存在的相关性，我们利用 SPSS 软件对数据进行皮尔逊相关系数 r 的计算。r 描述的是两个变量间线性相关强弱的程度。不过需要注意的是这里并不存在因果关系。为了考查每一模块数据之间是否有显著性差异，我们还进行了两配对样本 t 检验。

表 1-3　皮尔逊相关系数及两配对样本 t 检验

		化学与生活	化学知识、技能	化学思想、方法	化学与人类文明
化学与生活	Pearson Correlation	1	0.308(* *)	0.729(* *)	0.667(* *)
	Sig. (2－tailed)	—	0.000	0.000	0.000
化学知识、技能	Pearson Correlation	0.308(* *)	1	0.345(* *)	0.335(* *)
	Sig. (2－tailed)	0.000	—	0.000	0.000

续表

		化学与生活	化学知识、技能	化学思想、方法	化学与人类文明
化学思想、方法	Pearson Correlation	0.729(* *)	0.345(* *)	1	0.814(* *)
	Sig.（2—tailed)	0.000	0.000	—	0.000
化学与人类文明	Pearson Correlation	0.667(* *)	0.335(* *)	0.814(* *)	1
	Sig.（2—tailed)	0.000	0.000	0.000	—

* *　Correlation is significant at the 0.01 level (2—tailed).

将四个模块得分进行两两配对，从表中可以看出 t 检验结果表明，当 $\alpha=0.01$(置信区间99%)时，P 值均为0.000，小于0.01，因此每两个模块得分之间均存在显著性差异。相关系数的计算又表明，每两模块之间的分数又是相关的。

具体来说，“化学思想、方法”与“化学与人类文明”两模块高度相关($r=0.814$)，也就是说在教学过程中结合化学对于人类文明的贡献来探讨化学学科思想和方法是一举两得的，两者相互促进、相得益彰；“化学与生活”分别与“化学思想、方法”($r=0.729$)，与“化学与人类文明”($r=0.667$)之间均为中度相关，表明在结合生活实际的同时，最好能渗透化学发展史、学科思想方法等；“化学知识、技能”分别与“化学与生活”($r=0.308$)，与“化学思想、方法”($r=0.345$)，与“化学与人类文明”($r=0.335$)之间均为低度相关，这表明学生在知识获得过程中比较单一，较少联系生活实际、学科思想方法以及学科发展史。总之，四大模块的学习之间存在显著差异，而又相互关联。表明在教学实践中不同模块要分别强调、训练，同时又要将它们结合起来，相互渗透，为学生全面的学科素养奠定基础。

三、化学教育价值的实现路经

(一)紧密与学生生活实际相联系，增强学习的现实价值感

调查结果显示，学生认为化学教育的最大价值就在于提升生活品质，然而教学实践往往脱离学生的生活实际。究其原因，这是根深蒂固的教育信条“塑造知识人”在作祟。“这一信条的人性设定是把知识、求知看作是人的唯一规定性，它颠倒了知识与生活的关系。”①其实，学生总是同时存在于“生活世界”和“科学世界”。生活世界是我们在自然的生活态度中直接感知的世界，它是人们生活于其中的现实而又具体的环境。胡塞尔指出：“生活世界是一个始终在先被给予的、

① 鲁洁．一个值得反思的教育信条：塑造知识人[J]．教育研究，2004(6)：3.

始终在先存在着的有效世界。”[①]学生的科学世界由教育领域中客观的、逻辑的知识体系编织而成，是理性的概括和提升，它过滤了个性、偶然性和主观性。在科学世界里，“我们在生活世界中所经验到的对象的‘感觉丰满性’，却被科学系统地抽象化了”[②]。“科学观念被实证地简化为纯粹事实的科学。科学的‘危机’表现为科学丧失生活意义”[③]。这就割裂了学生同时生存的两个世界，生活经验是一套，科学认识则是另一套，两者不匹配，甚至矛盾。

我们应当知道，“尽管客观科学的逻辑亚建筑超越了直观的主观生活世界，但它却只能在回溯到生活世界的明证性时，才具有它的真理性”[④]。也就是说，完全脱离学生生活世界的教育，学生获得的仅仅是被动的、生冷的、不可感知的、难以信任的、遥远的、无用的知识。在笔者访谈时，有学生在制作水果电池后，大发感慨：“原来书上说的是真的!”因为电化学原理是难以理解的，只是通过讲授就要学生接受，实在勉为其难。当然，我们也应看到，直观的生活世界肯定不是教育的全部，因为它不能告诉我们客观世界的普遍的必然性。两者应当是相互依存、互相补充的，而不应当存在任何的割裂和脱节，或者非此即彼的二元对立。

也就是说，“教育与生活”的关系是需要我们思考的重要理论范畴和实践问题。在化学教育中，我们的思路是：首先，化学教育要回归生活世界，但并不是庸俗化地简单地用“生活世界”来统领学校教育，而是让学生在学习化学概念、知识之前，紧密联系学生已有的生活经验，调动学生的个体知识。比如空气、水、有机化合物、金属材料、非金属材料、化工生产等，均与学生的生命活动、衣食住行等休戚相关。其次，利用化学的知识、原理培养学生洞察生活中化学问题的能力，养成一种敏锐的“化学眼光”。如更好地设计健康的饮食方案、污水等废物的处理与绿色化学、迷信的揭秘与科学素养、对食品与药物等的安全感知等，更好地理解化学与生活的共生关系。再次，将生活世界里的复杂性与科学世界里的逻辑线性进行比较，感知科学发现与科学知识之间的关联，即科学世界里系统的、客观的、逻辑的知识并不是一蹴而就的，而是人们在丰富的生活世界里，通过思考、激情、想象等个体的、主观的、漫长的努力而获得的。总之，教育回归生活世界，就是要从学生的生活实际出发学习化学，然后利用化学知识解决生活中的问题，再促进科学世界里知识的完善，这是一个螺旋式上升的不断开放的发展体系。

---

① 胡塞尔．欧洲科学危机和超验现象学[M]．上海：上海译文出版社，1988.

② 安德森．现象学[J]．哲学译丛，1990(2).

③ 胡塞尔．欧洲科学危机和超验现象学[M]．上海：上海译文出版社，1988.

④ 倪梁康．现象学及其效应[M]．北京：生活·读书·新知三联书店，1994：135.

(二)促进学生形成良好的个性化化学认知体系

随着时间的推移，学生知识遗忘的程度增大。而这些曾经获得的知识却起着对学生最为重要的作用——应对各种考试。这就是我们通常所批评的应试教育，考试往往围绕着对教材知识的记忆、再现、理解与简单应用而进行的，这种以教材知识为核心的考试漠视了学生对教材知识做出独特理解、质疑、批判与表达，也忽视了教师对知识的再创造和批判性思维，往往追求标准答案，为了考试而教、为了考试而学，这是教育难以承受之殇！这里有着深刻的科学哲学根源。

17 世纪以来，西方经验主义和理性主义的哲学思潮，普遍追求一种客观的知识，这种观念支配着人们对世界的认识。逻辑经验主义是所谓“正统的”科学哲学的代表，它强调“每一门科学都是一个知识体系，即真的经验命题的体系；而全部科学，包括日常生活中的命题在内，都是知识的体系，在这以外，再没有一个‘哲学的’真理的领域”①。而这种客观的知识体系，正是依赖于逻辑和经验实证这两条，这恰恰是当代知识教育，特别是科学教育的理论基础。因此，我们往往关注的是科学知识的辩护和证实过程，总是强调验证、证明，而不是发现和创造、提出质疑；关注的是静态的线性逻辑，而不是丰富的科学思想、方法；关注的是人所发现和创造的客观科学本身，而忽略发现和创造科学的主体的人；我们关注的是科学世界，而忽视学生丰富的生活世界；我们强调获得知识的结果，而轻视探究的过程，等等，只是强调逻辑和实证，而把考试之外的东西清扫出教学视野。

波兰尼是著名的化学家，他敏锐地看到这种对知识客观性的盲目崇拜和无休止追求，导致了理智与情感、科学与人文、知识与能力的内在分裂。由此波兰尼开始从科学领域转到哲学领域，系统研究知识理论，提出了著名的“个体知识”和“缄默知识”等概念。人们通常理解知识是“普遍的”“客观的”“非个人”，而“个体知识”则强调人这一主体在科学知识形成过程中的积极的、主动的、内在的、个性的因素。② 他指出，科学发现是以有价值的问题为导向的，而有价值问题的“判断”主要依赖科学家个人来进行。而且，在科学研究过程中，科学家熟练的个人经验是不可缺少的。还有，科学家个体的科学激情和科学美感在科学发现中起着巨大的作用，而我们强调的“客观知识”则遮蔽了所有的科学知识乃至所有的人类知识，根本上都是个体精神活动的产物这一真相。

当前化学教学实践中，否定学生在知识形成过程中的主体性比比皆是。笔者考察发现了一则经典的案例：“催化剂”是化学的核心概念之一，访谈的初中教师100％都只强调催化剂加快反应速率后“本身的质量和化学性质没有发生改变”这

---

① 石里克．哲学的转变[A]//洪谦．逻辑经验主义．北京：商务印书馆，1989：8－9.

② 石中英，波兰尼的知识理论及其教育意义[J]．华东师范大学学报(教科版)，2001(2)：36.

一考点，完全不顾催化剂参与了反应过程，而这一事实恰好是反映化学学科核心思想(化学反应是需要条件的，且条件不同反应差异巨大)。在高二的课堂上，某学生非常激动、急切地中断教师讲课，大声问道："催化剂为什么就能加快反应的速率?"教师制止一次两次学生依然，直至第三次生气地警告学生别捣乱时，学生才悲愤地耷拉下脑袋。笔者后续的调查发现，著名重点中学高三的学生中竟也有 41.9%认为催化剂只是改变了反应的活化能，没有参与反应历程。

我们认为，有价值的化学教育应不能定位于传递应对考试的知识点，而应促进学生形成自己独特风格的认知体系。它应是学生生活经验、学习体验与心理相互作用的产物，它的内容不仅包括生活常识、化学基本知识、化学知识的逻辑关系、解决化学问题的方法技巧和认知监控，还包括这些内容在头脑中的存在形态与组织方式。简单地讲，化学认知体系就是学生特有的化学学习系统，包含化学知识的获得过程及其独特运行方式。良好的化学认知体系会促进学生的自主学习，自我诊断、调节，以及可持续的化学学习热情。这势必带来高效的化学学习，不仅知识掌握扎实，更为重要的是学生获得了学习化学的方法。

波兰尼还提出了"缄默知识"这一概念，它是与"显性知识"相对而言的。显性知识是指那些通常意义上可以用概念、命题、公式、图形等加以陈述的知识，而缄默知识则指人类知识总体中那些无法言传或不清楚的知识。这一概念对化学实验技能的获得也是非常有启发意义的。访谈时，普通条件学校的教师往往将硬件视为首要因素，"实验，我们没有实验，没有药品，现在其实都是从课本到练习，等于都是以说讲代替实验了"。而条件优越学校的教师则主要归因于升学压力，"我们学校实验的硬件条件很好，但形同虚设，真正落实实验课还远远不够，教学时间不够。带领学生做的实验并没有多少，老师也很矛盾"。可见，应试旨向的实验教学，把"缄默知识"当成"显性知识"来教，扼杀了学生的兴趣，实验技能的培养只能是缘木求鱼了。

(三)揭露化学思想、方法，培养学生良好的科学素养

化学的进步就是人们不断地探秘微观世界的历程，具有丰富的文化性。它不仅取得了丰硕的实践成果，同时还为我们提供了丰富的思想、方法、思维范式等。化学是创造的科学，更是和谐的科学。化学的旨向不应只是创造人们需要的新物质，而更应该是为人类生命质量的提升做出贡献。相应地，化学教育不应仅仅局限于让学生学习和掌握已有的知识，而应致力于让学生受到包括知识在内的整个文化的全面熏陶，从而不仅成为旧知识的占有者，更应成为新知识的创造者、学科文化的传播者。正如怀特海指出，我们需要造就"既有文化又掌握专门知识的人才，专业知识为他们奠定起步的基础，而文化则像哲学和艺术一样将他们引向深奥高远之境”[①]。

化学作为一门重要的基础自然科学，在其文化中蕴含一些特色的学科思想及方法。结合当下教育考察，笔者认为需要重点讨论的有：化学实验方法、物质观念、辩证思想、量变质变、创造特性与绿色观念等方面。化学实验，是研究化学的基本方法，一切化学成果的取得，不仅起源于实验，还得经过实验的检验，因为“实验是化学的最高法庭”。只有21.9%的学生对化学实验有良好的掌握。访谈时有学生说，“我觉得完成一个实验很有成就感，就像化学家一样”，然而普遍的“以讲代做”实验教学方式，将实验过程中的思维、设计、激情、兴奋、价值感等体验几乎完全屏蔽。

物质观念。世界是物质的，物质是由微观粒子组成的，丰富的物质世界是由有限的元素组成的；物质的结构决定物质的性质，化学变化则是物质性质的具体体现，物质的性质又决定了物质的存在、制法和用途等。这是化学核心的观念，但仅有43.6%的学生非常清楚宏观物质都是由微观粒子构成的，40.8%非常清楚有限元素构成丰富多彩的物质世界。掌握良好的物质观念对学生破除迷信、揭秘魔术等大有裨益，访谈时有学生表示学习化学有用、有趣就是由于他们利用化学观念与知识来识破各种骗人的把戏，诸如商家明显缺乏化学常识的宣传（如有机米、不含化学物质的食品）、算命驱鬼（如利用钠与水的剧烈反应来演示恶鬼被杀）、让人迷幻的魔术（如接近无色的 $FeCl_3$ 稀溶液与 KSCN 混合变成恐怖的鲜血）等。

辩证思想。事物之间是普遍联系、相互影响、相互作用的，诸如元素及其化合物的熔沸点、溶解度等物理性质，稳定性、酸碱性、氧化性、还原性等化学性质的变化都呈现一定的规律。同时，它们之间又是对立统一的，某些物质既有氧化性又有还原性，某些化学键既有离子性又有共价性，化学平衡更是对立统一的典范。38.1%对化学辩证思想有较好的理解，掌握辩证思想能更加全面、真实地认识物质及其性质，也是化学发展的智力源泉之一。

量变质变。康德认为“在自然科学的各门分支中，只有那些能以数学表达（量及其关系）的分支才是真正的科学”。也就是说量化研究应该是化学的核心之一，只有25.0%的学生认识到化学实验中的“定量”揭示了化学变化的本质。比如 Al^{3+}、CO_2 等与 OH^- 的反应，量的变化则会引起质变，即反应原理、生成物质等完全不一样。应让学生在实践活动中发现“定量”对于实验及学科本质的重要性，主动建构“定量”概念，逐渐形成“定量”的科学思维和习惯。化学实验从定性走向定量是化学教育改革与发展的必然。

① 怀特海．教育的目的[M]．北京：生活·读书·新知三联书店，2002.

化学的创造性与绿色观念。我们日益丰富的物质享受大多得益化学的发展，它创造了许多新的材料、药物等。正如常言道，科技是一把双刃剑，人们容易把利用化学过程中人的问题嫁祸于化学本身，导致许多人认为化学是“有毒的”“危险的”，这是一桩“冤案”。比如有学生说：“居里夫人发现镭，爱因斯坦发现与核物理相关的一些东西，才有了后来的原子弹，如果没有他们发现这些化学物质，也就没有现在的科技化战争。”只有 35.0％的学生知道治理人类自己造成的环境、能源等问题还需化学大显身手。“绿色化学”观念应运而生，它提醒人们要反省自己的行为。教学中要促进学生树立可持续发展的思想，建立绿色化学的观点，增强环保意识、节能意识和节约资源、保护资源、合理地开发利用资源的意识。在化学实验时，在不影响效果的情况下力求微型化和无污染化。

(四)结合化学史，引领学生把握化学之于人类文明的价值

正如美国化学家西博格指出，化学是“人类进步的关键”，人类文明进程中化学总是发挥着关键的作用。在原始时期以及农耕文明时代，火的利用、金属的冶炼、炼金术极大地发展了生产力；工业文明时期，能源的开发、各种材料的生产等促进了社会的发展；知识文明和信息文明时代，在新材料的开发、医药卫生、生命揭秘等领域，化学功不可没。如今我们正走向一种新的文明范式——生态文明。生态问题正在演变为当前世界人类社会发展的一个中心问题。加强生态建设，保护自然资源和生态系统，维护生态安全，破除高能耗、高污染的传统发展模式，促进经济社会可持续发展，构建人与自然和谐相处的生态文明，已成为全人类的共识。化学依然是生态文明建设的主角。

调查发现，仅有 42.6％的学生清楚火的使用是人类最早利用的化学反应，33.8％的学生清楚古代炼金术(早期化学)对近代科学的发展有着重要贡献；41.2％的学生清楚化学的发展给人类衣食住行带来了新的便利；40.0％的学生知道化学为医药健康、生命科学研究提供了基础；36.8％的学生知道化学创造了重要的新型材料，且在未来的能源、材料等领域继续大显身手。可见教学实践中缺乏对学生进行化学之于人类文明发展的高位的价值教育。化学教学中应结合学科发展史，培养学生的学科历史意识、发展意识和学科之于社会发展的责任感。

在此，笔者尤其要强调化学的另外一点容易被忽视的非物质形态的价值，那就是化学为哲学社会科学提供了重要的源泉。比如 1828 年德国化学家维勒发表《论尿素的人工制成》一文，沟通了生命界和非生命界，产生了哲学上的深刻革命。当时盛行的“生命力”说认为有机物只能依靠一种生命力在动植物有机体内产生，在生产上和实验室里，人们只能合成无机物质，不能合成有机物质，尤其是由无机物合成有机物更不可能。因此一开始成果遭到别人的讽刺，问维勒“能不能在实验室造出一个孩子来”。恩格斯曾指出，维勒合成尿素扫除了有机物的神秘性的残余，为辩证唯物主义自然观的诞生提供了科学依据。只有25.3%的学生了解化学促进了哲学的发展。又如荣膺1977年诺贝尔化学奖的耗散结构理论，在诸多领域如天文学、管理学、经济学、哲学等都产生了巨大影响。只有16.8%的学生对此有一定的了解。

一言以蔽之，化学教育不应仅仅站在功利的立场上应对各种考试，而且要将其价值视域融合在个体成长、社会发展、人类进步的广阔时空中。

第二节　化学教学中唯物辩证法教育的实证研究

树立辩证唯物主义的世界观是化学教育的重要目标之一。本文将知识习得、原理解释和思维抽象作为分析框架，以氧化还原、化学键、氢氧化铝为例，对北京市普通高中的172名学生进行实证研究，结果表明：大部分学生“知道”大部分知识，但是不能对其“解释”，只有极少学生能站在唯物辩证法的高度进行化学学习。基于此，本节建议教师应该提升自己的化学哲学素养，在教学中要引导学生思考知识背后的本质原理，从而将化学学科理论抽象为一般的辩证法。

一、哲学与化学

（一）辩证唯物主义概述

哲学的基本问题是思维和存在、意识和物质的关系问题，哲学观念一般可以分为唯物主义和唯心主义两大派别。唯物主义由古至今的发展，主要包含古代朴素唯物主义、近代形而上学唯物主义和马克思主义哲学。马克思主义哲学有两大方面：一是辩证唯物主义，也称自然唯物主义，是在总结自然科学、社会科学和思维科学的基础上创立的一套系统科学的逻辑理论思维形式；二是历史唯物主义，是哲学中关于人类社会发展一般规律的理论，是科学的社会历史观，也是认识、改造社会的一般方法论。本节讨论的核心即辩证唯物主义有三部分内容，即唯物论、认识论和辩证法。辩证法包含两个特征和三大规律，分别是联系和发展的特征和对立与统一规律、质量互变定律和否定之否定规律。[①] 基于此，笔者绘制的哲学基本框架如图1-4所示。

（二）化学与辩证法的关联

化学是自然科学的重要分支，在分子、原子层次上研究物质性质、组成、结构与变化规律等。从某种层面上讲，辩证唯物主义（自然唯物主义）是化学学科的高度抽象，因而化学学科的知识体系、思想方法，均蕴含着很多辩证法原理。诸

① 汪华岳．新编马克思主义哲学原理[M]．北京：高等教育出版社，2011：12—50.

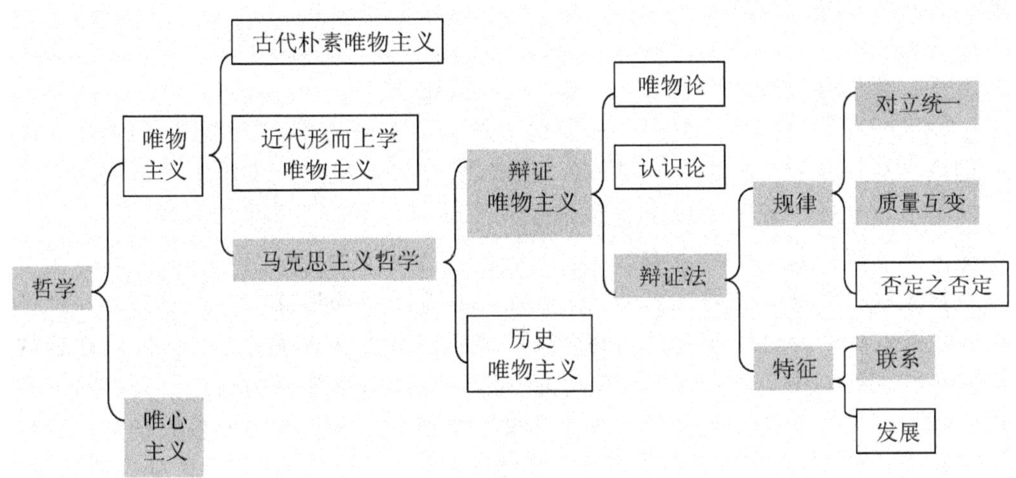

图 1-4　哲学基本框架图

多化学概念、反应原理，以及化学史的发展，都体现了对立与统一观念、质量互变定律、否定之否定规律、联系和发展的特征。高中化学课程标准中将形成辩证唯物主义的世界观作为情感态度价值观的目标之一，要求学生“树立辩证唯物主义的世界观，养成务实求真、勇于创新、积极实践的科学态度，崇尚科学，反对迷信”，因此化学教学中的辩证法教育不仅可能，而且十分必要。两者关系如图 1-5 所示。

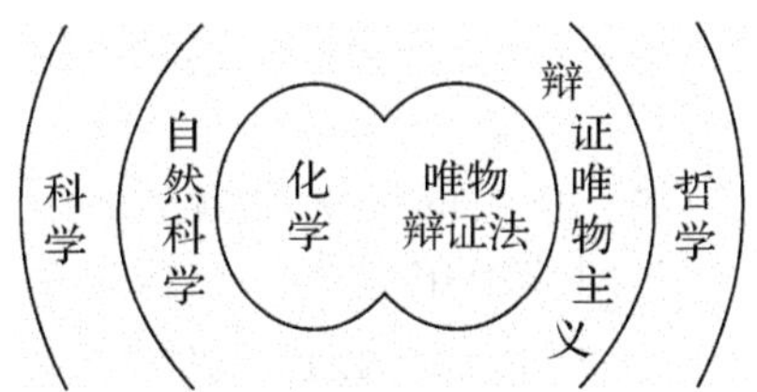

图 1-5　化学与唯物辩证法

物质第一性。辩证唯物主义强调世界是物质的，是客观存在的，同时强调实践是检验真理的唯一标准。化学研究的也是客观实在的物质的一门自然学科，包括物质的组成、物质的结构、物质的性质以及物质之间的转化关系，化学也强调实验事实才是揭示物质变化原理的真实可信的依据。

对立统一。对立统一规律是唯物辩证法最根本的规律，也是辩证法的核心。化学平衡中的正逆反应是对立统一的，正反应与逆反应反向进行，一定程度时达到动态平衡状态。还有很多对立统一的概念：氧化和还原，酯化和水解，酸和碱，化合与分解，等等。

质量互变。唯物辩证法认为，事物的发展总是由量变到质变，质变又引起新的量变，量变是质变的必要准备，质变是量变的必然结果。恩格斯说过："化学可以说是研究物体由于量的成分的变化而发生质变的科学。"①元素周期表中，同一周期，从左往右，核电荷数增加，电子层数不变，虽然最外层电子数增加，但依然是金属性逐渐减弱，非金属性增强，但是当最外层电子数增加到 8 的时候，性质突然变得很稳定，具有惰性。

普遍联系。辩证唯物主义强调，物质具有普遍性和特殊性。普遍性和特殊性的关系是共性与个性、绝对性与相对性的关系，既相互联系又相互区别，普遍性存在于特殊性之中，特殊性之中包含着普遍性。有机化学中的马尔科夫尼可夫规则：不对称烯烃与卤化氢发生加成时，氢原子将加在含氢较多的碳原子上，这是一个普遍适用的规律，但当分子中存在较强的吸电子基团时，则情况恰恰相反，这是马尔科夫尼可夫规则的一个特例，具有特殊性。

二、高中生关于辩证法的实证研究

本研究的对象为北京市某普通中学的高二年级学生，测试卷共发放 188 份，回收有效测试卷为 172 份，有效率约为 91.2%。

测试卷包含 4 道大题，共含有 14 道小题，涵盖了对氧化还原反应、化学键、氢氧化铝等内容的考察。选择这三部分内容的主要原因：首先，这三部分内容均为高中化学学习的重要内容，分别代表了化学反应的原理、化学物质的构成、元素及其化合物这三大知识内容；其次，三者蕴含的规律也与辩证唯物主义的原理规律高度相近。

考察的层面分为三个层次：下位的知识习得层面(即是否能掌握具体的化学知识)、中位的原理解释层面(即能否用辩证法解释相关化学知识)和上位的思维抽象层面(即能否从大量的化学案例抽象出上位的哲学观点)。

数据统计采用 Excel 软件，进行分析。

(一)下位的知识习得层面：大部分学生"知道"大部分知识

1. 氧化还原反应

氧化还原反应的基础知识包含书写氧化还原反应的方程式(双线桥表示)，判断氧化剂、还原剂，判断氧化产物、还原产物，氧化反应和还原反应的同时发生等具体知识。

测试题呈现及结果分析：

① 马克思，恩格斯. 马克思恩格斯选集(第三卷)[M]. 北京：人民出版社，1972：487—548.

请你写出过氧化钠和水反应的化学方程式，并用双线桥表示，同时回答以下问题。

（1）请指出氧化剂和还原剂。（2）请指出氧化产物和还原产物。（3）同一个反应中，判断氧化反应和还原反应的发生顺序。

表 1-4　氧化还原知识习得情况

题目内容	正确率
书写方程式	89.53%
判断氧化剂、还原剂	96.51%
判断产物	80.23%
判断发生顺序	63.95%

从知识习得层面分析，学生对氧化还原反应的基础知识掌握较好。其中，氧化还原反应的方程式的书写（双线桥表示）、氧化剂、还原剂、氧化产物、还原产物的判断，正确率均可达到 80% 以上，说明学生对氧化还原反应的基础知识掌握得较为扎实。发现有 36.05% 的学生认为氧化还原反应中先发生失电子的氧化反应，再发生得电子的还原反应。其实不然，过氧化钠与水反应，氧化和还原过程发生的过氧化钠与水的界面上，失电子只是反应的引发，电子的传输速度极快，飞秒级单位，失电子、得电子几乎同时发生，故氧化还原反应同时发生。

通过数据分析和访谈，发现在学习氧化还原的知识时，教师注重化学方程式的书写，对于双线桥的表示有所忽略；学生在氧化产物、还原产物的判断上存在问题，也说明了学生对于发生氧化反应得到氧化产物、发生还原反应得到还原产物这个原理不清楚，大部分学生是从“氧化还原口诀”来推导氧化产物和还原产物的，而非从得失电子的本质出发。

2. 化学键

化学键的基础知识考查包含了对离子键和共价键概念的考查，以及对常见物质含有的化学键类型进行判断。

测试题呈现及结果分析：

请你写出“共价键”和“离子键”的本质，并回答以下问题。

（1）判断下列一组物质含有哪些化学键（简单）：

CO_2________　CH_4________　N_2________　NH_4Cl________

（2）判断下列一组物质含有哪些化学键（提升）：

Na_2O________　$AlCl_3$________　$MgCl_2$________　$Al_2(SO_4)_3$________

化学键知识习得情况如表 1-5 所示：

表 1-5　化学键知识习得情况

题目内容	正确率
概念	65.12%
判断化学键(简单组)	76.74%
判断化学键(提升组)	19.77%

从知识习得层面分析，学生对于化学键的本质概念表达得并不准确，有接近一半的学生不能准确阐述化学键的概念。学生对于常见的简单化合物，能够判断含有的化学键类型，但是对于稍复杂的物质，学生便不能判断其化学键的类型。比如对于 NH_4Cl、$AlCl_3$、$Al_2(SO_4)_3$ 这三者含有的化学键类型判断不够准确。其中，前两者是教师在教学中明确强调过的，NH_4Cl 中既含有(极性)共价键，又含有离子键；$AlCl_3$ 中只含有(极性)共价键。对于 $Al_2(SO_4)_3$，学生比较陌生，不能判断出其中既含有(极性)共价键，又含有离子键。

学生对于化合物所含有的化学键类型不熟悉，通过访谈原因主要是在学习典型化合物含有的化学键的过程中，只是依靠记忆来解决问题，并没有真正理解什么样的化合物应该具有什么类型的化学键，没有清楚地认识到形成不同类型化学键的原因。所以学生只知其然，而不知其所以然，对于陌生的化合物，就无从下手，不会分析。

3. 氢氧化铝

氢氧化铝的基础知识习题包含对氢氧化铝的两性的考察，以及对氢氧化铝与酸、碱反应的离子方程式的书写的考察。

测试题呈现及结果分析：

请你写出氢氧化铝与酸、碱反应的离子方程式，并回答问题：

氢氧化铝是什么类型的氢氧化物？写出原因(方程式表达)。

氢氧化铝知识习得情况如表 1-6 所示。

表 1-6　氢氧化铝知识习得情况

题目内容	正确率
离子方程式	100%
氢氧化铝类型	81.4%
呈两性的原因	96.51%

从知识习得层面分析，学生对于氢氧化铝的基础知识掌握得较为扎实，基本所有的学生都能够准确写出氢氧化铝与酸、碱反应的离子方程式，绝大部分学生能够清楚地认识氢氧化铝的两性，以及呈两性的原因。

分析学生测试卷上的答案，发现有约 16%的学生回答的是中性/双性氢氧化物，可以看出学生理解氢氧化铝既能与酸又能与碱反应的性质，但是在概念表达的时候欠缺准确度。学生对于氢氧化铝具有两性这个性质并不陌生，但是出现的“中性”“双性”等不精准的表达，可能是受到酸性、中性、碱性的影响，或者是受到生活经验的影响。

(二)中位的原理解释层面：大部分学生不能“解释”大部分知识

1. 氧化还原

氧化还原相关的原理解释的习题主要考查学生的解释说明能力，能否从电子的角度认识氧化还原的发生。

测试题呈现及结果分析：

(1)请指出氧化剂和还原剂，并说明为什么。

(2)请指出氧化产物和还原产物，并说明为什么。

(3)同一个反应中，氧化反应和还原反应的发生顺序是什么？为什么？

对氧化还原的解释情况如表 1-7 所示：

表 1-7　对氧化还原的解释情况

题目内容	正确率
解释氧化剂、还原剂	59.30%
解释产物	37.21%
解释发生顺序	26.74%

通过数据分析，发现大部分学生缺乏解释说明的能力，不知道如何为自己的判断找到理论依据。多数学生的答案呈现空白，不能找到解释说明的入手点，没有意识到电子的转移是氧化还原反应的关键依据。从学生的理论解释中，看不到学生对于氧化还原理论的哲学高度的思考。

2. 化学键

化学键部分的解释说明类题目，考查学生对化学键判断方法或规律的总结，以及学生对于离子键和共价键这两种不同类型的化学键的本质的理解。

测试题呈现及结果分析：

(1)判断下列物质的化学键(简单组)：你发现什么规律。

(2)判断下列物质的化学键(提升组)：你发现什么规律。

(3)你觉得“共价键”和“离子键”的本质差异是什么(为什么提出这样两个概念)。

对化学键的解释情况如表 1-8 所示：

表 1-8　对化学键的解释情况

题目内容	答案层次	正确率
(简单组)规律	规律浅显	29.07%
	规律准确详细	7%
(提升组)规律	规律浅显	34.88%
	规律准确详细	5.81%
两种键的本质差异	联系角度	54.65%
	质量互变角度	5.81%

通过分析发现，学生对于物质化学键的判断规律总结的效果不好，大部分学生不会总结规律，部分学生规律总结得较为空泛，极少数学生能够具体总结。对于离子键和共价键的本质差异的理解，一半左右的学生能从联系的角度出发，分析两类化学键的区别和关系，仅仅有 5.81%的学生能从质量互变角度分析两种化学键之间的电子转移程度的差异以及电负性之间的量变质变关系。

3. 氢氧化铝

氢氧化铝这部分解释说明类的题目，考查对于同一周期的元素，其最高价氧化物对应水化物的酸碱性的判断和理解。

测试题呈现及结果分析：

判断氢氧化钠、氢氧化镁、氢氧化铝、硅酸、磷酸哪些能与酸反应，哪些能与碱反应，并且请你解释原因(提示：元素周期律)。

对氢氧化铝的解释情况如表 1-9 所示：

表 1-9　对氢氧化铝的解释情况

题目内容	答案层次	正确率
物质与酸碱反应原因解释	正确	1.2%
	联系角度	11.63%
	质量互变角度	15.12%

通过对测试题的分析，发现学生可以判断出题干中的物质从左往右有一个递变规律，和元素周期性相关，学生可以回答氢氧化钠、氢氧化镁与酸反应，氢氧化铝与酸、碱都反应，硅酸、磷酸与碱反应。但是之所以正确率低，是因为学生忽略或者不清楚硅酸以及其他两性氢氧化物也是既能与酸又能与碱反应的。

学生给出的解释，也是从两个角度出发的：联系的角度，阐述物质与酸、碱反应的性质与元素周期性相关，有 11.63%；质量互变的角度，从位置角度结合元素周期律详细地解释性质的递变规律，有15.12%；其他均为没有作答或者不相干答案。

（三）上位的思维抽象层面：极少学生能站在哲学的高度进行化学学习

1. 氧化还原

化学中的氧化还原反应的本质与辩证法中对立统一观念关系紧密。通过对立统一的观点看氧化还原反应，可以发现氧化和还原反应，虽然在得失电子、化合价升降的方面是对立的过程，但是氧化反应和还原反应必须同时发生，电子得失一致，化合价升降一致，形成统一过程。

测试题呈现及结果分析：

你觉得氧化反应与还原反应、氧化剂与还原剂、氧化产物与还原产物、得电子与失电子，这些概念之间有什么道理？（请用你的语言表达）

对氧化还原的思维抽象情况如表1-10所示：

表1-10　对氧化还原的思维抽象情况

题目内容	答案层次	正确率
氧化还原蕴含的道理	联系的角度	29.07%
	对立统一角度	3.49%

通过数据分析发现，学生对于氧化还原体现出来的道理的理解可以分为两个哲学角度：一是从联系的思维角度认识氧化还原，这类学生将氧化还原区分为两条单线：氧化剂—得电子—化合价下降—发生还原反应—得到还原产物，还原剂—失电子—化合价上升—发生氧化反应—得到氧化产物，并且能够阐述清楚氧化反应和还原反应的一连串问题以及它们之间的区别，约有29%的学生；二是运用对立统一的观点认识氧化还原反应，这类学生能够认识到氧化和还原反应，虽然在得失电子、化合价升降的方面是对立的过程，但是氧化反应和还原反应必须同时发生，电子得失一致，化合价升降一致，这类学生有3.49%。

从联系的角度归纳氧化还原的学生，还只是从知识角度，找到概念、原理之间的关系，没有跳出知识框架站在哲学思辨的角度审视氧化还原的原理本质。从对立统一角度分析氧化还原的学生，能够将学科思想与哲学思维结合，具有哲学思辨的高度。

2. 化学键

化学键的相关知识内容主要体现辩证法中的质量互变规律，主要体现在电子的偏移程度和电负性的递变。非极性共价键，由共用电子形成且由于电子对没有偏移，所以电负性等于0；极性共价键，也是由共用电子对形成但是电子对有所偏移，所以电负性大于0，小于1.7；离子键，有电子得失，电负性大于1.7。因此从非极性共价键—极性共价键—离子键，有电子偏移程度和电负性的递变规律，量的不断积累，引发实质性的改变。

测试题呈现及结果分析：

你觉得“离子键”和“共价键”之间蕴含着什么道理?（请用你的语言表达）

对化学键的思维抽象情况如表1-11所示。

表1-11　对化学键的思维抽象情况

题目内容	答案层次	正确率
化学键蕴含的道理	联系角度	24.42%
	对立统一角度	3.4%
	质量互变角度	4.65%

通过数据统计，发现学生主要从三个角度论述化学键中蕴含的道理，其一是联系的角度，能够归纳离子键和共价键都是电子相互作用的联系，以及概念上的区别，占24.42%；其二是对立统一的观念，认为无论是电子的共用还是得失，其作用达到稳定才能形成化学键，约有3.4%的学生；其三是质量互变的角度，能够分析出共价键与离子键之间存在电子偏移程度和电负性大小的递变和突变的规律，占4.65%左右。

从前两个角度归纳化学键理论中蕴含的道理，只能从浅层分析出离子键和共价键的区别和关联，不能剖析化学键中离子键和共价键的本质区别，只有质量互变的角度，才能理解电负性是两者递变的根本原因，才表征具有从哲学思辨的角度透视化学知识的能力。

3. 氢氧化铝

氢氧化铝能够与酸、碱反应的性质体现了辩证法中的对立统一观念和质量互变观念。酸可以与碱反应，碱可以与酸反应，氢氧化铝属于两性氢氧化物，同时兼具酸碱的性质，既能与酸又能与碱反应，将两种对立的性质集于一身；其次，从元素周期表来看，同一周期从左往右，由于最外层电子数的变化，使得元素和物质的性质具有递变规律，最高价氧化物对应的水化物由碱向酸变化，量变引发质变。铝元素处于较中间的位置，所以其氢氧化物具有两性。

测试题呈现及结果分析：

你觉得氢氧化铝与酸、碱反应及原因，蕴含着什么道理?（请用你的语言表达）

对氢氧化铝的思维抽象情况如表1-12所示。

表 1-12　对氢氧化铝的思维抽象情况

题目内容	答案层次	正确率
氢氧化铝蕴含的道理	联系角度	4.65%
	对立统一角度	12.79%
	质量互变角度	4.65%

分析发现，学生从三个角度论述氢氧化铝中蕴含的道理，联系的角度主要是简单说明与元素周期律有关，并没有进行详细阐述，有 4.65%；12.79%的学生从对立统一的角度认识了氢氧化铝的两性；从质量互变的角度，能够阐明周期表中位置变化与物质性质的变化关系，以及量变质变的思想，约 4.65%。只有从对立统一和质量互变的角度把握氢氧化铝的两性，才具有高位的辩证主义哲学思维。

(四)三个层面学生掌握情况的总体分析：知识习得 > 原理解释 > 思维抽象

从下位的知识习得层面、中位的原理解释层面和上位的思维抽象层面对氧化还原、化学键、氢氧化铝三个内容的正确率分别进行统计，如图 1-6 所示。

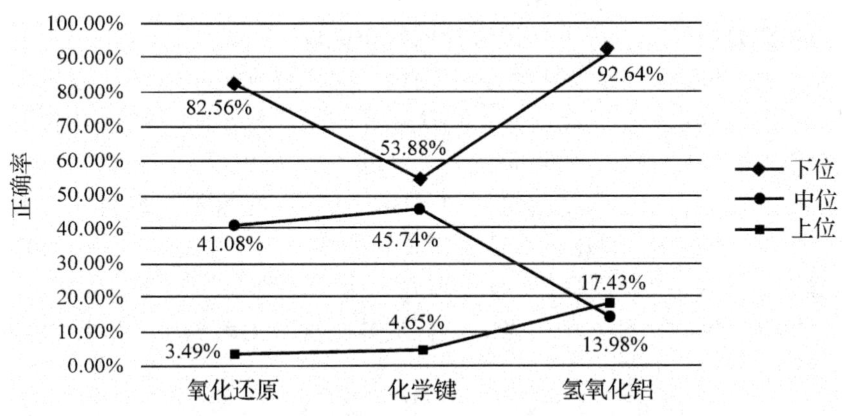

图 1-6　学生在三个层面上的化学学习总情况

我们可以清晰地看到，总体趋势是下位的知识习得层面的正确率高于中位的原理解释层面的正确率，而思维抽象层面的正确率最低。说明大部分学生能够习得知识，运用知识解答一般的问题，但是深入知识背后解释原理的能力有待提高，最为欠缺的是跳出固有的知识层面，从上位角度总结归纳化学知识中的哲学思维。表明学生学习较为机械、被动，将知识作为固定的一成不变的内容进行记忆，缺乏对知识的深度解构和建构，大部分学生不能思考知识背后形成的原因，因此对其进行上位的哲学抽象就变得遥不可及了。

三、化学教学中进行唯物辩证法教育的建议

(一)教师应该提升自己的化学哲学素养

化学哲学是研究和探讨化学中的哲学问题的学科，以化学科学中具有世界观和方法论意义的一般理论问题为研究对象，以化学哲学的本体论、认识论和方法论为主要研究领域。教师的化学哲学素养是指将化学实验、化学知识、化学原理等作为研究对象，通过体验知识获得的过程、探讨学科知识的本质、思考相关知识之间的联系等，逐渐从化学中抽离出一般的认识论和方法论，并且能够付诸实践，即有能力在教学中引导学生站在哲学的高度进行化学学习。

通过对众多一线化学教师的访谈，发现大部分教师不会关注自身的化学哲学素养，只有极少教师会采取一些行动去提升自身的化学哲学素养，比如阅读和思考科学哲学、科学史方面的问题。笔者认为，提升化学哲学素养，教师应当通过教材分析和文献阅读，了解化学知识、原理与辩证唯物主义哲学的关联；还应丰富自身对化学史的认知，以唯物主义和辩证法观点，从源头和过程体会化学“否定之否定”的历史发展；还需对教学实践作深入的反思，如何将化学哲学渗透到教学过程中，如何培养学生的化学哲学素养等。

(二)教师要引导学生思考知识背后的本质原理

正如上文的数据显示，学生知识方面的正确率远远大于对知识的解释。有研究表明，不同学业水平的学生对化学的掌握存在很大差异，成绩优异者往往通过知识背后原理的本质把握，能够将化学知识进行结构化。① 而大部分学生往往见山是山、见水是水，不清楚知识之间的关联，头脑中充斥着众多杂乱无章的知识点，使得学生访谈时表示“化学太烦，需要记的东西太多”。这与我们的教学方式有莫大的关系，大多教师越俎代庖梳理知识点，学生照抄笔记，沉溺于题海战术，因而导致学生缺乏独立的思考。我们应鼓励学生主动思考，引导学生将多而杂的化学知识点结构化。

比如请学生判断“钠、镁、铝、硅、磷、硫、氯气等单质能否与氢氧化钠反应，并且给出理由”时，大部分学生可以回答出钠、镁与水反应，后边的单质都可以与氢氧化钠反应，部分学生能意识到从铝到氯气，越来越容易与氢氧化钠反应，但是能够从周期性变化的角度解释清楚原理的学生，寥寥无几。这就要求教师在教学过程中，不但要给学生传授知识，更要引导学生思考和探究知识背后的本质原理。教师可以在平常的教学活动中引导学生运用类比、分类、归纳、演绎或建构模型的方法，探究知识的本质，同时训练学生的思维方式，提升学生的形

① 吴晗清．化学知识结构与学业成绩关联的实证研究[J]．中国教育学刊，2014(3)：67—70.

象思维能力、逻辑思维能力、抽象思维能力以及综合性的创造思维能力。①

(三)教师要引导学生将化学学科理论抽象上升为一般的辩证法

辩证主义哲学的核心观点有对立统一、质量互变和否定之否定等。化学教学中的辩证法教育，有助于学生理解事物之间是普遍联系、相互影响、相互作用，同时又是对立统一的。如某些物质既有氧化性又有还原性，某些化学键既有离子性又有共价性，化学平衡更是对立统一的典范等。还能让学生知道化学反应中量的变化会引起质变，了解“定量”对于实验及学科本质的重要性，主动建构“定量”概念，逐渐形成“定量”的科学思维和习惯等。②

又如否定之否定的观点。辩证法认为事物都有肯定和否定两个方面，事物的发展都必须经历“肯定—否定—否定之否定”的过程。化学史的曲折发展也充分体现了这一规律。比如在进行原子结构的教学时，教师可以通过呈现一系列的化学史料：1808 年道尔顿提出“原子不可再分”的观点；1897 年汤姆逊发现了电子，否定了道尔顿的观念；1911 年和 1913 年卢瑟福和玻尔分别提出原子结构的相关模型和理论；1926 年薛定谔又以量子力学为基石，探究更科学的原子模型，等等，引导学生体会原子结构探索历程的艰辛曲折，体会“肯定—否定—否定之否定”让理论逼近真实的过程，构建将化学与哲学紧密相连的自动链接。

第三节 联系生活的化学教学研究

社会进步和个体发展都需要化学教学更多地联系学生生活实际。本研究对北京市普通高中的 204 名学生进行调查，发现大部分学生认为化学学科有价值并感兴趣，绝大部分学生希望教学联系生活实际而教学实践中却往往远离学生的生活经验，导致学生将化学与生活联系的意识与能力较为薄弱，对于生活中的化学问题感知较为肤浅。基于此，本节提出了化学联系生活的教学策略。

一、引言

当前化学课堂中仅仅重视知识传授的情况依然存在。学生感觉知识点繁杂，难理解、难记忆，导致出现抵触、厌学等情绪。为什么学生没有感受到化学世界的多姿多彩反而是一提到化学就想到烦琐的计算、复杂的方程式和抽象难懂的原理呢？究其原因，就是我们太过强调知识的系统化和解题的形式化，而忽略了学生的感受能力，脱离了现实生活。这样不仅没有达到提升成绩的效果，反而让学生对原本神奇的化学世界丧失了兴趣，违背了教育的根本旨趣。因而探究联系生

① 吴晗清．化学问题解决中的科学方法教育[J]．化学教育，2011(3)：3—5.

② 吴晗清．化学教育价值及其实现[J]．教育理论与实践，2014(2)：53—55.

活的化学教学策略非常必要。

首先，社会与个体的发展需要化学教学与生活紧密相关。科学知识与技术最终都要为人类社会生活服务，生活化的化学教学更利于培养出为人类服务的人才。走向社会生活的教学能帮助我们认识世界，更好地运用所学的知识改造自己的生活，成为现代社会具有科学素养的合格公民。① 其次，当前教学实践亟待改进。化学课程应该以提高学生的科学素养为主旨，重视科学技术与社会的联系，要注意从学生已有的经验出发，让他们在熟悉的生活情景中感受化学的重要性，了解化学与日常生活的密切联系，逐步学会分析和解决与化学有关的一些简单的实际问题。只有这样，才能弥补以往的化学课程脱离学生生活经验的缺陷。

已有的相关研究大多从宏观的角度进行分析，探索化学教学联系生活有效途径和策略，主要表现在三个方面：在教学内容上强调联系学生的生活经验和社会实际②；在教学方法上强调在让学生原有认知基础上的理解、体验、感悟、交往和实践等③。在教学目的上，不是只关注分数，而是注重学生的实际应用能力。然而它们偏重经验总结，理论思辨性较强，而具体的实践、案例和探索还不够，实证研究更是少见。本节对中学化学课堂联系生活的实际情况进行了调查，并对相关案例进行了初步探讨。

二、基于生活视角的化学教学调查研究

笔者对北京市某普通高中的学生进行了有关"中学化学教学联系生活的现状"调查，本研究共发放问卷 240 份，回收有效问卷 204 份，有效回收率为 85%。问卷中的选择题分为三个维度：学生对化学教学联系生活实际的态度、对现有的化学课堂的感受和想法，以及学生将化学与生活联系的意识与能力。维度一的目的在于了解学生现在对化学教学联系生活实际的看法。学生作为学习的主体，对化学学习最有发言权，他们对化学是否感兴趣、是否觉得化学有实用价值、是否觉得将化学更多地联系生活的教学很有必要，是一个首先要明确的问题。事实上，无论从学科本体还是个体与社会发展的需要来看，教学都应该多联系生活实际，教学内容应该新颖、有时代感，教学问题也应能激起学生对现实生活的好奇心和思考。然而教学的实然情形如何呢？通过维度二可以了解。维度三，我们旨在了解现有教学背景下，学生发现、关注、分析、解决生活中与化学相关的问题的能力。

除此之外，调查研究还设计了访谈提纲，对学业水平高、中、低的学生各 5

① 刘知新．谈化学教育与科学素养[J]．化学教育，1999(9)：1.

② 张莉．整合生活知识促进有效性化学教学[J]．化学教学，2009(5)：37.

③ 郭君瑞．给学生创造有意义的学习经历[J]．化学教学，2009(3)：7.

名进行了深度的访谈，从而可以进一步地了解学生对化学与生活的态度、对教师教学的建议与将化学与生活联系的意识与能力等，为进一步研究提供参考依据。有意思的是，我们还在课堂上对化学联系生活的案例进行了讨论，从中得到不少启发。

(一)大部分学生认为化学有价值并感兴趣，绝大部分学生希望教学联系生活实际

调查结果显示，大约 81％的学生都喜欢学习化学，非常不喜欢的仅占到 5％；对学业水平低的学生的访谈发现，一部分学生是由于基础差，上课所讲的内容不能完全听懂，久而久之就失去了兴趣。还有一部分学生是由于教学内容与生活脱节，感觉学无所用，没有价值感，从而提不起兴趣。

84％的学生认为中学化学的学习在日常生活中有用，并且几乎所有人都认为化学教学应紧密联系生活，即使老师在课上介绍一些考试不考但与生活密切相关的事实或案例，学生也非常愿意学习。显然，大多数学生还是喜欢化学并认为化学学科很有价值，而学生对与化学相关的生活现象也很感兴趣。作为化学教育工作者，正好可以利用化学学科的这一优势，充分挖掘生活中与化学相关的内容提高学生学习的积极性。在教学中应该将化学知识在实际生活中的应用讲清楚，拓展学生的视野，使学生认识到化学作为一门实用性学科的学科特点以及化学对改善人类生活的重大意义。

(二)大部分学生认为化学教学实际脱离生活经验

大部分学生认为教师在讲授化学知识时与生活实际联系不够紧密，只有53％的学生认为教师上课会联系实际。教师将与化学相关的社会热点与所讲课程内容进行联系的比例则更少。另外，即使使用了相关生活化的素材，但其内容和使用方式也不如意。在实验方面，69％的学生认为在学校很少有实验探究是联系生活实际的。学生虽然对生活中的化学有兴趣，但教学只能让约一半的学生感受到教师所讲的化学知识与生活有联系。究其原因，大部分教师都有教学生活化的意识，但在实施的时候存在一些问题和困难，主要是课时紧、任务重。教学还是围绕考试而进行，没有更多的时间和精力去关注生活。所以，选择恰当的生活案例与所学知识结合，既能帮助学生深入地理解知识但又不占用太多课时，这对教师的课程意识与教学能力都是很大的挑战。

(三)学生将化学与生活联系的意识与能力亟待提高

学生通过网络等信息媒体留意化学问题的约占 57％，在化学学习中注重联系生活实际的约占 52％，而其中能用所学知识分析生活中现象的学生则不到一半。尽管有关化学的信息铺天盖地，但实际会刻意关注化学相关信息的学生并不多。访谈发现，将化学知识应用于生活的学生绝大部分都对化学感兴趣并在生活中关注化学，只是随着联系、发现、解决生活中与化学相关问题的难度上升而能力逐渐降低。事实告诉我们，增加化学知识与生活的联系可以提高学生的化学学习兴趣，并且随着兴趣的增加，学生分析或解决生活中的化学问题的能力就会提高。

总的来说，约占一半的学生不能很好地分析解决生活中的与化学相关的问题，这与学以致用的观念背道而驰。化学教育旨在全面提升学生的科学素养，不应该局限于分数，而要面向学生丰富多彩的真实的生活世界。而一旦学生觉得所学内容很实用，反过来就会激发学习的内在动机，从而成绩的提升就是水到渠成了。

(四)学生对于生活中的化学问题感知较为肤浅

数据显示，87%的学生认为化学使生活更丰富多彩了，认为学习化学对他们认识生活有很大的影响：学习化学不仅使他们认识到世界的丰富多彩，能够从微观的角度认识世界，解答了他们的一些疑问，而且使他们懂得如何更科学、更健康地生活以及如何更好地保护环境从而更好地为社会做贡献。仅有5%的学生认为化学与生活没什么关系，并且从不用化学知识分析生活中遇到的问题。关于学生对教学的建议，79%的学生都提出现在的化学课堂还是教师讲得过多，学生动手机会较少，希望增加实验，尤其是多自己动手的与生活相关的实验，反映了学生对实验的强烈兴趣与当前化学教学仍然重理论轻实践的现状。而针对学生自己在生活中运用了的化学知识，大部分都想到食醋除水垢、消毒液不能与洁厕灵一起使用、暖宝宝等。总的来说，虽然绝大多数学生认为化学与生活息息相关，但列举的例子都局限于一两个众人皆知的生活常识，实践过的学生则更少。

总之，学生化学学习兴趣比较强，也认为化学与生活息息相关，但教师在课堂上联系生活实际的情况比较少。学生联系生活实际的能力较弱，发现生活中相关化学问题的能力更弱，而解决生活中与化学相关问题的能力则极为低下。因此教学中紧密联系生活实际迫在眉睫。

三、联系生活的化学教学策略

在课堂教学中，生活的情境设置能缩短学生与学习内容之间的距离，使之产生亲切感，可以激发学生内在的情感体验，引起兴趣，使其热爱学习、主动学习。从生活经验出发，能引起学生的自觉注意，让学生关注学习内容的意义和价值，从而调动学生内在的心理活动，动手动脑，积极思维，主动探索，在实践活动中完成知识的建构、能力的培养，形成良好的科学素养。

(一)大力发掘与衣食住行等相关的化学内容，增强化学学习的亲生活性

化学与生活本来休戚相关，但教学实践中往往容易将化学世界与学生的生活世界相割裂。调查表明，学生很愿意在课上加入与生活相关的内容，笔者认为衣食住行的方面更接近学生的生活，更能引起共鸣，因此教学应从相关实际生活经验入手，最后学以致用于生活情境中的问题解决，从而实现化学学习的最大价值——提升个人的生活品质。[①] 台上一分钟，台下十年功，教师在生活中要勤下功夫，搜集、提炼、构建化学教材中与生活息息相关的内容，为引入、案例探讨、实验探究等联系学生生活实际方面做准备[②]。以下从衣食住行中选择一经典案例。

案例："夺命快递"

2014 年，某快递公司的运转中心发生了一起化学品泄漏事故，污染了其他顾客的货物，先后导致 8 人中毒，1 人中毒死亡。调查发现是吸入氟乙酸甲酯而导致中毒。氟乙酸甲酯是一个重要的含氟化合物，在工业领域有着广泛的用途和发展前景。如医药方面，氟乙酸酯是一个重要的医药中间体，是制备氟代嘧啶类抗肿瘤药物等的起始原料，具有高毒性。

在学习乙酸乙酯时，某教师让学生讨论该案例，学生得出以下重要结论：我们在生活中要注意化学品的安全；有机化合物尽管只相差一个原子(氟乙酸甲酯中若将 F 原子换成 H 原子就变成了乙酸乙酯)，性质有天壤之别；有毒物质却同时是制备抗癌药物的重要原料，因此我们要辩证地看待事物。的确，丰富的化学物质组成了我们多彩的世界，但它们都给我们带来各种便利的同时也会由于我们的不当操作而造成悲剧。化学教学不仅要从生活中引入，重要的是引领学生从化学的角度探究原因，让学生在身边的事件中感受抽象的化学原理，最后用所学的知识来理解和解决生活中的问题，让学生体验化学的价值感。

(二)以生活化的语言隐喻相关概念，增强化学理论的可感知性

访谈表明，枯燥难懂的化学语言是学习困难的重要症结。教师可以把"生活化学化，化学社会化"的理念用于化学教学，把学生生活体验作为组织者，引导学生把一些生活体验用于帮助学习、理解相关的、较抽象的化学原理和化学概念。[③] 例如，对于化学反应"碰撞理论"的学习，学生感到比较抽象，教师也觉得难以讲解，此时可以先从最常见的体育运动"投篮"谈起。反应中只有活化分子才可能发生反应，就像投篮必须有一定方向、力度的投掷才可能投中一样。由此以隐喻的方式，引导、迁移、解释化学反应的微观过程，使学生掌握"碰撞理论"。

再如，教师在化学学习中能够用学生比较熟悉的具体模型或实例作为中介来

① 吴晗清．化学教育价值及其实现[J]．教育理论与实践，2014(2)：53—55.

② 刘克龙．高中化学教学的生活化策略[J]．化学教学，2007(4)：13.

③ 魏建方．"先行组织者"在高中化学教学中的运用策略[J]．化学教学，2005(11)：13.

"打比方"解释说明较为抽象且属于微观世界的概念和现象，必然可以减少学习上的困难，促进学生错误概念的转变。例如，用乒乓球和足球场类比原子核与原子的大小；用电风扇扇叶的转动让学生理解"电子云"的概念、明白电子云图片的由来；用球棍模型"展示"化学键等。在学习熵这一表示混乱程度的概念的时候，气体天然就有从高度组织化的状态变为低组织化状态的趋势，所以熵值增加，一如需要辛苦付出才能把房间收拾干净，而懒惰房间就会"自发"变得一塌糊涂，脏乱不堪。

(三)培养在生活中自觉利用化学知识解决问题的意识，增强化学教育的现实价值感

前面提到，学生利用"化学眼光"来观察生活的能力还很薄弱。因此在掌握知识的同时还要强调学以致用，让学生了解所学知识在社会生活、生产中的作用，培养学生应用知识解决实际问题的能力。在学习《化学·选修4·化学反应原理》中电解部分时，就可以引入以下材料。让学生在开始就好奇这种魔水究竟是什么成分，引发对化学在生活中应用价值的思考，使电解这一中学化学的重难点更易被学生接受和理解。

案例：电解"魔水"风靡美国

电解水既能去污又能除油，还能治疗脚癣，更神奇的是你还可以喝上一口。它在俄罗斯和日本等地获得了广泛使用，而在美国这种溶液正取代各种"有毒"化学品，成为商家新宠。这种"魔水"名不虚传，已经开始取代美国人家庭和工作中使用的各种化学品。

事实上，这种液体制作简单，将精制食盐和自来水混合，然后通上电流产生大量的离子就制成了。通电后，食盐水中的氯化钠($NaCl$)与水(H_2O)发生电离，分别在阴极与阳极生成氢气与氯气。

阳极：$2Cl^- - 2e^- = Cl_2$

阴极：$2H_2O + 2e^- = H_2 + 2OH^-$

总离子式：$2Cl^- + 2H_2O = Cl_2\uparrow + H_2\uparrow + 2OH^-$（通电条件）

总化学式：$2NaCl + 2H_2O = Cl_2\uparrow + H_2\uparrow + 2NaOH$（通电条件）

在教学的过程中引入一些化学原理的实际生产生活应用，创设真实的情景，学生会觉得自己学的知识很有价值，学好化学能比别人懂得更多的生活知识、享受更高质量的生活。就此案例而言，教师以"魔水"为例，将原本远离学生生活经验的电解原理如此真切地摆在学生面前，学生在产生兴趣的同时也会对这一原理有很深的理解。利用这种电解技术，能大量生产用于去污和漂白的氯。低压电流通过食盐水时产生了两种作用很强大而且无毒的清洁物质，这种碱性液体既能像去污剂一样去除污渍，还不产生泡沫。同时由于氯与水、氢氧化钠接触会生成 HClO 和 NaClO 等，具有很强的消毒作用。

(四)开展科学探究活动，提升化学学科的亲社会性

公众对化学的认知水平令人发指，央视广告词中居然有“我们恨化学”这样的字眼。摒弃这种无知，是化学人的责任和使命。化学教育应通过探究活动加深学生对化学学科的理解，去感受化学的美、化学的神奇、化学的伟大、化学对于人类社会发展的不可磨灭的贡献！社会生活中的化学现象随处可见，教师要注意挖掘，尤其加大对生活化实验内容在教学中的应用力度。

教师可以带领学生到附近工厂进行参观，了解化肥生产工艺流程设计家庭化学实验等，增强学生的情感体验。也可以充分利用好身边的化学资源，比如用废弃的塑料饮料瓶做喷泉实验，进行 H_2 和 Cl_2 的爆炸实验，参观真实的炼铁、电解、电镀工厂。其次，班级可以开展形式多样的课外活动，拓展学生获取知识的空间。将化学知识融入生活中，不仅能够实现教学目标，还能够帮助学生体会到科学知识的实用性和现实意义。[①] 在探究过程中学生进行了积极思考，增强了学生的分析能力。通过有趣的实验探究和紧密联系生活实际，学生就会对化学产生兴趣，并持久地产生探究的热情。诚如居里夫人所言：“科学研究其本身含有至美，科学研究其本身给人带来的愉快就是报酬。”这样学生的内在动机就得到加强，学习目的就由应对考试转向学习活动本身，如此学习活动本身就能使学生得到情绪上的满足，从而产生成功感。

当然，我们倡导化学教学生活化，不是简单地用生活实例替换教材内容，而是教学观念上的一种变革。化学来源于生活，却高于生活，是对生活的提炼和超越。我们不能为了生活化而忘记了化学教育的本质。我们应当加强与社会生活和学生生活的联系，充分挖掘其教学价值和意义，带着学生在学习过程中认识生活、发现生活、创造生活，并能学以致用地以化学的方式来解决问题，最终培养学生健全的科学素养[②]。

第四节　高中生绿色化学理念现状的调查研究

绿色化学是化学发展的新形态，是构建生态文明的重要保障，化学教育中渗透绿色理念是非常必要的。对北京市示范性高中的 196 名学生进行研究，发现其绿色化学理念的总体水平位于中等层次。具体来说，“空气污染与防治”及“水体污染与水资源保护”掌握水平较高，“化学工业绿色化”和“化学能源的开发利用”

① 何双安．高中化学生活化教学的有效实施途径[J]．化学教育，2013(4)：20—22.

② 何双安．基于“生活化”理念的化学教学活动的设计[J]．化学教学，2013(3)：36—38.

掌握水平比较一般，而“食品安全与健康”和“化学药品与安全操作”掌握水平最低。基于此，本节认为化学教学中还亟须普及与深化绿色化学的理念，绿色化学的学习应该与学生生活实际紧密联系起来，让学生在实践活动中通过真实的体验来达成绿色理念的内化。

一、绿色化学理念框架

纵观历史，化学学科的发展由来已久，从本质上来看，它是研究从一种物质向另一种物质转化的自然科学。化学通过创造人类所需要的新物质这一途径，为人类文明的进步做出了伟大的贡献。但是不可避免的，在其反应的过程之中也出现了未有效地利用资源、产生大量排放物，甚至造成环境污染等一系列的弊端。于是人们开始探索一种全新的、清洁的化学——绿色化学。绿色化学这一概念，由美国环保局在 1984 年首次提出。它是指利用化学的方法与技术来降低或消除那些对人类健康、社区安全、生态环境有害的原料、催化剂、溶剂和试剂、产物、副产物等的使用或产生，从而使所设计的化学产品或过程更加环境友好的化学，因此它又叫清洁化学或可持续的化学。绿色化学比传统化学层次更高，传统化学向绿色化学的转变可以看作是化学从“粗放型”向“集约型”的转变。① 绿色化学的理想在于不再使用有毒、有害的物质，不再产生废物、不再处理废物。因此它是一门从源头上拒绝污染的化学。

迄今为止，对于绿色化学的主要研究问题分为 12 个方面：

(1)从源头制止污染，而不是在末端治理污染；

(2)合成方法应具“原子经济性”，即尽量使参加过程的原子都进入最终产物；

(3)在合成方法中尽量不使用和不产生对人类健康和环境有毒有害的物质；

(4)设计具有高使用效益低环境毒性的化学产品；

(5)尽量不用溶剂等辅助物质，不得已使用时它们必须是无害的；

(6)生产过程应该在温和的温度和压力下进行，而且能耗应最低；

(7)尽量采用可再生的原料，特别是用生物物质代替石油和煤等矿物原料；

(8)尽量减少副产品；

(9)使用高选择性的催化剂；

(10)化学产品在使用完后应能降解成无害的物质并且能进入自然生态循环；

(11)发展适时分析技术以便监控有害物质的形成；

(12)选择参加化学过程的物质，尽量减少发生意外事故的风险。②

因此，无论是从科学、技术，经济、社会、生存环境还是从文明进步的角

---

① 朱清时．绿色化学[J]．化学进展，2000(4)：410－414.

② 高鹏．绿色化学与可持续发展[J]．北方环境，2011(9)：25－26，52.

度，我们都有足够的需求去发展绿色化学，只有发展绿色化学才是实现人类与自然和谐发展的必由之路。因此，绿色化学教育是不可或缺的重要内容。然而笔者通过阅读大量的相关文献，发现很多研究仅仅停留在质性的层面，而缺乏具体的实证资料的支持。而那些少量的实证研究也只是通过一些浅显的问题，比如“你了解绿色化学的定义吗”等来测查，并不能深入地测查出学生的掌握程度。因此，笔者以高中化学的核心知识为依据，对高中化学课程标准和教材(人教版)进行了深度的分析，总结出了体现绿色化学的内容主题如下：“二氧化硫和二氧化氮”“海水资源”“环境保护与绿色化学”“大气污染”“水体污染与污水处理”“垃圾处理”“白色污染”“三废处理”“合成氨工业”“煤的综合利用”“环境中的高分子材料”“化肥与农药”“能源”“塑料”等，进而编制测验试卷，试图揭示学生绿色化学理念的实然状况。

二、基于理念框架的试题设计与测验实施

(一)研究对象

本研究对北京市示范性中学的 210 名高二学生进行调查研究，问卷有效回收 196 份，回收率达 93.3%。在对问卷的填答情况进行统计后，笔者用 Excel 2010 对数据结果进行了后处理，而且对 20 名学生进行了深度的半结构性访谈。

(二)研究工具

笔者对课程标准和教材(人教版)进行了深度的分析，发现课标和教材中体现绿色化学的内容主题如下：“二氧化硫和二氧化氮”“海水资源”“环境保护与绿色化学”“大气污染”“水体污染与污水处理”“垃圾处理”“白色污染”“三废处理”“合成氨工业”“煤的综合利用”“环境中的高分子材料”“化肥与农药”“能源”“塑料”等。分别分布在必修一、二，选修一、二、四、五、六等七个模块中。除了选修三《物质结构与性质》中没有体现绿色化学之外，其他模块均有涉及，表明绿色化学理念十分重要。

为了研究方便，在原有课标和人教版教材的基础上打破了模块的限制，将上述众多的主题进行凝练，解构为七个维度，分别是：“绿色化学理念”“空气污染与防治”“水体污染与水资源保护”“化学能源的开发利用”“化学工业绿色化”“食品安全与健康”“化学药品与安全操作”。每个维度对应若干问题，总分满分 100 分。本研究还根据学生绿色化学的总得分，按照高低分为高分组(80～100 分)、中等组(60～79 分)以及低分组(59 分以下)。从而考查绿色理念水平不同的学生在各个维度上的差异。

三、测验结果分析

(一)总体来看，高中生绿色化学理念的水平位于中等层次

通过对196份问卷的数据进行统计分析，笔者计算出196名学生的整体平均得分为73分，总体情况相对较好，但没有达到80分，因此距离优秀还有一定差距。为了得到更进一步的深层次分析资料，笔者按照既定的研究方法对数据样本又进行了细化和处理，得到了高中绿色化学七个维度总体情况的相关资料，如表1-3所示。

从表中我们可以看出，学生掌握情况最好的前三个维度为“水体污染与水资源保护”“空气污染与防治”“绿色化学理念”；掌握最不好的三个维度为“化学工业绿色化”“食品安全与健康”“化学药品与安全操作”。

表1-13　高中绿色化学七个维度总体情况统计表

	绿色化学理念	空气污染与防治	水体污染与水资源保护	化学能源的开发利用	化学工业绿色化	食品安全与健康	化学药品与安全操作
百分制平均分	86	93	100	75	73	56	51

为了对结果进行更好的解释，笔者在量化研究之后也对部分学生进行了半结构性的访谈。在访谈过程中，笔者可以明显地感受到，当被问及有关空气污染和水体污染，以及绿色化学理念的问题时，学生的反应较快，并且能够清楚、正确地说出相关知识；而提到化学工业、食品安全和化学实验操作等话题时，学生的回答有延迟，需要进行一定时间的考虑后才能作答，并且给出的答案会出现一定的错误。而在被问及平时教师授课更侧重于哪些方面时，不少学生表示由于高考指挥棒的影响，有关水体和大气污染的话题，以及绿色化学概念的相关知识是教师强调的重点。相比之下，食品安全的考查频率过小，化学工业脱离现实生活较远，实验操作难度系数较大，因此这三个方面便成了教师授课的盲点或学生的易错点。

(二)三个层次的学生在七个维度上均存在差异，但与总体趋势相吻合

除了从整体上进行解释，根据学生绿色化学的总得分，按照高低分为高分组(80～100分)、中等组(60～79分)以及低分组(59分以下)三个层次，并且对于每个层次在每个维度上的得分进行了逐一统计分析，如图1-7所示。

从图中我们可以看出，不论是高分组、中等组还是低分组，在总体趋势和走向上都与前面的整体情况相符合，但是在某些维度内部与各个维度之间依旧存在

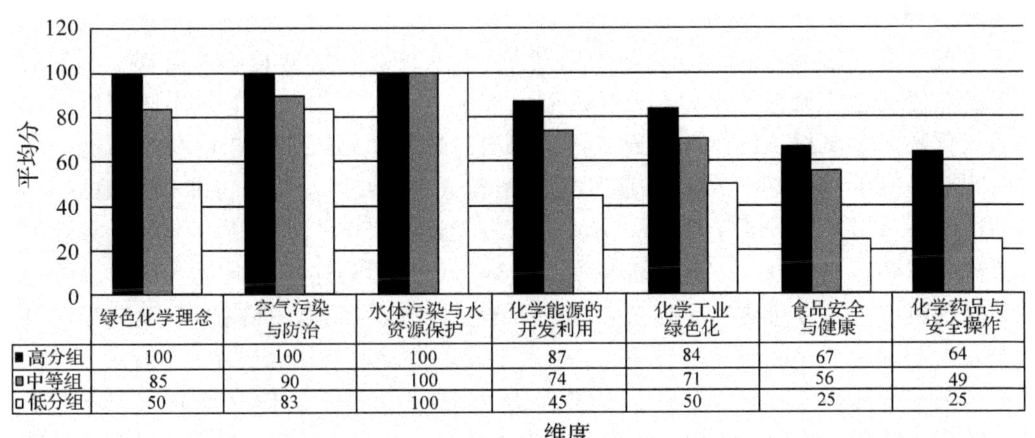

	绿色化学理念	空气污染与防治	水体污染与水资源保护	化学能源的开发利用	化学工业绿色化	食品安全与健康	化学药品与安全操作
■高分组	100	100	100	87	84	67	64
▣中等组	85	90	100	74	71	56	49
□低分组	50	83	100	45	50	25	25

图 1-7　高、中、低三组学生在七个维度上的得分差异

着差异。例如，在得分最高的“水体污染与水资源保护”维度上，三个层次的学生均能达到满分。而到了得分率第二的“空气污染与防治”上，不同层次的学生开始出现差异，高分组依旧能得到满分，但中等组就降低到 90 分了，而低分组则更加明显，滑落到了 83 分。但相比后面的情况这时的差异还不算很大。等到了第三个模块“绿色化学理念”的时候，三个层次的差距越发明显，高分组平均分满分，中等组只得到了 85 分，而低分组就只有 50 分了。再到后面几个模块，虽然三个层次的学生的掌握水平都开始下滑，但它们之间的差距却是固定的，即高分组比中等组高出 10 多分，比低分组高出 30～40 分。

那么分析到这里，为什么不同层次的学生存在着如此大的差距呢？为什么学生对于水资源和大气污染，以及绿色化学理念的部分就能很好掌握，而对于食品安全、实验操作等方面就明显欠缺呢？为了得到答案，笔者在后面的分析中，结合典型例题以及深层次的访谈进行了探讨。

(三)“绿色化学理念”“空气污染与防治”及“水体污染与水资源保护”掌握水平较高

关于绿色化学理念。我们改变了原来直接问概念的方式，而是巧妙地考查了原子经济性的概念，把落脚点放在了理解与运用上。比如考查“乙烯与氧气在银催化作用下生成环氧乙烷；乙烷与氯气反应制备氯乙烷；苯与乙醇在一定条件下生产乙苯；乙醇与浓硫酸共热制备乙烯这四个反应中，哪一项最符合原子经济性，理由是什么”。这些都是高中有机化学的基本反应，基础性较强，考查扎实的基本功。在与学生的沟通过程中，笔者也感到学生对于基本反应的掌握程度很好，从学习的层面上讲达到“了解”是绝对没问题的。再加上教师对于绿色化学理念的着重强调，使得学生有了较为深刻的印象，因此得分率在三个水平上都是最高的。

关于空气污染与防治。让学生判断“①对燃煤进行脱硫；②对含 SO_2、NO_2 等工业废气进行无害处理后，再排放到大气中；③人工收集雷电作用所产生的氮的氧化物；④飞机、汽车等交通工具采用清洁燃料，如天然气、甲醇等，这四项中哪些是减少或者防止酸雨形成的可行措施，为什么”。学生也能很好地回答，知道③不可行，并分析了原因。访谈得知由于近年来空气质量逐渐下降，雾霾天数越来越多，高考的关注重点也越发集中到了大气污染这一方向上。从而教师在平时的授课中也着重进行了渗透，强化了学生的知识基础，提高了对于空气污染的防治的认识。

关于水体污染与水资源保护。考查学生“①生活污水的任意排放；②海上油轮的原油泄漏；③水力发电；④农药化肥的不合理使用；⑤使用无磷洗衣粉，这五项中哪些能造成水质严重污染，理由是什么”。从多个角度来考查学生，覆盖了与水资源相关的农业与工业、生产与生活。虽然学生的作答情况比之前两个维度稍有差距，但学生的掌握情况还是比较良好的。通过访谈了解到与大气污染一样，水资源的保护也是由于高考的热点而受到教师们的重点关注，从而这一维度学生的得分相对较高。

(四)“化学工业绿色化”和“化学能源的开发利用”掌握水平比较一般，处于中等位置

关于化学工业绿色化。我们以接触法生产硫酸为具体知识载体，对于学生的绿色化学工业内容进行考查。比如让学生评判“①尾气用氨水处理；②污水用石灰乳处理；③废渣用来造水泥、炼铁；④设置废热锅炉产生蒸汽，供热或发电”，这四项分别处理接触法生产 H_2SO_4 过程中产生的废气、废水、废渣的可能性及科学性。和化学能源的开发利用一样，化学工业的绿色化距离学生的实际生活情景也相对较远，加上对于“接触法”本身的困惑，导致很多学生对于这部分内容并没有非常直接的认识。在后期的访谈中，笔者发现很多学生对于工业流程并不清楚，远离工业生产基地，再加上知识本身相对偏僻，增加了判断难度。

关于化学能源的开发利用。我们以煤的气化为具体知识载体，通过选修四的热化学方程式书写和勒夏特列原理进行渗透，综合考查学生的掌握水平。比如考查“在已知煤的气化的三个方程式(如下)的基础上，评述水煤气的用途、水煤气作为二级能源比煤直接燃烧的利弊；然后计算等质量的 CO 和 H_2 完全燃烧时，放热分别为多少；考查燃烧热的理解”。发现化学能源的利用也离学生生活实际较远，对“水煤气”、二级能源、燃烧热等名词不理解，学生的作答情况就比较一般。在访谈中注意到学生对于“化学能源”本身存在畏难情绪，加之生活经验的匮乏，而此类问题难以系统回答，零散而模糊。

①$C(s)+H_2O(g)$══$CO(g)+H_2(g)$　$\Delta H_1=+131.3kJ/mol$

②$2CO(g)+O_2(g)$══$2CO_2(g)$　$\Delta H_2=-566.0kJ/mol$

③$2H_2(g)+O_2(g)$══$2H_2O(g)$　$\Delta H_3=-483.6kJ/mol$

(五)“食品安全与健康”和“化学药品与安全操作”掌握水平最低

关于食品安全与健康。我们选择了高分子合成材料作为核心考点，这块知识看似来源于生活经验，但仔细分析就会发现所涉及的知识都是有一定难度的有机化学基本反应。比如让学生判断“PE(聚乙烯)、PVC(聚氯乙烯)是否都属于链状高分子化合物、受热易熔化；PE、PVC的单体是否都是不饱和烃、能使溴水褪色；焚烧PVC保鲜膜是否会放出有毒气体HCl；废弃的PE、PVC是否均可回收利用以减少污染”，等等，理由是什么。从问题的角度上来讲，以符号和汉字表示每个高分子聚合物，没有给出具体的结构简式，这在无形中提高了学生的作答难度，再加上考查了多个有机化学中的基本反应如加成、加聚及氧化等，学生解决起来就非常犯难。虽然这些是常见的生活中的问题，但是学生基本没有以化学学科的视角去关注，导致学习和生活两张皮，彼此割裂。

关于化学药品与安全操作。比如考查学生“制取蒸馏水时，为防止烧瓶内产生暴沸，如何处理；制取氯气及检验时，尾气污染空气，如何处理；加热高锰酸钾制取的氧气中带有紫色，如何解决；用电石制乙炔，产生气体过快，应如何解决，理由分别是什么”。在日常的化学教学中，化学实验操作就是一个难点。加上此处考查了气体的制取、检验及尾气处理，涉及多个实验内容，在知识和操作技术两个层面上的要求都较高，学生尤其是学困生束手无策。访谈得知学生一提到化学实验，普遍“谈虎色变”，原因是除了知识外，实验的注意事项较多，实验的误差分析太难，等等。

四、结论启示

(一)化学教学中还亟须普及与深化绿色化学的理念

通过前面的问卷调查，我们发现发达城市示范性中学学生的绿色化学理念处于中等水平，虽然达到了基本要求，但距离优秀还有一定差距。而且不同层次的学生绿色化学理念差别相对较大，绿色化学理念的各个维度情况也同样不均衡，这就意味着我们不仅要在面上普及绿色化学理念，而且还要在各个维度上进行深度的关注。从而努力大面积提升我国中学生对绿色化学理念的深层次认知。

教师是教学活动的主导，作为思想的传播者、知识的传授者、方法的引导者，其本身绿色化学理念的水平层次，对于学生掌握绿色化学理念有着至关重要的作用。在前面的调查与访谈中，很多学生都表示他们的知识水平受教师的影响很大，平时教师关注得多的地方他们掌握得就好。相反，教师语焉不详或者轻描淡写的地方，学生就不会注意：一带而过，掌握就不尽如人意。因此要想提升学生的绿色化学理念，教师应当以身作则，关注化学前沿的发展，比如在教学中有化学实验微型化的意识，在实验中体现"原子经济性"的思想化学，节约药品；实验教学中合理处理废水、废气和废渣，从细微处入手，杜绝污染环境的源头。另外普及绿色化学理念，教材作为最重要的教学媒介，在编写的过程中也一定要着力于绿色化学的教育，在内容选择、设计等方面要充分体现绿色化学的理念。目前教材中虽然相关内容也较为丰富，但编排比较分散，我们应当进一步加强整合，使得绿色化学在教材中自成体系。

(二)绿色化学的学习应该与学生的生活实际紧密结合

问卷测试与学生访谈的结果显示，学生绿色化学掌握水平不理想的原因之一就是学习过程不能与生活实际进行有效结合。那么如何将绿色化学与学生的日常生活相结合呢？最主要的策略与途径有三个方面：在教学内容上，强调授课应该联系学生的生活经验和社会实际，比如在有机化学反应的教学中要多讲塑料、橡胶、新型材料等高分子化合物的应用等；在教学方法上强调让学生在原有认知基础上进行理解、体验、感悟和实践等，比如参观硫酸工厂、合成氨工业场所等；在教学目的上，教师不应该只关注分数，而应该注重培养学生的实际应用能力，比如利用废弃物组装实验装置等。[①] 访谈中，不少学生反映教师的教学内容与生活实际相脱离，导致学生不能应用知识解决实际问题，以至于影响最终的学业成绩。因此作为教师，也应该不断成长和学习，将课程资源的开发作为专业发展的突破口，不断挖掘与学生生活实际紧密相连的课程内容。比如以化学的视角如何解决雾霾问题、揭露不法商家制造毒奶粉的深度原因、高效抗癌药物的合成等。这样就会激发学生的学习兴趣，将远离生活经验的学科知识用学生喜闻乐见的方式使其轻松掌握，同时极大地提高了学生对于化学学习的现实价值感，觉得化学能学以致用，对社会生活有意义。如此，学生对绿色化学的理解就不会再停留在概念、口号的表层认知了，而是深度地认识到原来"不绿色"的原因，以及化学学科对于未来"绿色"的重要价值。水到渠成的是，学生不仅有了绿色理念，其学科知识、能力、学业水平也提高了。

(三)学生的绿色化学理念应该在实践活动中达成

除了学生学习与生活实际相脱节外，造成其绿色化学水平不高的另一原因就是实践活动的缺乏。我国目前的基础教育现状，教师和学生还是多以应试为主，导致教学活动主要是教师的讲授，很少考虑到引入活动或实验。大部分教师存有知识与能力二元对立的思想，认为活动高耗低效，对于学业成绩没有帮助，学生

① 吴晗清，肖美超．联系生活的化学教学研究[J]．化学教学，2016(4)：3—7.

实践活动的缺失每况愈下。为了提升学生的绿色化学理念，在化学教学中应设计各种有趣的活动或实验，让学生动手操作、动脑身为，手脑并用，培养其实践能力和创新意识。化学学科实践活动，是实践活动课程的重要组成部分。它是以学科为核心而展开的实践活动课程，旨在让学生在学科活动的设计、实施、总结与评价中，真实体验学科的知识、思维与方法，以及价值等。

化学学科实践活动的开发，主要可以从四个维度展开，分别是化学的发展历史以及前沿、化学实验、化学知识结构以及化学与社会生活的紧密联系。具体以围绕化学实验展开的探究性活动来说，它包含课内限定式探究性实验的挖掘、课内生成式探究性实验的利用以及课外体验式探究性实验的开发。①

(1)课内限定式。如铝热反应，课本上的实验要消耗较多量的氯酸钾、镁条等药品，并且实验后的部分未反应药品还会造成浪费。若开展“粉笔上的奇葩”实验活动，在粉笔的凹槽中进行铝热反应，活动趣味化，还节约药品，渗透了绿色化学的思想。

(2)课内生成式。如在制取氢氧化亚铁时，沉淀呈现灰绿色，之后便为红褐色，并没有得到白色沉淀。原来发现实验设计和操作均存在不规范的问题，以此为契机师生共同来讨论解决这个问题，自然而然地就感受到了绿色理念中所强调的实验规范化。

(3)课外体验式。在课外利用家庭生活中和实验室已有的药品和设备，对某些特定的化学工业进行模拟，让学生切实体会到工业生产的流程与操作。如以酯化反应为载体，设计学生自己做肥皂的活动，不仅扎实地掌握了皂化反应的原理，而且对化学工业的绿色化有了深刻的认知。

第五节　科学素养视域下化学教师教学能力的调查研究

基于已有科学素养和教师教学能力的相关研究，可以将化学教师的教学能力解构为八个维度：化学核心知识、科学方法、基本态度；科学阅读与写作活动、科学实验活动、社会性问题讨论与合作交往；自我创新、批判性思维。通过对179名化学教师的问卷调查和部分访谈显示：化学教师总体静态知识水平相对较高，而动态的策略、方法等方面则有待提高；教龄在知识和批判性思维两维度没有显著性差异，其余均差异显著；学历、职称增高各方面能力呈增高趋势，特级教师在科学方法方面遥遥领先；性别在各维度上均没有显著性差异。基于此，本节提出了相应的教学能力培养策略。

---

① 吴晗清，韩蓉，赵冬青．化学探究性实验教学的困境与突破[J]．教学与管理，2016(34)：74—76.

一、科学素养视域下化学教师教学能力的维度剖析

(一)科学素养

"科学素养"一词源自英文"scientific literacy"。美国著名教育家Conant于1952年出版的《科学中的普通教育》一书中首次使用"科学素养"一词。[①] Miller在1983年提出科学素养的三维模式，包含科学概念的理解，科学过程和科学本质的认识，以及科学、技术和社会的相互关系的认识三个方面。[②]它是以科学知识、科学过程和科学的社会影响为量度来测量公众科学素养的工具，在这一时期影响巨大。

"2061计划"和《国家科学教育标准》是20世纪末期科学教育领域的重要纲领。"2061计划"认为，具有科学素养的人应具有多方面的特征，比如熟悉自然及其整体性，理解重要的科学概念和原理，了解各门学科相互依赖的关系，辩证地看待科学的长处和局限性，运用科学知识和科学思维的能力等。[③]《国家科学教育标准》也指出：科学素养就是对个人决策、参与公共和文化事务以及经济生产所需要的科学概念和过程的知识和理解。科学素养有不同的程度和形式，人的一生中科学素养都在不断发展和深化，而不仅仅局限于在校期间。[④] 2013年发布的美国《下一代科学教育标准》前瞻性地提出科学素养的基础内容应包括：学科核心概念、科学与工程实践、跨学科概念三个核心，其中科学与工程实践和跨学科概念都围绕学科核心概念而展开。[⑤] 强调了对概念系统的深度理解，以及科学与工程技术实践的紧密联系。

我们不难看出，科学素养越来越成为国际科学教育关注的核心目标。其发展大概经历了三个重要的阶段，即概念滥觞期，明确提出"科学素养"这一名词并逐渐引起广泛关注；精确框架期，其特点是大规模精细化的深入研究，明晰科学素养的方方面面，描绘了科学教育的目标蓝图及达成路径；生态发展期，当前科学素养研究走向视角多元、内涵拓宽，关注特定文化背景下学生真实的科学素养。[⑥] 综上所述，科学素养大体包括基本构成，即科学素养包含的具体内容；实施路径，即提升科学素养诉诸的手段与方法；表现形态，即具备科学素养的人所表现出来的品质。

---

① 魏冰."科学素养"探析[J]. 比较教育研究，2000(S1)：105.

② Miller. Scientific Literacy：A Conceptual and Empirical Review[J]. Daedalus，1983，112(2)：19—48.

③ 美国科学促进协会.面向全体美国人的科学[M]. 北京：科学普及出版社，2001：5—6.

④ 美国国家研究委员会.美国国家科学教育标准[M]. 北京：科技文献出版社，1999：25.

⑤ www.nextgenscience.org(美国新一代科学教育标准官方网站).

⑥ 吴晗清.科学素养研究范式的嬗变及其对理科教师的启示[J]. 中小学教师培训，2010(12)：58.

(二)教师教学能力

教学能力是教师在教学过程中体现出来的以知识、情感、思维、行为等为主要内容的一种特殊的综合素质。Renfro C. Manning 等人历时五年对教师进行评价研究，指出教师的教学能力包括：制订教学计划的能力，教学活动能力，课堂管理能力，知识传授能力等。[①] 我国学者指出，教学能力包括设计能力、预测能力、教学内容与方法"链接"的能力、应用信息的能力、适应新授课方式的能力、协作性教学的能力、促进学生学习的能力等。[②] 也有人指出，教师的教学能力结构框架可以分为五个方面：教学选择能力、教学设计能力、教学实施能力、教学评价能力和教学创新能力。[③] 还有人认为，教师教育教学能力由核心能力群和外生能力群两大部分构成。其中，核心能力群包括知识提取能力、教学监控能力与教学执行能力；外生能力群包括教学效能感、教学个性、职业性向等。[④] 教学活动是一种有目的、有计划、有组织的活动，其形式与内容千姿百态，不同学科也各具特色，但是教学同时也具有很多共性。结合上述众多研究者的观点，不难发现，教师的教学能力主要关涉三个方面：静态能力，比如具体知识、教学常规设计、基本态度等；动态能力，比如调节能力、灵活管理能力、活动组织能力、交往与协作能力、适应能力；创新能力，即基于静态和动态知识的变革性实践能力，不断研究教学、改进教学，从而超越自我。

(三)科学素养视域下化学教师教学能力的构成模型

结合上面的分析，我们认为科学素养可以由具体内容、实施路径、表现形态三个重要的方面组成。而教师能力也可以解构为三个维度：静态能力、动态能力、创新能力。结合化学学科的特点，我们认为科学素养视域下化学教师的教学能力主要由三个方面的八个要素组成，具体见图 1-8。

要培养学生的基本科学素养，教师必须以相应的静态能力作为最基本的保障，包括，化学核心知识：主要是化学概念、原理、元素化合物等核心内容，是化学教师应当具备的必要的素养，是考量化学教师科学素养的重要维度。科学方法：方法是检验科学性的重要量度。化学教师要结合理论与实验教学，让学生习得基本的科学方法。科学态度：是教师对于化学学科的总体认识与评价，是教师科学观、世界观的体现。化学教师对于化学学科及其研究的基本态度直接反应教师自身科学素养的发展水平。

---

① Manning Renfro C. The Teacher Evaluation Handbook：Step-by-Step Techniques & Forms For Improving Instruction Englewood Cliffs[M]. N. J. Prentice Hall，1988.

② 李芒．论综合实践活动课程与教师的教学能力[J]．教育研究，2002(3)：64－66.

③ 王宪平．课程改革视野下的教师教学能力结构[J]．集美大学学报，2006(1)：30.

④ 王沛．中小学教师教育教学能力的内涵与结构[J]．课程・教材・教法，2010(6)：92.

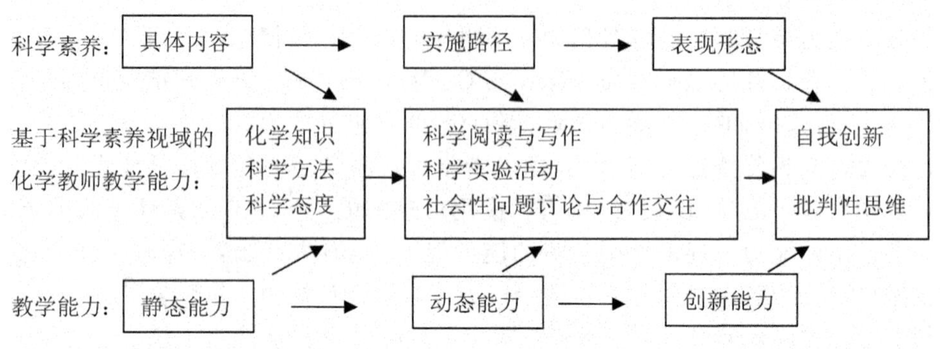

图 1-8　科学素养视域下化学教师教学能力的构成模型

学生科学素养的达成是一个动态的过程，因此教师要与学生在活动中共同探究、共同进步。动态能力主要有，科学阅读与写作：不仅发展学生的阅读与写作能力，教师自身也不断地更新科学知识、增加阅读量，促使教师对于教学内容、教学方法的反思与实践，从而不断提高教学水平。科学实验活动：实验是化学学科的"灵魂"，学生的科学素养在很大程度上依赖实验，科学实验活动水平直接反映出化学教师对于化学学科的理解与掌握程度。社会性问题讨论与合作交往：化学学科不仅旨于化学理论的建构，更应该关注化学之于人类社会发展之关系，通过对社会性问题的探讨，发展学生的辩证思维，从而更好地理解化学的价值。

教师拥有创新能力才能进行创新教育，创新也是科学素养的最高品质。创新能力包括，自我创新：就是一种不断超越自我的精神追求和行为习惯，是教学活动追求的最高境界。批判性思维：批判是对原有资料的反思与修正，批判性思维旨在达到理性反思与经验现象相统一，是增强理论解释力与预测力的必由之路。

二、科学素养视域下化学教师教学能力的调查

(一)调查问卷的构成

通过阅读科学素养、教师教学能力的文献，初步总结科学素养视域下中学化学教师教学能力，包括：化学核心知识、科学方法、基本态度、科学阅读与写作活动、科学实验活动、社会性问题讨论与合作交往、自我是否创新、批判性思维八个维度。问卷主体分为两部分，其一为基本信息，包括被试教师的教龄、性别、学历以及职称等信息。其二为正文，利用李克特量表将化学教师应有的教学能力量化为"1"为非常不符合、"2"为比较不符合、"3"为一般、"4"为比较符合、"5"为非常符合。

(二)问卷的信度和效度

本问卷采用内部一致性系数方法测量问卷的信度，用 SPSS 软件计算出内部

一致性系数 α 值为 0.948，大于 0.8。将编制好的问卷请本领域的专家进行分析，根据专家的反馈意见进行修改，修改后的问卷得到了专家的认可。

三、研究结果与分析

(一)总体水平：化学教师静态知识水平相对较高，而动态的策略、方法等则有待提高

对若干学校的化学教师进行问卷调查，发放问卷 182 份，收回 182 份，有效问卷 179 份，有效率 98.35%。

如表 1-14 所示数据分析结果表明：各维度总体平均分为 3.76。总体而言，化学教师的教学能力相对较强。其中得分最高的一项为化学核心知识，其平均得分为 4.13。得分最低的一项为科学阅读与写作活动，仅为 3.39。低于平均分的维度包括科学方法、科学阅读与写作活动、科学实验活动、批判性思维四个维度。换言之，化学教师在上述四个维度尚有很大的提升空间。上述结论表明，化学教师的静态知识水平相对较高，即化学教师拥有较多的陈述性知识。而在科学阅读与写作活动、科学方法、科学实验活动和批判性思维四个维度水平相对较低，化学教师的程序性知识和策略性知识有待进一步提高。

表 1-14　科学素养视域下化学教师教学能力各个维度平均分情况

化学核心知识	科学方法	基本态度	科学阅读与写作活动	科学实验活动	社会性问题讨论与合作交往	自我是否创新	批判性思维
4.13	3.67	3.93	3.39	3.64	3.81	3.85	3.67

(二)不同教龄：知识和批判性思维两维度没有显著性差异，其余均差异显著

调查中，教龄在 1～3 年的教师有 97 人，4～10 年的教师有 33 人，11～20 年的教师有 32 人，21 年以上的教师有 17 人。

如表 1-15、图 1-9 所示的数据分析结果表明：(1)总体来说，随着教龄增加，教师各方面能力呈现增长的趋势。随着教龄的增加，教师自身积累的素材与经验不断丰富，相较于刚入职的新手教师，各方面能力呈现增长趋势。(2)化学教师随教龄增加，对知识掌握更好，但没有显著性差异(Sig. =0.493)，即不同教龄的教师在化学知识方面均储备充足。通过师范生培养与自主提高，刚入职的教师已经拥有充分的知识储备。因此，新手教师应当有充分的信心，利用自身充足的学科知识，全面发展自身的专业能力。(3)新教师(教龄为 1～3 年)尤其在科学方法、科学阅读与写作、科学实验活动三方面亟待提高。教龄为 1～3 年的教师相较于拥有 4 年以上教龄的教师在科学方法、科学阅读与写作、科学实验活动三方面得分明显偏低。因此，在新教师培养中，应当注重新教师科学方法、科学阅读

与写作、科学实验活动的提升。(4)总体批判性思维较低，且随着年龄的增长没有显著增长。拥有21年以上教龄的教师在批判性思维方面要强于其他教师，但仍然有很大的提升空间。因此，无论是新入职的教师还是工作已久的老教师，都应当注重批判性思维的培养。

表 1-15 教龄因素在各个维度显著性(Sig. 值)

化学核心知识	科学方法	基本态度	科学阅读与写作活动	科学实验活动	社会性问题讨论与合作交往	自我是否创新	批判性思维
0.493	0.000	0.003	0.000	0.000	0.000	0.001	0.317

$\alpha=0.05$(置信区间95%)，Sig. <0.05 表明有显著性差异

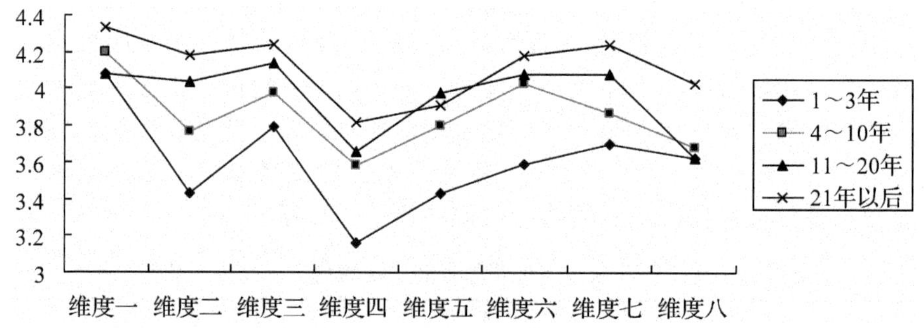

图 1-9 不同教龄的化学教师在各个维度上的均值

(三)不同学历：教师学历增高各方面能力呈增高趋势，科学方法一项博士学历教师下降明显

调查中，学历为本科的教师有137人，学历为硕士的教师有39人，学历为博士的教师有3人。

如表1-16、图1-10所示的数据分析结果表明：(1)总体而言，教师学历增高，各方面能力呈现增高趋势。(2)不同学历的教师在科学方法方面，没有显著性差异。可能高学历教师更多强调单一的线性思维，这可能导致教师的创造性、批判性没有显著性差异的原因。高学历教师，特别是获得博士学位的教师，说明已经在涉及的领域中进行比较深入的研究。但正是由于研究的深入性，可能影响教师研究方法过分单一，甚至使教师陷入“唯科学主义”的思潮，人为剥离了科学方法的尝试性与修正性。(3)教师的学历增高，化学核心知识、科学实验活动、科学阅读与写作活动三个方面水平明显增高。因此，学校可以充分利用不同学历教师的特有优势，使个体价值得到最大程度的发挥。博士教师可以利用其在科学实验活动、科学阅读与写作的优势，指导学生阅读文献、查阅资料，撰写小论文。

表 1-16　学历因素在各个维度显著性(Sig. 值)

化学核心知识	科学方法	基本态度	科学阅读与写作活动	科学实验活动	社会性问题讨论与合作交往	自我是否创新	批判性思维
0.457	0.419	0.530	0.011	0.389	0.087	0.345	0.179

$\alpha=0.05$(置信区间 95%)，Sig. <0.05 表明有显著性差异

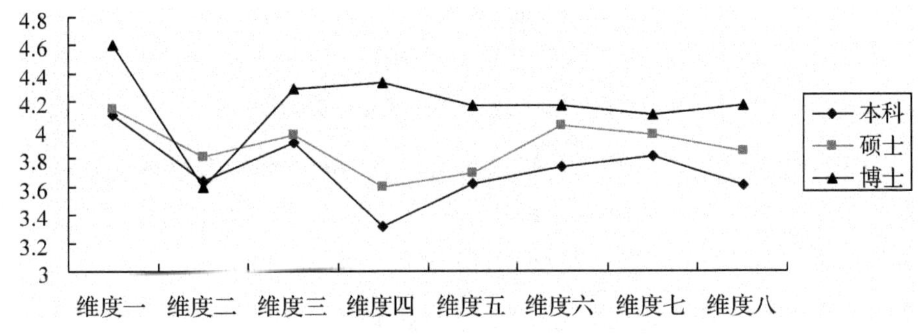

图 1-10　学历因素在各个维度上的均值

(四)不同职称：教师职称增高，各方面能力呈增高趋势，特别是特级教师，在科学方法方面遥遥领先

调查中，没有职称的教师 10 人，二级教师 109 人，一级教师 33 人，高级教师 25 人，特级教师 2 人。

如表 1-17、图 1-11 所示的数据分析结果表明：(1)总体而言，教师职称增高，各方面能力呈现增高趋势。(2)特级教师，在科学方法方面遥遥领先。科学方法是教师在长期教学实践中总结而成的教学经验，是教师长期实践与反思的科学成果。教师教龄的增长并不一定获得较高的职称，其中的差异即在于教师是否对教学活动做出有效的反思与总结。善于总结与反思的教师往往具备良好的科学方法，因此能够获得较高的职称。(3)不同职称教师，在化学核心知识和批判性思维方面，没有显著性差异。特级教师在批判性思维方面反而有所下降。批判性思维并未随教师职称的增长而增长，由此可以得出结论，教师批判性思维的增长仰赖于自主的努力，与外在的评价机制无关。

表 1-17　职称因素在各个维度显著性(Sig. 值)

化学核心知识	科学方法	基本态度	科学阅读与写作活动	科学实验活动	社会性问题讨论与合作交往	自我是否创新	批判性思维
0.128	0.000	0.002	0.000	0.000	0.006	0.003	0.063

$\alpha=0.05$(置信区间 95%)，Sig. <0.05 表明有显著性差异

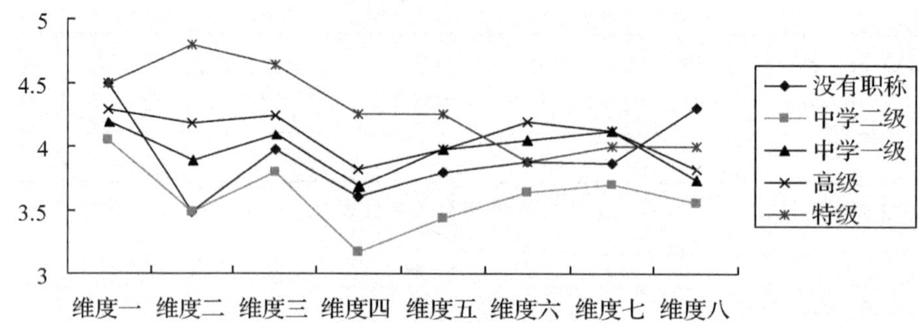

图 1-11　职称因素在各个维度上的均值

(五)不同性别：男女教师在科学素养的八个维度上均没有显著性差异

数据分析表明：男女教师在上述八个维度上均没有显著性差异。因此，男女教师都应当有信心全面提升自身的教学能力(Sig. ＞0. 05)。

四、化学教师教学能力提升策略与建议

(一)男女教师都应有信心全面提升自身的教学能力

数据分析显示，科学素养视域下男女教师的教学能力在八个维度上均无显著性的差异，因此，男女教师都应当有信心全面提升自身的教学能力。

全面提升男女教师的教学能力，一方面，学校应当平等对待男女教师的专业能力发展，不应纯然凭借主观经验发展教师专业能力。实际上，在学校的发展过程中男女教师的教学能力并没有获得平等对待。通过访谈笔者了解到，部分学校的科学拓展活动、技术类课程均以男性教师为主，这就使得女性教师在起步阶段即失去了发展实验能力、创新能力的良好机会。另一方面，男女教师应当有信心全面提升自身的教学能力。男女教师都应当积极参与理论研究与实验探究，在实践活动中全面提升自身教学能力，而不应当以性别为"借口"，推脱、回避某些实践活动，主观放弃自身能力均衡发展的机会。

(二)新手教师应当尤其注重科学方法的学习和训练

数据分析显示，学历与科学方法不具有显著性差异。教龄与职称与科学方法具有显著性差异，且主体呈正相关。值得一提的是，特级教师在科学方法维度上远远领先于其他教师。因此，增强科学方法的学习和训练是促进教师教学能力发展的重要任务。科学方法是在长期的实践活动中，通过凝练与反思得出的科学发展的途径。科学方法需要教师在长期的教学实践中探索与反思，仅仅依靠理论思辨得出的科学方法尚需要实践的进一步检验。

通过数据分析可知，教师学历与科学方法不存在显著性差异，换言之，即使是博士学历的教师，在科学方法维度上仍然需要进一步提高。学历越高的教师在

所涉及的领域中研究越深入，但这也使得高学历教师容易陷入“唯科学主义”的错误思潮中。高职称的教师(特别是特级教师)经过长期实践经验的积累与反思，总结出了行之有效的科学方法。因此，在教师经验交流活动或“师徒制”的教师培养模式中，新手教师除了应当汲取专家型教师积累的素材与案例，更重要的是要向专家型教师取经，增强科学方法的学习与训练。

(三)全体教师都应当加强批判性思维的训练

数据分析显示，教师批判性思维水平低于总体水平，且与教龄、学历、职称不具有显著性差异。因此，各类教龄、学历、职称的教师都应当加强批判性思维的训练。批判性思维与教龄、学历、职称不具有显著性差异，说明批判性思维的发展仰赖于教师的实践与反思，与外在的评价机制无关。

培养学生的创造性与批判性思维逐渐成为科学教育的最终目标。学生批判性思维的培养仰赖于教师的教学方式，换言之，如果教师自身不具备一定的批判意识，教学则会倾向于权威式、灌输式的过程，那么培养学生的批判性思维即成了空洞的教育口号。因此，加强教师批判性思维的训练十分必要。一方面，学校要为教师提供利于探究的开放空间，让教师有充分的时间和空间反思、实践、修正教学中遇到的实际问题。另一方面，教师应当充分发挥自身的主观能动性，在原有教学材料、教学模式、教学方法的基础上大胆尝试、勇于创新、不辍实践，充分发展自身的批判性思维。

第二章　化学学习研究

第一节　初高中化学学习衔接影响因素的实证研究

笔者以自编问卷对北京市某示范性高中高一年级254名学生进行了初高中化学学习衔接影响因素的调查。结果表明，主要影响因素有学习压力、教材知识掌握难易程度、作业难易程度、教师受欢迎程度、课堂知识接受情况、遇困难处理方式、学校选修课开设情况、实验开设情况等；不同性别的学生在初高中核心知识点测试得分不存在显著性差异，但对化学学习男生显得比女生更有信心。基于此，本节提出了相应的建议。

一、问题的提出

初中化学课程应体现基础性。要给学生提供未来发展所需要的最基础的化学知识和技能，使学生从化学的角度初步认识物质世界，提高学生运用化学知识和科学方法分析、解决简单问题的能力，为学生的发展奠定必要的基础。① 高中化学课程则是在义务教育基础上进一步提高学生的科学素养为宗旨的选拔性课程。② 相较而言，初中化学更加注重学生学习兴趣的培养，知识难度要求不高，多数学生经过努力都可以在中考化学中取得不错的成绩。高中化学课程在难度上要比初中大很多，对学生思维水平要求较高。

高中和初中化学学习内容与方式的差异，导致许多学生在进入一个新的学习环境后感觉不适应。许多学生由于不能及时转变而使化学学习出现问题，严重的会使学生对化学学习产生挫败感与恐惧心理，进而影响整个高中的学习。因此，及时发现学生在高中新入学后存在哪些问题并及时解决，对缩短学生从初中升入高中学习的适应期、减少学生成绩的两极分化、提高高中化学学习效率有着至关重要的作用。

---

① 中华人民共和国教育部．义务教育化学课程标准(2011年版)[M]．北京：北京师范大学出版社，2011：2.

② 中华人民共和国教育部．普通高中化学课程标准(实验)[M]．北京：北京师范大学出版社，2003：2.

通过相关文献分析，笔者发现，现有研究主要聚焦于两个方面：一是对于初高中化学衔接内容的研究[①][②]，如有人提出初中与高中化学的衔接，不仅仅需要重视知识内容上的衔接，更要努力做到学习能力、化学思想、科学素养方面的衔接。二是对于初高中化学教学衔接策研究[③][④][⑤]，很多一线教师都意识到了在高一化学教学中要做好与初中化学的衔接工作，并且在他们多年的教学实践中也做了很多尝试，总结出了一些经验。如：初高中化学教学衔接需要突出学科本质，重视活动教学，并且应充分发挥化学实验在培养科学探究能力中的引领作用[⑥]。又如初高中化学衔接教学应该建立科学的化学物质观念、培养学生良好的思维品质、帮助学生有效构建知识网络[⑦]等。但就目前的研究而言，多是从教师的角度出发，进行以往教学经验的总结，并没有真正关注学生在衔接期内的心理变化，而且实证研究相对较少，缺少大样本、有深度的研究，基于此，笔者拟从学生学习的视角进行深入的实证研究。

二、研究对象与方法

(一)研究对象

本研究以北京市某示范性高中高一年级学生为样本，从高一年级 A、B、C 三个层次的班级中每个层次选取两个班级。共发放问卷 260 份，回收有效问卷 254 份，有效问卷回收率为 97.7%。其中男生 132 人、女生 122 人，并对部分被调查学生辅以半结构性访谈，对学生学习障碍进行深度的原因剖析。

(二)问卷与数据分析工具

通过对学生前期访谈结果的整理，结合对已有相关文献的分析，笔者设计了自编问卷。使用 SPSS20.0 统计软件对数据进行统计分析，得问卷信度系数(α)为 0.866；效度方面采用内容效度检验，根据专家和教师提出的意见将问卷进行修改，修改后的问卷得到专家和一线教师的认可。

本问卷分为四个部分：

第一部分为基本情况的调查。此部分包括学生的性别与将来偏文还是偏理的

---

① 张海洋．初中与高中化学需要衔接什么[J]．中学化学教学参考，2010(3)：25－28.

② 汤远斌．从学生调查出发再谈高中化学教学中渗透初高中衔接策略[J]．教育教学论坛，2013(40)：91－92.

③ 赵安兴，冯英明，祁建平，等．初、高中化学教学衔接问题研究[J]．教学与管理，2004(9)：71－72.

④ 袁汀．初高中化学教学衔接的实践与思考[J]．科学咨询(教育科研)，2012(11)：92－93.

⑤ 陈赛清，陈良壁．新课程背景下初高中化学教学衔接的调查与研究[J]．厦门大学学报(自然科学版)，2011(S1)：184－188.

⑥ 李志华．初高中化学教学衔接要突出学科本质[J]．人民教育，2012(7)：45－46.

⑦ 李岩．有关初、高中化学教学衔接的对策和实践[J]．化学教学，2010(3)：29－34.

学习倾向。

第二部分为化学核心知识的掌握情况。其中包括初中核心知识测试与高中入校以来所学核心知识测试，初高中各 5 道选择题。初中内容涉及基本实验操作、相对原子质量、化合价、溶液、实验室制备气体等。高中内容涉及物质分离、摩尔质量、物质的量浓度、物质的分类、胶体等。每道选择题 20 分，初中、高中满分均为 100 分。

第三部分为初、高中化学学习差异对比。此部分主要包括学习压力、教材难度、教师风格、作业难度、学习方式与方法、思维、实验、科学探究等维度。

第四部分为学生个人认知因素情况。此部分包括学生的认知风格测试以及期望学习的方式、对学习化学的兴趣、是否有信心学好高中化学等。

三、调查结果与分析

(一)初高中化学知识掌握情况的得分对比分析

统计问卷第二部分，初高中核心知识测试的分数，得出每一部分在各分数层次的学生所占人数百分数，来了解学生的知识掌握情况。具体统计结果如图 2-1 所示：

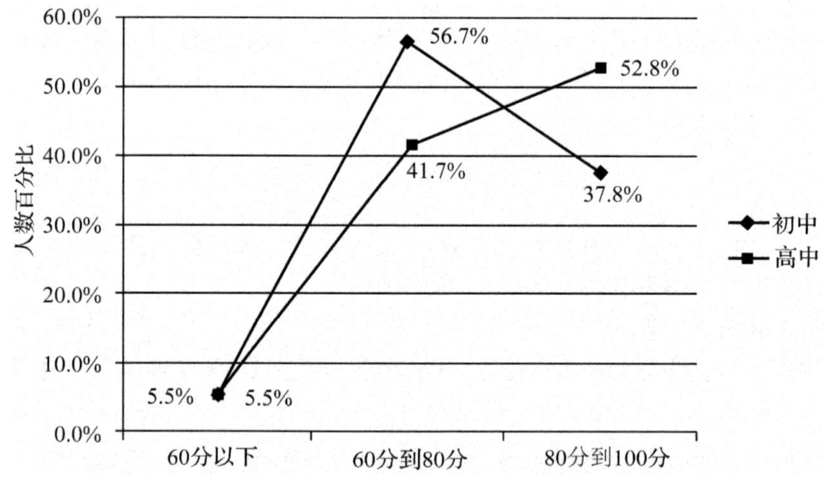

图 2-1　核心知识测试得分情况

通过图 2-1 我们可以清晰地看出，学生进入高中以来化学学习整体情况不错，有过半的学生可以达到 100 分，并且 94.5％的学生可以达到合格水平(60 分以上)，但是面对初三化学核心知识的测试，100 分以上的人数百分比只有 37.8％，多数学生成绩集中在 60～80 分之间。分析原因，可能是经过一个暑假，很多学生对初三化学知识有所遗忘，但是高中知识因为是新学知识，并且近期练习的相关习题也比较多，学生印象较深，导致了高中部分测试满分人数多于初中。从核心知识测试得分来看，进入高中以来学生的化学学习还是很有成效的，但是通过学生访谈，很多学生反映“对新学知识不能深刻理解”，“只是老师布置了大量习题训练后，类似的题目会做，但是究其原理是讲不清的”，特别是对于物质的量及其相关概念，学生普遍反映“感到很难”。

我们了解了高中测试题满分人数多于初中，那么男女生在核心知识测试得分中是否存在差异呢？带着这个疑问，笔者又对男女生分组进行了分数统计，所得结果如表 2-1 所示：

表 2-1　男女生核心知识测试得分情况

	初中得分		高中得分	
	均值	标准差	均值	标准差
男生(132 人)	81.52	18.667	86.67	17.306
女生(122 人)	79.67	18.794	85.25	19.630

分析表 2-1 中的数据我们可以发现，初、高中得分都是男生比女生高。通过独立样本 T 检验，以初中成绩为检验变量，以男女为分组变量，得到 $P=0.581$；以高中成绩为检验变量，以男女为分组变量，得到 $P=0.665$，说明在初高中得分方面男生与女生之间没有显著性差异。

(二)初高中化学学习差异对比分析

1. 影响初高中化学学习分化的核心要素：选修课、压力、知识难度、作业、实验

问卷的第三部分对各种可能存在的因素都进行了初高中的对比测试，笔者将学生对同一问题在初高中不同时期的认知进行了配对样本 T 检验，以期得出学生眼中发生显著性变化的影响化学学习的因素。

通过检查配对样本 T 检验的 P 值，笔者得出在学生心目中：学校选修课开设情况、学习压力、教材知识掌握难易程度、作业难易程度、课堂接受知识情况、实验开设情况、遇困难处理方式、喜欢教师程度等因素在初高中化学学习中存在显著性差异(P 值均小于 0.05)。只有班级氛围、自觉完成学习任务情况、教师利用辅助教学技术手段等因素在初高中化学学习中不存在显著性差异。那么这些存在显著性差异的因素具体差别有多大呢？为了直观地展示出学生对同一因素在不同时期的感受，笔者还对每一因素进行了描述性统计频率分析，并把每个维度的初高中百分比相减做绝对值。如图 2-2 所示。

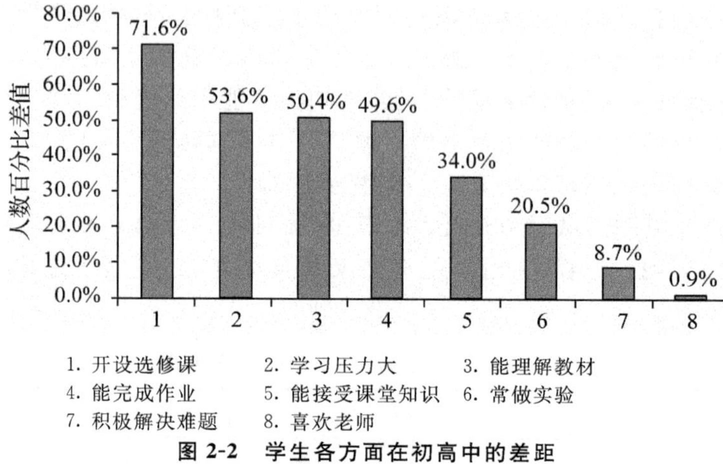

1. 开设选修课　2. 学习压力大　3. 能理解教材
4. 能完成作业　5. 能接受课堂知识　6. 常做实验
7. 积极解决难题　8. 喜欢老师

图 2-2　学生各方面在初高中的差距

2. 初高中学生在实验探究和思维活动两个方面的情形

除了以上对各种可能存在的因素进行了初高中的对比测试与描述统计，在此部分中，还包括关于学生在校内、校外参与科学探究的情况以及学生在初高中不同阶段思维方式的测试。

经统计，在校内有主动探究习惯的学生只有 49.6%。而在校外主动探究的学生就更少了，只有 33.6%。访谈结果也反映了初中化学的学习没有帮助学生形成实验探究的意识，学生普遍是进入高中学习之后才意识到实验探究的价值。新课改以来虽然强调在化学学习中融入科学探究，但是从统计结果来看，大部分学生没有养成主动科学探究的习惯。

对于学生在初高中不同阶段思维方式的测试，经统计，有 51.9%的学生喜欢尝试一题多解，用创新的思维去思考问题。认为初中化学主要靠形象思维的学生占 58.2%，认为高中化学难点主要是抽象思维能力的学生占 65.4%。超过半数的学生都认为初高中化学学习在思维方式上有很大的转变。学生们认为对于学习化学而言，以下几种思维能力的重要程度排序如表 2-2 所示：

表 2-2　对学习化学思维能力认知的排序情况

	排序(使用频率由高到低%)			
	第一位	第二位	第三位	第四位
逻辑思维	44.9	32.3	18.1	3.1
抽象思维	21.3	27.6	33.9	15.7
形象思维	9.4	22.8	18.9	47.2
创造性思维	22.8	15.7	27.6	32.3

从表 2-2 我们可以清晰地看出，在学生眼中，逻辑思维对于学习化学是最重要的，第一位与第二位都是逻辑思维占的比例最大。排在逻辑思维之后的是抽象思维，接下来是形象思维，但对于创造性思维，学生往往都将其置于最不重要的位置。虽然有 51.9%的学生喜欢尝试一题多解，用创新的思维去思考问题。但学生似乎只是在做题时才会想到“创新”，多年题海战术的训练让学生们认为一题多解就算最大地发挥了创造性。

我们的理科教学多年以来一直在培养学生的逻辑思维能力，因此学生都认为学习化学逻辑思维能力是最重要的，随着学习进阶的深入，抽象思维能力也显得越来越重要。但是学生忽视创造性思维的地位是值得我们深思的，对于化学学科这样一门充分利用创造性思维、体现创新的学科，如果忽视了创造性思维，这对于学生未来的发展、国家未来的发展将是非常不利的。

3. 男女生的性别差异

大多数研究表明，从婴儿期到学前，男孩和女孩在综合能力和具体能力上并没有差别。上学之后，标准化的文化公平测验也表明男生和女生在一般智力上没有差别。然而具体能力测试表明，性别之间存在显著性差异。[①] 那么初、高中化学学习衔接中男生与女生在哪些因素上会存在显著性差异呢？笔者以性别为分组变量，分析男女生之间的性别差异，通过对各个项目进行独立样本 T 检验，得到了存在性别间显著性差异的因素(见表 2-3)。

表 2-3　男女生存在显著性差异因素的独立样本 T 检验

项目	Sig.(双侧)
在初中阶段，我认为化学教材很好理解与掌握	0.005 * *
上高中后，我感觉平时布置的作业难度不大	0.047 *
上高中后，在化学课上我能很好地接受教师教授的内容	0.021 *
在初中阶段，我能容易地完成作业	0.016 *
我认为化学学科需要记忆大量的知识点	0.033 *

* *. 在 0.01 水平(双侧)上显著相关。

*. 在 0.05 水平(双侧)上显著相关。

分析表 2-3，我们可以得出：初中阶段化学教材知识掌握难易程度、完成作业情况，高中阶段作业难易程度、课堂接受知识情况以及学生对化学学科知识点记忆的认知等项目存在性别间显著性差异。

从初中刚学习化学开始，在理解教材方面，以均值衡量，男生(4.47)高于女

① 陈琦，刘儒德．当代教育心理学[M]．2 版．北京：北京师范大学出版社，2007：69.

生(4.03)；对于能容易完成作业这个问题，男生(4.48)也要高于女生(4.13)。到了高中阶段，作业难度较初中有所上升，以均值衡量，感到作业难度不大的男生(2.92)高于女生(2.52)；在课堂接受知识方面，男生(3.76)同样高于女生(3.30)。在知识点记忆方面，认为化学学科需要记忆大量知识点的学生占63.8%，这说明过半学生认为化学是理科中的“文科”，并且赞成这点的女生比例远高于男生。在访谈时，笔者也发现很多女生都认为化学中记忆的知识点很多，知识琐碎，而男生对此的感受没有女生强烈，男生往往更加关注掌握做题的方法。

(三)个人认知因素对初高中化学学习衔接的影响分析

1. 总体情况

对学生个人认知因素的测试结果清晰地在表 2-4 中呈现。通过表 2-4，我们可以得出，只有 33.9%的学生认为其他学科挤占了学习化学的时间，看来学习时间对于学生学习化学而言还是相对充足的。在学习方式方面，期望以自主探究的方式学习化学的学生有 51.3%，这可能与新课改以来教师在课堂中引入了更多的科学探究训练，已经有越来越多的学生适应了这种学习方式有关。喜欢以讲授为主的教学方式的学生只有 49.6%，更多的学生(83.4%)喜欢能够启发其思考，引导其自主获得知识的教师。对化学很有兴趣的学生为 74.0%，有信心学好高中化学的学生有 77.9%，学生学习化学的兴趣与信心对高中化学的学习非常重要，在这一方面，高中入学一个月以后大多数学生还是比较乐观的。

表 2-4 学生个人认知总体情况

项目	是	一般	否
我认为其他学科挤占了学习化学的时间	33.9%	35.4%	30.7%
我期望以自主探究的方式学习化学	51.3%	29.3%	21.2%
我喜欢能够启发我思考、引导我自主获得知识的教师	83.4%	15.7%	0.8%
我喜欢课堂上以教师讲授为主的教学方式	49.6%	35.4%	15.0%
我对学习化学很有兴趣	74.0%	25.2%	0.8%
我有信心能学好高中化学	77.9%	19.7%	2.4%

在此部分中，设计了两道开放式题目中，分别是喜欢或不喜欢化学的原因、有信心或没有信心学好化学的原因。经过统计分析，学生喜欢化学主要是因为：喜欢教师，学生谈到“开始是喜欢教师，后来喜欢化学就成为一种习惯”；喜欢实验，“化学很奇妙，实验很有趣，很神奇，过程很有意义”；化学贴近生活，学生表示“化学是最贴近生活的科目，能解决生活中的问题，希望将有些知识用在生活中”；学到了思维方法，“化学可以培养我们的逻辑思维，还可以在实验中认知

世界”。学生不喜欢化学主要是因为“感到化学难学，学不懂”、初中基础没有打好、成绩不好导致对自己缺乏信心。而总结学生有无信心学好高中化学的原因，可以得出，学生对学好化学有信心往往是出于自信或者高考要求所以必须让自己学好化学，对学好化学没有信心则是因为目前化学成绩不好，担心自己基础差。

在问卷中笔者还对学生进行了简单的个人认知风格测试，试图了解几种比较重要的认知风格对学生化学学习成绩的影响。这几种认知风格分别是：场依存与场独立、整体性策略与系列性策略、求异思维与求同思维、冲动型思维与反省型思维、内倾与外倾。[①] 经检验，以上几种不同的认知风格与学生初中、高中核心知识测试得分均没有显著相关性。

2. 男女生存在显著性差异的因素分析

从表 2-5 可以得知，男生比女生更加期望以自主探究的方式学习化学（$P=0.040^{*}$），但是女生更加喜欢课堂上以教师讲授为主的教学方式（$P=0.045^{*}$）。对于这一点，男生和女生之间存在显著性差异。而对学习高中化学有信心的男生比例远远多于女生，并且男生与女生之间存在显著性差异（$P=0.019^{*}$），很多女生对学好高中化学缺乏信心。

表 2-5　男女生个人认知因素对比

性别 / 均值 / 题目	男生	女生
我期望以自主探究的方式学习化学	3.74	3.31
我喜欢课堂上以教师讲授为主的教学方式	3.30	3.70
我有信心能学好高中化学	4.35	3.98

四、教学对策与建议

（一）转变视角，促进基于学生“学”的化学教学方式的变革

数据分析显示，学生对初高中化学学习差异的认知给衔接期学习带来了很大影响，其中开设相关选修课这一因素在初高中的差异最显著。被试学生来自不同初中，只有 25.2%的初中开设了化学类选修课，而这所示范性高中从高一就为学生开设了化学类选修课。统计显示，有 70.1%的学生认为化学类选修课可以增进化学学习兴趣，所以在有条件的情况下可以考虑为学生开设这类选修课。

化学教材难度的加深是学生化学学习衔接中感觉比较困难的一个方面。初中

① 施良方．学习论[M]．2 版．北京：人民教育出版社，2001：221，223，469—478.

时78.7%的学生都认为化学教材很好理解与掌握，但到了高中，才入学一个多月，就只有28.3%的学生依然认为化学教材很好理解与掌握，可见，知识难度的提升让很多学生在短时间内很难适应。面对初高中化学学习衔接期，我们很多一线教师往往都有一套自己的教学策略帮助学生及时适应高中的学习节奏。这些策略是教师多年教学经验的总结，有其成效性与价值性，但是教学策略解决的是教师怎样教的问题，而学生如何学才能及时适应高中的课程要求则还需要我们教师多关注学生的心理变化。

众所周知，课堂学习效率的高低会直接影响学生的学习状况。初中时84.2%的学生都可以在课堂上顺利接受所学知识，但是到了高中，只有50.2%的学生还能如此。与初中相比，进入高中后很多学生感觉无法很好地在课堂上接受教师教授的内容。新课改以来，越来越多的教师已经能从“教师中心”的视角向“学生中心”转变，在谈及教育理念时教师往往都能说出“以学生为主体”“从做中学”。但现实教学中教师往往还是为了教而教，敦促学生及时进入高中学习状态，不要输在起跑线上，把差异化教学活动的目标仅仅定位在学生学业成绩的提高上，很少注意学生在初高中学习衔接期内的心理变化。因此，我们需要转变视野，真正做到以学生为主体，以学生学习的视角来教授化学。教师不再是教书匠，不应仅仅停留在“传道授业解惑”上，还要反思传什么“道”、“道”之于学生主体性的发展有何价值且是否都要以同样的方法解“惑”，等等。[①] 只有关注了学生的主体性发展与可持续发展，因材施教，才能真正落实“从教师的华丽表演到学生的朴实发展”。

(二)有的放矢，关注作业的数量和质量

自主完成作业是学生学习过程中不可或缺的一个重要环节，初中阶段有80.1%的学生认为自己能很容易地完成作业，可是到了高中，只有30.5%的学生依然认为自己可以很容易地完成作业。笔者在访谈时也有很多学生反映：“高中化学习题太难，每天要花很长时间去研究怎么做题，但还是有好多题不会，长期以往都没信心了。”看来作业问题是初高中化学衔接的一个重要差异点。进入高中之后，学生们普遍认为作业量、难度都增大了很多，因此教师在布置作业的时候应该做到精挑细选，让每道习题都发挥它的最大价值，尽量避免利用题海战术来训练学生的做题能力。

对于学生提交的作业，教师要及时给予学生反馈，督促学生及时订正错题，养成“不留错题到明天”的好习惯。调查显示，无论是初中还是高中，大部分学生在遇到问题时都会积极想办法解决，但是高中还是要比初中低8.7%，可能是学

① 吴晗清，李政，马薇．当代教学的转向[J]．湖南师范大学教育科学学报，2014(3)：72—76.

生的畏难情绪所致。笔者在与被试学生接触的过程中发现，有些学生没有养成及时订正错题的习惯，导致错题似“滚雪球”般地积累，一段时间以后，这些学生的化学成绩就会掉队，学习信心就更加不足了。因此，在初高中化学学习衔接期内，教师需要重视学生学习习惯与方法的引导，帮助学生养成可以令他们受益终身的学习习惯。

（三）重视差异，帮助学生树立学习信心

男生与女生虽然在初高中化学学习衔接期内成绩水平还没有显示出显著性差异，但是从测试得分以及访谈结果来看，性别因素是一个不可忽视的影响学生学业成绩的因素。就课堂接受知识倾向而言，男生比女生更加期望以自主探究的方式学习化学，但是女生更加喜欢课堂上以教师讲授为主的教学方式。因此我们教师在进行授课时，可以考虑将有不同学习方式需求的男女生搭配分组，当进行小组合作学习时，每个学生都可以根据自己的兴趣选择小组内的角色，大家都利用自己的长处为小组尽力，这样就能使有学习方式差异的学生更加适应教师的课堂教学活动。但这里也要注意在进行小组合作学习时，教师要引导学生经常进行角色变换，体验各种角色带给自己的进步，争取锻炼学生的各方面能力。

在访谈中，笔者发现了很有意思的现象，对于化学成绩好的学生，当问及其对化学学习的兴趣所在何处时，男生的回答普遍是：“化学实验特别有意思，我喜欢做实验”，“我喜欢化学，今后大学想考化学系”，“化学和生活联系紧密，可以解决生活中的很多问题”；而女生的回答则普遍是：“其实不是特别感兴趣，因为要高考，所以必须得学好”，“比起物理数学，化学简单一些，并且与生活联系还比较紧密，但所学知识在生活中真正可以用的不多”。而对于成绩不好的学生，当问及为什么现在成绩不好，怎样做可以提升时，男生的回答普遍是：“只要我上课时能够认真听讲，上课效率高些就一定能提高化学成绩”，“不要像现在这样贪玩，多花些时间写化学作业，应该就能提升化学成绩”，有一个男生甚至对笔者说：“要是把我家电脑砸了，别说化学成绩了，什么成绩都能提高”；而女生的回答普遍是：“化学太难了，在学新知识的时候，我的掌握速度太慢了，接受新知识能力差，这往往让我感到很吃力，很烦恼”，“我觉得我智商不够高。我感觉我就是学不会，也许我智商再高一点，可能就会学好”，“上课听不懂，初中基础就不太好，对化学根本没兴趣”。

在主观因素方面，学生认为高中学习压力很大的比例明显高于初中，二者的差值达到了53.6％。笔者在访谈中也发现，绝大多数学生进入高中学习后感到了明显的学习压力，男生与女生对压力的感受也不尽相同，通过男女生分组均值比较，笔者发现无论是初中还是高中，女生的学习压力都要高于男生。而在学习信心方面，调查结果表明：学习高中化学有信心的男生比例远远多于女生，并且男生与女生之间存在显著性差异，很多女生对学好高中化学缺乏信心。面对成绩不佳时，男女生对学习挫折的归因也有很大的差异：男生往往认为是个人努力不够，女生则常常将其归因为个人能力不够，长此以往，女生就会对自己的学习能力产生怀疑，越发没有信心了。因此，男生与女生对学习挫折的归因不同导致了学习信心的巨大差异。这也启示我们的教师在针对不同学生进行学业心理辅导时，要及时引导学生正确归因，帮助学生建立学习信心。

(四)关注基础，促进学生意义学习

教育心理学家奥苏贝尔的整个理论体系的核心可以被归纳为："影响学习的最重要的因素是学生已知的内容。弄清了这一点后，进行相应的教学。"①这一论述对我们初高中化学学习衔接期的教学很有理论指导意义。学生初高中化学学习衔接的一个重要支点是初中化学知识，但在我们的测试中，学生对初中化学核心知识多多少少会有些遗忘，虽说知识的遗忘也属于正常现象，但是高中化学知识的学习需要建立在初中化学基础之上，特别是在初高中化学学习的衔接期，需要学生将新学的知识与曾经的知识建立联系。如果旧知识都不能扎实掌握，那么新知识的生长也只能是空中楼阁。这也启发我们高一化学教师在初高中衔接期进行教学时需要关注学生基础知识的掌握情况，因材施教；对于高中的新授知识，也应该努力让学生融会贯通，形成知识结构，而不是通过题海战术，只是让学生机械地学会做题而已。

除了全体学生共有的初三化学知识，通过访谈，笔者也了解到有部分学生在初三暑假期间已经在课外辅导机构进行了高一化学的预科学习，对于这部分学生，高一开学后化学知识内容学习起来不会特别吃力，但是对没有学习预科课程的学生而言，学习新知识会相对较慢。特别是在班级氛围的烘托下，很多没有报过补习班的学生看到周围同学很轻松，自己的学习压力也会增大很多。

奥苏贝尔认为，影响课堂教学中意义学习的最重要的因素，是学生的认知结构。要促进新知识的学习，首先要增强学生认知结构中与新知识有关的观念。②因此，笔者建议，高一化学教师在授课之前可以先对学生进行摸底测试，了解不同学生的现有知识基础与知识结构体系，以"最近发展区"为指导学生学习的方向，在教学中针对班级内学生的不同情况，适当开展分层次教学。

(五)利用实验，促进学生学业发展

调查结果显示，初中阶段 60.6%的化学教师时常会为学生安排实验课，高中阶段则有 81.1%的化学教师为学生安排了实验课。所以在示范校化学实验开设情况还是比较乐观的。笔者在访谈时当提及科学探究，几乎所有的学生马上就

---

① 施良方．学习论[M]．第 2 版．北京：人民教育出版社，2001：221.

② 施良方．学习论[M]．第 2 版．北京：人民教育出版社，2001：221.

想到了“做实验”，有很多学生表示：“化学实验能增进我对所学知识的理解”，“挺喜欢做化学实验的”。因此，笔者建议化学教师在教学中应该在保证教学进度的情况下尽量多为学生开设实验课程，培养学生的科学探究能力。

在访谈中，当笔者问及学生初高中化学衔接的一些关键点问题时，很多学生不了解初中时学习的相对原子/分子质量和高中新学的摩尔质量之间有什么关系，以为“反正数值一样，应该差不多”，也不清楚初中溶液百分数与高中新学物质的量浓度有何异同。但是在问及初中重要的实验时，几乎所有学生都能回答正确，因为“这个实验当时我们做过，印象很深刻”，当回答初高中物质的分离与提纯实验操作的不同之处时，大部分学生也能回答正确。由此可见，实验带给学生的感官刺激可以让学生更深刻地理解与掌握所学知识，教师应该在教学中善于利用化学实验教学。

在《大教学论》中夸美纽斯写道：“教导应该尽可能通过感官去进行，使它能费较少的劳力被记住。”[①]化学实验带来的直观感觉让学生印象深刻，巩固了学生对化学知识的多维建构。当然，在化学实验教学中除了遵循直观性原则之外，还要多给予学生亲自动手的机会，让他们体验科学探究的过程，学习运用以实验为基础的实证研究方法，让学生在过程中体验创新、学会迁移。[②]

我们关注学生在初高中化学学习衔接期内的学习状况，就是期望能在了解学生的基础上有效开展教学，真正促进学生的学业发展。教学不应是现成科学知识、理论的灌输，化学作为一门以实验为基础的科学，化学实验的价值还体现在让学生参与到探索的过程中，学会使用科学的方法，培养科学的态度和体验科学以及人文精神。[③]

第二节　化学知识结构与学业成绩关联的实证研究

化学知识结构是经过专门的学习后所拥有的化学知识体系，是学生有效学习程度的反映。对北京市某重点中学200名初三学生的调查显示：只有少部分学生有结构意识，且主要源自教师的直接给予。其化学知识结构可分为四种类型：混乱型、框架性、具体型和创新型，类型的差异与学业成绩之间有显著关联。基于此，本节提出了优化知识结构的教学对策。

一、知识结构的重要价值

作为科学教育的重要组成部分，初中化学教育显得尤为重要。在化学学习伊

① 夸美纽斯．大教学论[M]．傅任敢，译．北京：人民教育出版社，1984：112.

② 吴晗清，马薇．化学实验教学原则新探[J]．教学与管理，2013(7)：76—79.

③ 吴晗清，马薇．化学实验教学原则新探[J]．教学与管理，2013(7)：76—79.

始，要维护学生的好奇心和探究兴趣，让其体验学习的成就感，促进学习的可持续性。初中化学课程内容主要有“科学探究”“身边的化学物质”“物质的化学变化”“物质构成的奥秘”“化学与社会发展”五个主题，内容繁杂，尤其是化学式、化合价、方程式等化学独特的语言系统，对于初学者有较大的难度。因此我们需要将科学探究作为化学教学的突破口，培养学生良好的实验能力和思维能力，从而形成良好的化学知识结构。

结构的重要性不言而喻，诚如布鲁纳所强调：“不论我们选择教什么学科，务必使学生理解该学科的结构。”[①]其原因主要有以下三个方面：一是懂得基本原理可以使得学科更加容易理解；二是具体的知识只有放进构造得很好的知识模式中才能被牢固地记忆；三是领会基本的原理和观念就可以通向训练迁移的大道，知识模式有助于理解可能遇见的其他类似的事物。[②] 奥苏贝尔也认为有意义的学习必须以学习者原来的认知结构为基础，“影响学习的最重要因素是学生已知的内容。弄清了这一点后，再进行相应的教学”[③]。这表明结构(学科结构、知识结构抑或认知结构)对于学习的重要性是毋庸置疑的。

良好的知识结构并非知识的简单堆积，而是由习得的技能、知识等有机形成的一种高度概括、有序和开放的体系，它是创造性的主要来源。那么，良好的知识结构是如何形成的呢？皮亚杰在认知发展理论中，提出一个非常重要的概念——图式。它是指个体对世界的知觉、理解和思考的方式，我们可以把图式看作是心理活动的框架或组织结构。图式是已有结构的核心和新结构形成的起点，其运演过程会经历三种状态：同化、顺应和平衡。[④] 同化是原有知识结构消化新知识，顺应是新的知识优化了原来的知识结构，而平衡则是知识结构由低层次向高层次的跃迁。

我们认为化学知识结构对学生知识掌握、能力发展以及创新精神的形成均有着重要的意义。但当前学生化学知识结构的实然状况如何？知识结构有哪些类型？这些结构是如何形成的？优化学生知识结构的教学对策有哪些？为了探讨这些教学实践中存在的真实而重要的问题，我们进行了实证研究。

二、初中生化学知识结构的实证研究

国内外教育、心理等领域关于认知结构、知识结构的研究方法主要有概念图、卡片排列、词语联想法、顺序分支技术等。[⑤] 本研究综合利用了这些方法的

① 布鲁纳．教育过程[M]．邵瑞珍，译．北京：文化教育出版社，1982：31.

② 布鲁纳．教育过程[M]．邵瑞珍，译．北京：文化教育出版社，1982：41－42.

③ 施良方．学习论[M]，北京：人民教育出版社，2001：221.

④ 施良方．学习论[M]，北京：人民教育出版社，2001：172.

⑤ 张建伟，陈琦．认知结构的测查方法[J]，心理科学．2000(6)：750.

优点，主要以问卷设计为主，分为客观题与主观题两大部分，旨在考查初三学生(下期)在将近一学年的化学学习中，对知识结构的梳理、掌握情况以及存在的问题。选取的研究对象为北京市某重点中学的初三学生，共发放问卷200份，收回有效问卷200份，有效率为100%，并对其中的20名学生进行了深入的半结构性访谈，结合他们近一年中五次化学考试的平均成绩，得出如下主要结论。

(一) 初中生化学学习的基本现状

1. 学习较被动，主体意识不强

调查显示，有36%的学生对化学非常感兴趣，并且他们的实际化学成绩也很优秀。正如《论语》中所说“知之者不如好之者，好之者不如乐之者”，兴趣是最好的老师。只有对一个事物产生兴趣，才能够付出持续的努力去学习、去探究，达到事半功倍的效果。感兴趣并不代表主体性强，只有19%的学生在学习化学的过程中是非常积极主动的，也只有19%的学生在学习化学的过程中保持着经常自学的好习惯，相应地他们的成绩更为优秀。

在化学学习价值的认知方面，43%的学生认为学习化学很有必要，35%的学生认为学习化学就是为了考试，56%的学生认为学化学是为了今后能够更好地生活，说明大部分学生认为化学与生活是密不可分的。这恰恰提醒化学教学要从生活切入，贴近学生的生活实际，利用所学的化学知识去了解、解释甚至解决我们生活中的相关问题。避免应试教育带给学生的伤害，改变学生一些不良的想法，如“应付中考最重要”，“学好知识就是为了上个好大学、找个好工作，别的相比起来在学生时代都不重要”。在化学学习元认知方面，只有19%的学生可以及时发现自己的不足，并想办法去解决，比如调整学习计划、策略等。相对应地，绝大部分学生学习缺乏自主性、主动性和创造性。

2. 知识点散乱，结构意识不强

调查表明，36%的学生认识到良好的知识结构对学习有重要的帮助，只有16%的学生在所有学科的学习中经常整理所学的知识，形成一定的知识结构图。这与我们当下单纯强调掌握知识点的教学方式有莫大的关联。在整理知识结构图的方式上，61%的学生是照抄教师直接给予的知识结构图，只有25%的学生是主要通过自己的思考来总结化学知识结构。

更令人担忧的是，有52%的学生仍然向往完全照搬教师所给出的知识结构，不愿意自己动脑思考，长期习惯“拿来主义”，缺乏主体性；另外也有34%的学生表示还是更喜欢自己去思考、去梳理的，保持着较好的独立思考的能力。在教学中教师是引导者，不可越俎代庖，应培养学生的批判性思维，给予学生更多的思考空间，教学观念应由追求教师的华丽表演转向关注学生的朴实发展。

(二)学生知识结构的四种类型

对200名学生进行化学知识结构图的考查，以主观题的考查形式为主并辅以访谈。主观题为："请描述你所学过的初三所有化学知识。形式不限，可以是文字表述、画图、表格、框架、漫画等一切你愿意的方式，来表达你对化学的认识。"考查时间为 30 分钟，期间没有参考任何资料，同伴之间没有相关交流。

通过对 200 份材料的仔细分析，我们把学生化学知识结构分为四种类型：混乱型、框架型、具体型和创新型。每个类型所占的比例、相应的近一年中五次化学考试的平均成绩，以及年级前 30 名的分布情况详见表 2-6。

表 2-6 知识结构类型分布的概况

	人数	占总人数百分比	平均分(总 80 分)	年级前 30 名人数
创新型	36	18%	73	16
具体型	44	22%	69	8
框架型	62	31%	66	6
混乱型	58	29%	54	0

我们可以看出，拥有创新型知识结构的学生占 18%，混乱型的占 29%，处于中间层次的具体型和框架型占 53%。可见化学学习优良和不良的学生共约近一半，而大部分位于中间层次。论语云"中人以上可以语上"，中间层次的学生是教学应关注的核心。拥有创新型知识结构的学生平均分为 73 分，中间层次平均分为 67.5 分，而混乱型平均分仅为 54 分，可见知识结构的类型对成绩有着决定性的影响。相应地，高分段中创新型占绝对优势，而混乱型则无法跻身年级前 30 名。折线图 2-3 一目了然地反映了这些情形。

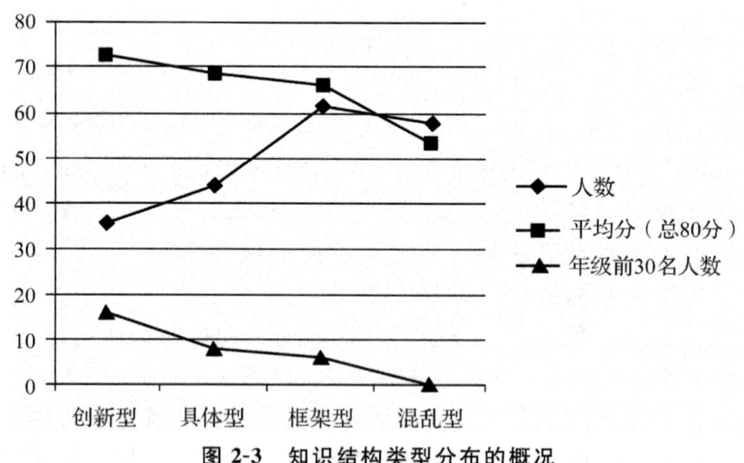

图 2-3 知识结构类型分布的概况

1. 混乱型

何谓混乱型化学知识结构？即知识与知识之间的关系表示不清，杂乱无章地罗列一些知识点，或者呈现一些错误的知识，毫无结构可言。此次调查中有 58

人为混乱型，占总体人数的29％，平均分仅为54分，没有一人位于年级前30名。典型案例如学生T：他写出很多名词，比如物质的变化和性质、化学实验用品、空气、氧气、分子和原子、元素等，随意罗列，知识之间没有关联。可以看出其大脑中虽有很多化学概念，但没有对知识体系进行梳理，缺乏结构意识。通过查阅该学生的成绩，发现这名学生上学期的成绩还算理想，起初在70分左右，可是随着知识点的增多，到了下学期，该学生成绩降至55分左右，落差甚大。又如学生G：他写下如下物质如H_2O_2、H_2O、O_2、$KMnO_4$、CO、CO_2、$CaCO_3$、HCl等，用几个箭头表明了他们之间的反应，但有多个箭头是错误的。尽管由箭头构成的结构图乍看很精简，但箭头所指随心所欲、毫无章法、错误频现。在日常的学习中，笔者也发现这名学生的思维混乱，尤其在问题解决时，难以准确地提取信息，犹如大海捞针，似是而非、张冠李戴。该学生化学成绩一直在50分左右，位于年级最低层次。

2. 框架性

框架型知识结构，指的是在测试过程中所罗列的化学知识点具有较好的序列性，知道知识点在教材中的章节位置，粗线条地描述了初三化学的主要内容，但对于这些知识之间的内在联系掌握不好。具有框架型知识结构的共有62人，占31％，年级排名中前30名的占6位。案例如学生Z：他能够准确地背诵化学教材上的目录，测试时直接将目录视为其知识结构。通过查阅该同学成绩，发现其成绩并不是很稳定，平均在66分左右，在班中排名约为18名左右，在年级中排名约为100名上下。可以看出，该类同学在学习上只能把握整体大框架，所掌握的知识较为空洞，缺乏对知识点的深入掌握。而且框架也基本源自教材，照搬教材目录，并没有经过主体深层加工。知识如果没有经过主体主动地系统梳理，在脑中无法形成丰富的知识构架。因此，尽管这类学生在学习的过程中比较认真努力，但由于较为被动、主体性不强，从而导致成绩平平。

3. 具体型

具体型知识结构，即在测试中详细地罗列了许多知识，基本了解与某一内容直接关联的知识点及相互关系，但宏观结构性不佳，只见树木不见森林。本次调查中有44人为具体型，占总人数的22％。具体型的典型例子不多，但这类学生学习成绩普遍较好，做事认真细致，小心谨慎。他们把能展开的知识都展开了，在测试中呈现了丰富的化学知识，平时也有常常总结化学知识的习惯。如学生S在呈现酸碱盐部分的知识时，指出酸按照构成分类分为含氧酸和非含氧酸，根据强弱可分为强酸和弱酸，并举了相应的例子。尤其难能可贵的是，竟然在没有提示的情况下，能把盐溶液的酸碱性与生成盐的酸和碱的强弱联系起来，而这恰恰是高二化学盐类水解部分的内容。

我们可以看出这类学生头脑中的知识框架很清晰，内容丰富、具体，但是思路拘泥于教材、教师，知识主要是按照各个章节梳理，或者复习教师给予的知识结构，尽管态度端正、习惯良好，成绩也较好，但缺乏基于自己反复思考而凝练的独特认识，缺乏良好的创造性。

4. 创新型

创新是人类主观能动性的高级表现形式。所谓创新型知识结构，就是能够用很独特的方式把自己所学到的化学知识表达出来，所呈现的知识点不仅很丰富，而且知识之间也有良好的关联度。这是学生在良好的形象思维能力、逻辑思维能力和抽象思维能力的基础上，积极深度思考化学知识的本质及关联，而后形成的灵活的、极具独特个性的成功的思维表达。

调查结果显示 36 人为创新型，占总人数的 18%，其平均分也遥遥领先。这表明，创新型知识结构虽然难以形成，然而却是化学学业优异的基础和前提。年级前 30 名的学生中，创新型的占 16 位。典型案例如学生 C：他用漫画的形式表达了他对化学的认知。图中有天空、土壤、工厂、人，还包含了四种基本反应类型，每一个图案可以对应多个知识点，并且它们之间存在有机关联。可以看出，它是以化学与生活的紧密联系为切入点的，形象地体现了生活中处处离不开化学，同时基本涵盖了初中所学的全部知识，新意十足，想象力丰富，具有较强的发散性思维。该同学化学成绩平均分为 76 分，年级第 6 名左右。此类创新型的知识结构，不仅内容涵盖全面，而且表达方式新颖独特。又如学生 N 用结构图的方式表达了以人为中心的化学世界图景及其相互关联，具体如图 2-4 所示。

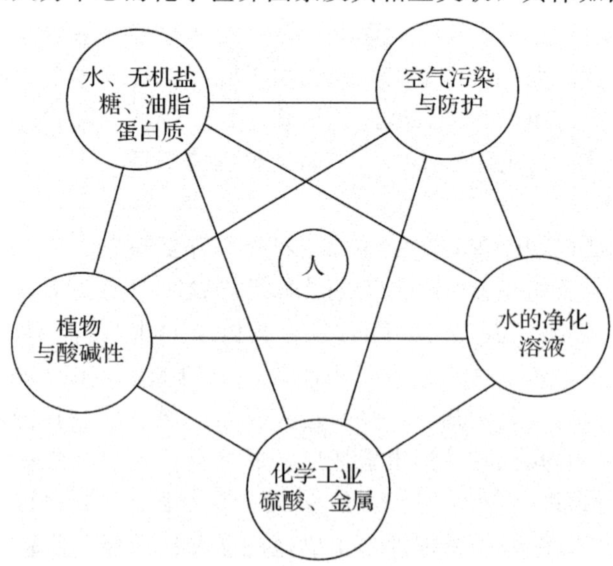

图 2-4　学生 N 对人与化学世界关联的认识结构图

三、促进学生良好知识结构形成的教学对策

(一)激发学生的兴趣，培养学习的主动性

新课程改革以来，教师的教学观念在“显性观念”层面有着巨大的变革。如就教学问题他们往往都能侃侃而谈，如以学生为本、科学探究、合作学习、因材施教、教师的主人翁意识等。笔者调查发现100%的教师喜欢听到学生不同的观点，认为学生应该个性化发展；95%的教师碰到学生提出教师不能解答的时候，拥有坦诚相告的胸襟；82.0%的教师被学生问住时能坦然地与其共同思考。

然而事实并非如此，潜伏在他们行为背后的“隐性观念”则远远没有那么大变化。教师扼杀学生好奇心、打压学习兴趣的例子比比皆是。这表明教师的观念与行为之间存在着严重的背离。

其实，化学是一门以实验为基础的学科，并且与生活密切相关，是很容易让学生产生兴趣的一门学科。但是，当前在“应试教育”的重压下，教师把教学的重心放在知识的传递与接受上，忽视学生的主体性和学习的过程性，导致很多学生并不喜欢这门新学科，认为需要记忆的概念、符号和方程式等是一种负担。因此，教师若不能激发学生的兴趣，至少要珍惜学生本来拥有的好奇心，然后加以引导，让化学学习变成一种快乐的内在需求。

(二)鼓励学生思考知识之间的关系及本质，培养知识的结构意识

通过知识结构的测查，我们可以看出不同层次学生对化学的掌握存在很大差异，大部分学生将知识点散乱罗列或按教材章节陈述，缺乏对相关知识点之间本质联系的探索。这与教学方式有莫大的关系，无论是应对中考还是高考，大多以“教师画重点，梳理知识点，学生照抄笔记，题海战术”为中心。由于学生缺乏独立的思考，导致学生高耗低效、浪费宝贵的时间却效果不佳。

因此教学中尤其是复习课，切忌越俎代庖，不要把所谓的知识结构图直接呈现出来让学生笔记且背诵。应鼓励学生的主体思考，引导学生将多而杂的化学知识点结构化，如化合价是初中生难以理解的概念。教师往往让学生背诵化合价的口诀，然而这是教师的一厢情愿，效果甚微。其实，化合价、化合物(离子和共价)、原子的电子层结构、得失电子等之间存在着深刻的关联。笔者访谈发现一则重要的案例：某学生特别不能理解“O_2”“H_2O”“H_2O_2”中氧元素的化合价为什么不同，请教老师无果。经过长期的思考，他终于顿悟化合价有两个重要因素：一是得电子还是失电子，二是得失(偏向、偏离)电子的多少。示意图如图2-5所示：

O═O	H—O—H	H—O—O—H
没有电子偏离， 故为“0”价	2个氢分别有1电子偏向氧， 故为“−2”价	每一个氢都有1电子偏向氧， 而两个氧中间电子不偏，故为“−1”价

图 2-5

结合问卷调查和个案研究，我们可以看出：(1)学生具有独立思考的能力，其学习能力应得到鼓励和激发；(2)学生通过自己思考得到的知识尤其深刻，可以灵活地迁移到复杂情境中；(3)这种主体思考本身就具有较强的激励功能，它让学生更自信、学习更主动、效果更深远；(4)通过学生的主体努力，结果能让教师更加相信、包容学生，在激励学生进一步成长的同时，也促进了自身的专业发展，达成教学相长的完美境界。

(三)鼓励学生对化学知识的个性化表达，培养学生的创造性

创造性是个体综合能力的较高层级的体现。100％的教师认同培养学生创造性的重要价值，然而怎么培养往往显得束手无策。创造性需要新颖、独特且有意义的活动基础，是分析思维与直觉思维相统一、发散思维与辐合思维相结合的一种思维状态。① 良好的知识结构，利于信息的捕捉、摄取与重组，是创造性思维的信息基础。在创新已成为时代精神的今天，探讨如何优化知识结构、培养创造思维显得尤为重要。

一般认为，创造性思维具有良好的流畅性、变通性和独特性。因此，化学教学中要培养学生对知识的个性化表达。然而逻辑实证主义追求客观知识的思潮，是我们主流的知识观，它强调逻辑和经验实证。导致我们往往关注的是科学知识的辩护和证实过程，总是强调验证、证明，而不是发现和创造、提出质疑；关注的是静态的线性逻辑，而不是丰富的科学思想、方法；强调获得知识的结果，而轻视探究的过程等，把考试之外的东西清扫出教学视野。著名的化学家、哲学家波兰尼敏锐地看到这种对知识客观性的盲目崇拜和无休止的追求，导致了理智与情感、科学与人文、知识与能力的内在分裂。他提出了著名的“个体知识”概念。人们通常理解知识是“普遍的”“客观的”“非个人”，而“个体知识”则强调人这一主体在科学知识形成过程中的积极的、主动的、内在的、个性的因素。②

事实上，科学发现是以有价值的问题为导向的，而有价值问题的判断主要依赖科学家个人来进行。而且，在科学研究过程中，科学家熟练的个人经验是不可缺少的。还有，科学家个体的科学激情和科学美感在科学发现中起着巨大的作用。而我们强调的“客观知识”则遮蔽了所有的科学知识乃至所有的人类知识，根

① 林崇德．创造性人才特征与教育模式再构[J]．中国教育学刊，2010(6)：3.

② 石中英，波兰尼的知识理论及其教育意义[J]．华东师大学报(教科版)，2001(2)：37.

本上都是个体精神活动的产物这一真相。因此，教学中要重视学生的“个体知识”及其个性化的表达，突破传统思维定势，培养创造性思维习惯，日积月累，为以后的重大创新奠定坚实的基础。

第三节　“三重表征”能力培养的瓶颈及其突破

“宏观—微观　符号”三重表征是化学学科的重要特征，表征能力则是学科核心素养之一。对北京市普通中学的196名高二学生进行三重表征能力进行测查，发现大多数学生无法解释化学反应宏观现象的微观本质，无法将宏观微观符号三个角度联系起来看待化学问题，并存在不少迷思概念。基于此，本节提出教学中要结合化学史，挖掘化学符号背后的历史意义；从定量的角度，用符号来精准表征宏观微观世界；培养学生独特的化学眼光，自觉地以三重表征来系统审视相关问题。

教学实践表明，学生在化学学习的起始阶段，往往兴致勃勃，主要是由于化学实验的丰富多彩。然而到了学习物质的量的时候，众多的符号、化学反应方程式等，尤其是微观领域的概念，让学生望而生畏，从而学习兴趣大大减退。导致化学学习中的宏观现象与微观本质脱节，学生虽然能记住相关化学概念的定义，然而并不理解概念的实质，不理解化学符号的含义。更有甚者，认为化学是理科中的文科，像背诵英语单词一样记忆化学符号或实验现象。化学符号之所以难记难背、难以理解，究其原因，就是没有将化学反应宏观现象、微观本质与化学符号建立对应的正确的联系，“宏观—微观—符号”三重表征能力缺失，学生在三者之间无法进行有效的转译。

一、三重表征的相关研究

(一)三重表征概念的提出

1982年苏格兰格拉斯哥大学科学教育中心的John Stone教授首先提出三重表征的概念，他认为化学学习存在三种水平：(1)描述的和功能的；(2)表征的；(3)解释说明的。[①] 1991年他又把最初的三种水平进行了修正，改称为宏观、微观、符号，认为化学学习要从这三种水平上来进行。首先是宏观水平，它是用来描述可观察的现象的(如溶解、发光、沉淀现象等)；其次是微观水平，它是用来描述微粒及其相互作用的；再次是符号水平，它是根据化学式和化学方程式来表

① 毕华林．化学学习中“宏观—微观—符号”三重表征的研究[J]．化学教育，2005(5)：51－54．

征化学物质与反应的，这样从化学学科特点出发，更全面、更准确地概括了化学学习的三种水平。

（二）国内关于化学三重表征的研究

国内对三重表征的研究相对较晚，有研究者基于化学学科的特质分析并结合认知心理学的研究，界定了化学“宏观—微观—符号”三重表征的内涵和关系，认为宏观表征是指物质在变化过程中表现出来的、可以直接感知到的宏观现象在学习者头脑中的反映；微观表征主要是指有关物质的微观组成和结构、微观粒子的运动及相互作用等微观属性在学习者头脑中的反映；符号表征主要是指由字母组成的符号和图形符号在学习者头脑中的反映。① 基于上述观点，研究发现学生难以将宏观表征和微观表征相联系起来，造成知识链的脱节；中学生对符号表征得比较模糊，宏观表征与微观表征的转换存在障碍；任何一种表征出现问题都会不同程度地影响学生三重表征的水平与能力。② 而造成上述常见状况的原因在于，化学教师对于物质微观结构的教学手段较为单一，多数是单纯地通过黑板图示来演示微观粒子的结构和运动规律；学生学习微观表征的方法比较有限；化学教材中知识表征的表示方式不同，影响学生对知识的理解程度；三重表征思维方式不能完全依靠学生自己形成，而需要教师的引导和培养，等等。

综上所述，基于化学学科的学科特点，研究者普遍认可培养学生以宏观—微观—符号三重表征的角度看待化学问题，并认为三重表征是相互有机联系的，培养学生三重表征转化能力也是培养学生化学学科能力的关键。但由于教师教学方式、学生学习能力、教材表征方式等因素造成学生无法独自建立三重表征能力，导致宏观—微观—符号相互转化的能力十分薄弱。另外在研究方法上，已有研究多采用问卷调查法、访谈法及对照法进行相应研究。已有研究的不足之处主要体现在：研究较为笼统，没有将所谓的“宏观现象”进一步解构，导致对此蜻蜓点水不求甚解。从而导致如何有效地培养这一能力，依然需要进一步深入的研究。

二、学生化学三重表征能力的测查

本研究对北京市普通中学的高二学生进行了有关化学反应的三重表征能力测查，发放测试卷210份，回收有效测试卷196份，有效率为93.3%。正如上文所述，已有研究没有对具体的“宏观”内涵进行解构。本研究拟将“宏观”解构为：颜色、状态、气味、声音、能量（外显表现为是否发光、温度变化、电流计是否偏转）、速率（外显表现为颜色变化、气泡产生、生成沉淀等的快慢）六个维度。从而考查学生对六个维度的掌握程度，以及相关的“微观”及“符号”表征的能力。

---

① 梁永平．微粒作用观的科学学习价值及其科学建构[J]．化学教育，2003(6)：6－10.

② 吴晗清．化学实验中学生定量概念的建构[J]．化学教育，2013(7)：71.

(一)微观与符号：大部分学生能较好地利用符号来表征微观世界

在微观与符号维度，学生不能很好地对溶液体系的微观粒子进行分析。比如考查学生写出水的电离化学方程式并请用微观示意图表示反应过程。有67.9%的学生有化学反应中断键成键的意识；但有14.2%的学生无法正确地分析水中的微观粒子，认为水中存在氢离子和氧离子，电解时它们各自得失电子生成氢气和氧气；有60.7%的学生能较好地用微观示意图表示水的电解，多采用比例模型进行解释。对水的电解这样一个熟悉的反应，虽有一定的学习基础，但是学生并未能够很好地认识到化学反应的本质，并对溶液体系中离子组成的分析存在一定知识性问题。

进一步考查溶液中的离子活动，比如分析 CH_3COONa 溶液为什么 $pH>7$ 时，约有30%的学生认为是由于氢氧化钠的碱性强，而醋酸酸性弱导致溶液呈碱性，没有考虑到水的电离平衡以及水解维度。只从字面上机械记忆：谁强显谁性，却难以分析出盐类电离出来的阴阳离子影响了水的电离平衡，从而导致溶液的酸碱性。通过关于微观与符号维度的研究，我们发现，学生无法将反应的微观本质与化学符号、化学方程式很好地建立转化关系。虽然学生能理解符号的意义，但对符号表征的微观世界无清晰的认识，并且学生对微观粒子的认识局限在原子要用圆球来表示的程度，对分子原子无丰富的认识。

(二)宏观与微观：大部分学生认为两者之间存在鸿沟，缺乏二者相互联系的能力，并且对物质性质与内部结构的认识是割裂的

(1)颜色方面。学生在回答测试题“同样是铁元素为什么含二价铁离子的溶液呈浅绿色，含三价铁离子的溶液呈棕黄色”的时候，仅有17.9%的学生能回答出与离子的电子层结构有关，其中仅有10.7%的学生能回答出颜色与离子吸收光的程度有关。有高达82.1%的学生表示是常识，从没考虑过这个问题，甚至有的学生直接反问“一加一为什么等于二”，这充分说明了学生认为化学物质有颜色是理所当然，从未从微观的角度考虑过内在的原因。在考查影响物质颜色的因素时，仅有一名学生考虑到物质的状态，如氧气与液氧，两者虽为同一物质但状态不同导致颜色各异。进一步考查状态的影响因素时，大部分学生能认识到物质状态与分子间距有关，但没有一人能回答出状态与晶体类型有关。

(2)气味方面。学生在回答“为什么会闻到化学药品的气味”时，有67.9%的学生能以案例的方式回答，如易挥发性的醋酸、氨水、盐酸等。其要点都在于分子的不断运动，却没有学生回答出闻到气味也是化学物质与受体细胞的一种微观反应。

(3)声音方面。在回答“某些化学反应过程中为什么出现声音”时，大部分同学能举出实例，集中为钠与水反应的“嘶嘶”声及氢气验纯的爆鸣声，他们从气体产生的角度对化学反应的声音进行解释。但仅有46.4%的学生能够从较为微观的角度解释，这部分学生中的一小半还能从能量角度进行考虑，表明学生极少从微观的角度来考量声音这一宏观的体验。

(4)化学反应速率方面。学生能够从气泡产生、沉淀生成的快慢等宏观现象判断化学反应进行的快慢。但仅有49%的学生在追问下回答化学反应快慢与微粒单位时间内有效碰撞有关。如解释“对反应 $N_2(g)+3H_2(g) \rightleftharpoons 2NH_3(g)$，$\Delta H=-92.4kJ/mol$ 来说，增加氢气浓度或升温会加快反应速率”时，绝大多数错误地认为是平衡移动影响了反应速率，分不清化学动力学问题与热力学问题。极少数的学生提到了浓度增加导致反应混合物之间接触更充分从而速率加快，但却没有学生明确指出是有效碰撞几率增加导致化学反应速率加快。

(5)能量方面。学生知道化学反应能量有多种形式，包括光能、电能、热能等形式，化学反应能量与化学反应成键与断键有关。但在分析“为什么同一个反应方程式如 $2H_2+O_2 = 2H_2O$，既可以产生光能、热能，还可以作为氢氧燃料电池产生电能”时，有46.4%的学生答出是由于反应条件的不同导致物质转化相同但能量转化却不同。但只有一名学生对反应条件进行了详细论述，认为投料比例、催化剂及反应物物态都会影响能量的转化。没有任何人提到反应发生的装置问题，表明学生没有从微观的角度去理解原电池的原理。

综上所述，在宏观与微观维度，学生对于化学反应的现象变化如颜色、状态、气味、声音等问题熟视无睹、习以为常，大多当作常识性知识来死记硬背，没考虑过这些宏观现象背后的微观原因，没有很好地建立起物质结构决定性质的这一观念，从而宏观与微观之间的有机联系被生硬割裂。而对于化学反应速率部分，大部分学生无法分清动力学问题与热力学问题，将二者混为一谈，关键的一点是没建立微观粒子有效碰撞与宏观上我们观测到的速率变化建立联系。

(三)宏观与符号：绝大部分学生难以用符号来表征宏观现象的数量关系

在宏观与符号维度，学生能很好地掌握一些宏观物质及其对应的化学符号、反应方程式等。经过访谈，学生普遍表示没什么捷径，基本都是背诵下来的。而对于定量关系方面的考查，我们发现学生会根据化学计量数，能够进行相关问题的简单计算，他们往往按照教师强调的解题程序，知其然而不知其所以然，如向氯化铝溶液中滴加氢氧化钠溶液，考查学生是否掌握这一反应。发现绝大部分学生能写出两者生成氢氧化铝沉淀的方程式，只有少部分学生在没有提示反应物量的情况下，写出了过量的氢氧化钠进一步和前期生成的氢氧化铝沉淀反应。进一步考查量化的反应，即已知溶液中含有0.2mol氯化铝和0.7mol氢氧化钠，发现绝大部分学生束手无策，只有极个别的学生写出了正确的反应方程式：$2AlCl_3+7NaOH = Al(OH)_3+NaAlO_2+6NaCl+2H_2O$。这充分表明，绝大部分学生难以用符号来表征宏观现象的数量关系。

(四)“宏观—微观—符号”三重表征的构架

如上所述，对于化学反应宏观现象我们可以从物质的颜色、状态、气味、声音、能量、速率这几个方面进行微观角度的分析。从调查结果及学生访谈可知，学生对于这些化学现象的微观本质并没有思考过，从而导致他们主要以机械背诵的方式来学习化学。基于此，可以整合构建化学反应的“宏观—微观—符号”三重表征关系见表 2-7，从而促进学生三重表征的内在一致性认知。

表 2-7　“宏观—微观—符号”三重表征的内在关系

宏观	颜色	状态	气味	声音	能量	速率
微观	分子轨道 光辐射 能级跃迁 反射光 复合色	分子间 作用力 晶体类型	分子运动 嗅觉 感受器 细胞受体	体积膨胀 大量能量 剧烈振动	旧化学键断裂 新化学键生成 能量差 热能、电能、光能	化学键强弱 温度、浓度、压强 催化剂 有效碰撞 溶剂化效应
符号	h、ν 等	s、g、l、aq 等	化学式等	化学式、方程式等	化学式、方程式等	$v=\Delta c/\Delta t$ 等

(1)颜色方面。化学物质显色主要与其粒子中电子的分子轨道有关，由于分子轨道之间的能级差较小，可见光照射到分子时，会因能级跃迁而被部分吸收，从而该分子的反射光就是其他未被吸收的单色光的复合色，因而该化学物质就会显色。当有些物质和它反应时，生成了新分子，而新分子的分子轨道能级差较大，不吸收光，发生完全反射，因此就褪色了，如常见的酸性高锰酸钾溶液反应后褪色。

(2)状态方面。物质状态与物质内部结构有着不可分离的关系，包括物质的自身性质。比如晶体类型，分子晶体、离子晶体还是原子晶体，有无氢键；物质的温度、压强等外部条件，对微粒之间的距离及物质状态有着重要影响。

(3)气味方面。分子是不断运动的，我们闻到气味是化学物质与生物感受器作用的结果。嗅觉是由物体发散于空气中的物质微粒作用于鼻腔上的感受细胞而引起的。在鼻腔上鼻道内有嗅上皮，嗅上皮中的嗅细胞，是嗅觉器官的外周感受器。嗅细胞的黏膜表面带有纤毛，可以同有气味的物质相接触。接触后，通过神经传导将信号传导到大脑，产生嗅觉，比如氯气、氨气等刺激性气味。

(4)声音方面。物质发生反应时瞬间体积急剧膨胀或瞬间放出大量能量，可能发生爆炸，会引起容器壁剧烈振动，分子撞击器壁，从而发出爆鸣声，同时在溶液体系中气泡破裂也会发出声音。

(5)能量方面。化学反应中，旧化学键断裂吸收的能量与新化学键生成放出的能量之间存在能量差，从而有能量的转化。而能量具体转化形式与反应条件、发生装置以及反应的剧烈程度有关。比如正是由于发明了原电池装置，才能顺利地将化学能转化为电能，为人类社会进步做出重要贡献。

(6)速率方面。化学反应速率往往可以通过观察宏观现象(颜色变化、气泡产生、生成沉淀等)变化的快慢来判断。内因与物质自身性质有关，如化学键强弱、氧化性还原性的强弱；外因有温度、浓度、压强、溶剂化效应、有无催化剂等。从微观上讲，反应中单位时间内活化因子的有效碰撞的多少决定了化学反应的快慢。

三、三重表征能力建构的教学建议

通过上述的调查分析，我们可以看出学生在化学反应的三重表征能力方面存在较为严重的问题。比如无法从多个角度看待化学反应与现象，从而导致了很多知识性的问题与迷思概念。在化学学习过程中，往往存在死记硬背化学现象、知识、概念、原理等，而且视其理所当然，没有深入地去理解和分析背后的原因，以致“宏观—微观—符号”三重表征能力欠缺，尤其缺乏三者之间的内在一致性。为了改变这一现状，可以从以下三个方面入手。

(一)结合化学史，挖掘化学符号背后的历史意义

在教学中，我们应充分利用丰富的化学史资源，帮助学生理解符号的由来及含义，培养学生对“符号”本身历史意义的深度认知。从而突出符号的宏观与微观意义，强化微粒作用观的形成，帮助学生理解符号在微观与宏观之间搭建桥梁的重要意义。比如“H_2O”这一化学符号，它是什么意义呢？宏观层面，它指的是一种通常状况下无色无味的液体，是生命之源，是人类社会生活不可或缺的重要资源。微观层面，它指的是两个氢原子和一个氧原子通过共价键结合成一个水分子。如果让学生去机械背诵这些，则失去了化学符号本身承载的意义。

通过分析化学史料发现，1803 年道耳顿发表了原子学说，他认为自然界存在着不可分割的原子。若两种元素只能形成一种化合物，则在该化合物中只含有每种元素的一个原子，所以水的简写表达式被定为“HO”。1805 年盖吕萨克发现，在相同温度、压力下，气体反应中各气体体积互成简单整数比。例如氢气和氧气化合成水蒸气，体积比恰好是 2∶1∶2，据此他提出了一个假说，在相同温度和压力下，同体积的不同气体含有原子的数目相同。但是道耳顿坚决反对盖吕萨克的这一假说，因为若成立，那必然会推出半个氧原子存在的结论，即 $O+2H \rightarrow 2HO$，那么一个水分子的形成就如：$1/2\ O+H \rightarrow HO$。然而道耳顿的原子论认为简单原子是不可分割的。1811 年阿伏伽德罗为了解决这一矛盾，提出了

“分子假说”。他认为，无论是单质还是化合物，在原子之上还存在一个分子层次；单质分子由同种原子组成，化合物分子由不同种原子组成；化学反应实质上是不同物质的分子间各原子的重新组合。因为氢气和氧气的化合就是2个氢分子(包括4个氢原子)和1个氧分子(包括2个氧原子)结合成2个水分子的过程，即 $2H_2+O_2 \!=\!=\!= 2H_2O$。

我们从历史的角度来挖掘化学符号“H_2O”的意义，发现化学符号不是随便提出的，它是基于已有的知识基础和实验数据而确定的。另外，沉淀下来的符号一定是目前认识范围内正确的，即要经得起实验的考验。盖吕萨克假说，导致半个原子的存在，而这显然与道尔顿假说的原子不可分矛盾。阿伏伽德罗假说之所以能成为理论，是因为解决了上述矛盾，能成功地解释氢气和氧气化合成水蒸气的过程中三者体积比这一宏观现象。如果在教学中，简化上述历史过程，让学生经历探究，那么学生对化学符合“H_2O”的认知就不会停留在表面，而是深度蕴含了原子论、盖吕萨克定律以及分子学说等，合理地通过符号“H_2O”构建了无色液体水与氢氧原子微观结合的系统认知。

(二)从定量的角度，用符号来精准表征宏观和微观世界

上文的分析表明，绝大部分学生难以用符号来表征宏观现象的数量关系。另有研究也表明大部分学生对定量仅有表层浅显的认识，没有深度的认知。他们并不清楚定量的重要性，不了解化学现象背后的量的关系，更不清楚量的关系体现了化学反应的本质关系。例如把二氧化硫气体通入澄清的石灰水中，澄清的石灰水变浑浊，此实验可以定性地检验刺激性气味的二氧化硫。但是在实验过程中若继续通入二氧化硫气体，则发现溶液变浑浊后，又由浑浊变为澄清。这是由于二氧化硫与澄清的石灰水反应生成白色沉淀亚硫酸钙，若继续通入二氧化硫则生成的沉淀继续与过量的二氧化硫反应生成易溶于水的亚硫酸氢钙。其实定量的意识在化学学习乃至整个科学研究中的作用都不容忽视，我们应对学生进行针对性的指导，让学生在实验中动手操作、动脑思考，做到手脑并用。

因此，培养学生的三重表征能力，定量的化学实验是重要的切入口。让学生从宏观现象的变化去探求微观的量变，从而正确地用符号表征，深刻构建宏观与微观的精致化关联，准确把握化学理论与实验现象之间的关系。教材中有许多表述，如果不从量的角度去思考微观层面的原因，学生难以理解。如乙醛与新制的氢氧化铜反应时，氢氧化钠需要过量。为什么呢？由于生成的氧化亚铜在碱性环境中才能稳定存在。就像康德名言所说：“在自然科学的各门分支中，只有那些能以数学表达的分支才是真正的科学。”从这个层面上来说，定量实验是对定性实验的升华，它让学生从表层的宏观现象，进入了微观的本质的原理，让量化的化学符号精准地将宏观和微观两个割裂的视域紧密联系起来。

(三)培养学生独特的化学眼光:条件反射地以三重表征来认识化学问题

前已述及,学生看待问题时,化学学科特色的眼光还远未形成,也就是说没有入木三分地将宏观现象到微观本质进行持续深入的洞察。要么看到现象,浅尝则止;要么从化学原理分析,无视现实条件的限制;要么难以用符号正确地表征已知的宏观或微观世界。因此,培养学生一种独特的能力就显得非常重要,即看到一个问题,瞬间就条件反射地从微观、宏观、符号三个视角去深入探讨。当今,信息技术飞速发展,化学理论与技术也是日臻完善,我们紧密结合化学前沿,充分利用模型、图片、多媒体等直观教具,来帮助学生建立宏观与微观的联系。如直接给出最新化学技术"拍摄"出来的分子、原子的"照片",让学生直观地感知原本看不见的微观粒子。除了直观,培养学生的理性思维也非常重要,这样才能将宏观的辨识与微观的探析深度一致性地结合起来。

例如金刚石和石墨。宏观层面上,金刚石是目前地球上最坚硬的物质,于几十亿年前在地下深处高温高压下结晶而成,硬度最大,折射率高,色散性强,所以看起来五彩缤纷。石墨,其名称源于希腊文,原是"用来写"的意思,常用作铅笔芯,质软,有滑腻感,可导电。两种物质风马牛不相。微观层面上,拉瓦锡等人燃烧金刚石发现得到的竟然是二氧化碳,从而表明它与石墨互为同素异形体。性质的迥异,源自结构的不同。20世纪初,人们用X射线研究金刚石晶体内原子的存在形式,发现每一个碳原子都与周围的四个碳原子紧密结合,形成一种正四面体的致密结构,碳原子间距离为154pm。而石墨的结晶格架为六边形层状结构,每一层间的距离为340pm,同一网层中碳原子的间距为142pm,具有完整的层状解理。解理面以分子键为主,对分子吸引力较弱,故其质软,滑腻感强。化学符号表征方面,金刚石化学性质稳定,具有耐酸性和耐碱性,高温下不与浓HF、HCl、HNO_3作用。石墨常温下也比较稳定,燃烧时生成二氧化碳或一氧化碳,可与氟直接反应。具有还原性,在高温下可以冶炼金属。通过这样的引导,学生就会以三重表征整合的视野,将复杂的化学问题进行深入系统的思考,从而达成化学学科的核心素养。

第四节　化学学习中洞察力的培养

洞察力是在深刻把握化学知识本质的基础上,快速发现问题的原型,从而在瞬间将问题解决的能力。教学实践及研究表明,学生在化学学习中缺乏洞察力。洞察力培养的教学策略主要有,珍惜学生的好奇心、探究欲;基于化学事实,构建概念体系、原理;注意教学的整体性,激发学生对化学知识、原理本质的终极探究等。

氧化还原反应是中学化学的重要内容，笔者在北京一所著名的中学调研时，实验班的学生对这样一道题竟然全都束手无策：甲苯($C_6H_5CH_3$)能使酸性高锰酸钾($KMnO_4$)溶液褪色，已知甲苯被氧化成苯甲酸(C_6H_5COOH)，高锰酸根离子被还原成二价锰离子(Mn^{2+})。请写出该反应的离子方程式。

笔者对此感到很惊奇，在给本科生讲授《化学教学论》时，以同样的问题考查大三的学生，在十分钟之内居然没有一个人能完成，这足以令人震惊、发人深省！氧化还原反应究竟应该如何学，化学应该如何学？笔者认为教师应通过有效的引导，让学生主体参与到知识的形成过程中，深刻理解知识点之间的内在关联，以及把握整体知识的结构与系统，从而形成敏锐的洞察力，以便高效准确地解决新情境中的问题。

一、何谓洞察力

洞察力指深刻把握事物或问题的能力，是一种综合能力。黑格尔指出："自然所表现给我们的是个别形态和个别现象的无限量的杂多体，我们有在此杂多体中寻求统一的要求……力求认识每一事物的普遍。"[①]为了把握这种未知的普遍、必然的统一，当然要对研究的对象进行分析综合，特别是当发现自然界基本规律的时候，对研究对象本质的科学洞察常常起着主导作用。

那么什么是科学洞察呢？中科院院士王梓坤教授认为："科学的洞察力，就是俗话所说的'一眼看穿'的能力，它表现在能迅速地透过现象抓住本质，表现在对一些表面上似乎不同的事物，能迅速地找出它们共同的原因或彼此的联系"，"洞察力不是天生的，而是长期在实践中锻炼培养的产物"[②]。我们认为化学学习中的洞察力，就是学生通过不断思考、总结、凝练以及反思化学知识、概念等，在深刻把握化学原理本质的基础上，快速发现新情境中陌生问题的原型，从而将问题瞬间解决的能力。

二、洞察力培养案例——氧化还原反应

为了了解学生氧化还原反应的学习情况，我们对北京市某中学172名高二理科生进行了调查和访谈。考查项目及主要结果如表2-8所示。

---

① 黑格尔．小逻辑[M]．北京：商务印书馆，1980：75.

② 王梓坤．科学发现纵横谈[M]．北京：北京师范大学出版社，2006：26—27.

表 2-8　学生考查项目及主要结果

序号	考查项目	各项分布(%)		简析
1	请写出 Fe 和 $CuSO_4$ 的置换反应，指出氧化剂还原剂，氧化产物和还原产物。	放弃此题	10%	本题是最简单的一类氧化还原反应，约 2/3 的学生全部正确。表明基本概念还有待强化。
		部分正确	26%	
		全都正确	64%	
2	请写出 Fe 和稀 HNO_3 的反应，指出氧化剂还原剂，氧化产物和还原产物，指出氧化剂和还原剂的物质的量之比。	放弃此题	29%	本题比上一题难度有所增加，是普通氧化还原反应的变式之一：部分氧化还原反应，氧化剂与还原剂物质的量之比为难点。仅有约 1/3 的学生全部正确。
		部分正确	35%	
		全都正确	36%	
3	已知 C_2H_4 通入稀 H_2SO_4 酸化的 $KMnO_4$ 溶液，溶液褪色。C_2H_4 被氧化成 CO_2，MnO_4^- 被还原为 Mn^{2+}。写出该反应的化学方程式或离子方程式。	放弃此题	62%	本题是复杂的氧化还原反应，判断反应中转移电子数目有一定困难，对利用得失电子数目来配平方程式则是难上加难。仅约 1/10 的学生正确。
		部分正确	29%	
		完全正确	9%	

我们发现氧化还原反应学习的三个层次，即基本概念、氧化还原反应的变式以及新情境中的问题解决难度依次增大，学生掌握的百分比分别是 64%、36%、9%，几乎是直线下降；相应地，由于难度的增加，无从下手的人数也近乎直线上升。形象的折线图如图 2-6 所示：

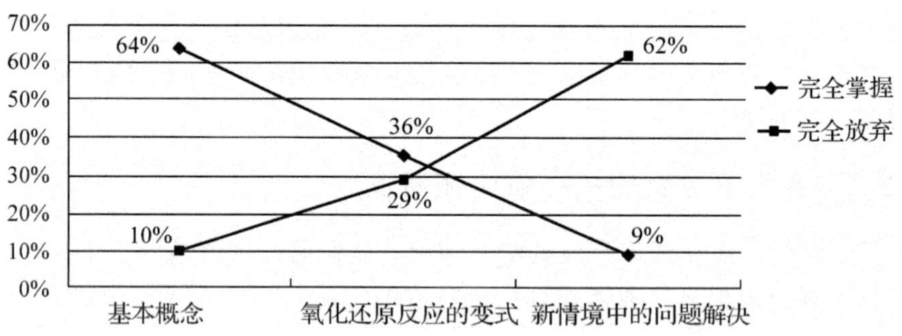

图 2-6　学生对氧化还原反应掌握情况的折线图

基于上述的调查研究，我们认为，要培养学生“一眼看穿”氧化还原反应的洞察力，需要经历以下阶段。

(一)通过整体性学习准确地把握化学概念

在义务教育化学教材中，氧化还原反应被定义为：与氧气的反应叫作氧化反应，与氢气的反应叫作还原反应。进入高中后，氧化还原反应被界定为：凡有元素化合价升降的化学反应就是氧化还原反应。在判断一个反应是否为氧化还原反应时不是简单地看有无氢气、氧气参加反应，而是看元素有无化合价的升降，实质是看有无电子发生转移。

在高中化学学习中氧化剂不只是氧气，而变成了具有氧化性的物质。访谈时，教师表示在讲授新课以及复习氧化还原反应时，往往会总结一些常见的氧化剂等，但是常常是教师越俎代庖，学生并不积极参与其中；另外在学习元素和化合物知识的时候较少强化相关概念，导致学习环节较为松散。因此，要注意教学的整体性，新知识的教学不应孤立进行，而应将新知识纳入原有的认知系统中进行整体考虑，以建立新、旧知识的联系，从而丰富学生头脑中原有的认知结构。比如一提到 HNO_3，学生就应条件反射：强氧化剂，氮元素化合价下降，生成 NO、NO_2 等。这样既减轻了学生的记忆负担，又优化了学生的认知结构，为化学问题的解决提供更广阔的途径。

(二)通过变式深刻把握氧化还原反应的类型

氧化还原反应最常见的形式是：氧化剂＋还原剂══还原产物＋氧化产物。但是我们发现，如果学生止于此，无疑难以把握本质。应通过反复思考、凝练氧化还原反应的多种变式，如归中反应、歧化反应、部分氧化还原反应、自身氧化还原反应，还有三种及以上元素化合价变化的反应，如：

$6HCl+KClO_3 = 3Cl_2\uparrow+KCl+3H_2O$

$2Na_2O_2+2H_2O = 4NaOH+O_2\uparrow$

$Fe+4HNO_3$(稀)$= Fe(NO_3)_3+NO\uparrow+2H_2O$

$2KMnO_4 = K_2MnO_4+MnO_2+O_2\uparrow$

$4FeS_2+11O_2 = 2Fe_2O_3+8SO_2$

通过变式的凝练，可以更好地把握丰富类型背后的本质。教学实践中的误区是，学习时往往找一些中学很难见到的氧化还原反应，为了训练而训练，而不是深刻把握中学化学的重要案例，使得原理的学习与物质性质的学习脱离，破坏学习的整体性。优秀学生表示，他们不但熟悉常见的变式，甚至能产生一些条件反射，如 Na_2O_2 一般集氧化剂与还原剂一身，硝酸溶液中 S^{2-}、I^-、Fe^{2+}、$SO_3{}^{2-}$ 等离子均不能大量存在。可见，洞察力的养成不是一蹴而就的，而需深厚的基础积淀。

(三)返璞归真，洞察氧化还原反应的本质

为了探究本节案例出现的原因，笔者访谈了大量学生。学生表示，一般不考有机化学的氧化还原反应，教师也不要求他们掌握。教师的访谈也证实了这一点，不对学生做要求，因为化合价不好判断，也不是有机化学的重要反应类型。

其实这是错误的偏见，笔者做过实验，发现学生深刻把握有机氧化还原反应的本质对提升学生的应试能力、化学学科能力均有显著提升。[①] 烃的衍生物是有机学习的重点和难点，如果深刻把握它们之间的转化关系，则有利于系统地掌握这一知识模块。例如：醇、醛、酸的转化如下：

$$RCH_2OH \underset{[2H]}{\overset{[O]}{\rightleftharpoons}} RCHO \underset{[2H]}{\overset{[O]}{\rightleftharpoons}} RCOOH$$

从化学式可以看出，醇与醛、醛与酸在分子组成上均相差 1 个 O 原子 2 个 H 原子，从化合价可以看出，在转化过程中转移电子均为 2mol 电子，即可以归纳为：醇被氧化(去氢)成醛，醛被氧化(加氧) 成酸；酸被还原(去氧) 成醛，醛被还原(加氢) 成醇，且 4 种转化过程中转移电子数目均为 2mol。这非常有利于学生洞察力的形成，如怎样正确、快速地书写 C6H5CHO 发生银镜反应，以及与新制 $Cu(OH)_2$ 反应的化学反应方程式？醛与酸之间的氧化还原转移电子数目为 $2e^-$，通过抓住这一本质来演绎醛的银镜反应，就可以瞬间完成了，1mol $Ag(NH_3)_2OH$ 生成 1mol Ag，转移 1mol e^-；1mol $Cu(OH)_2$ 反应生成 0.5mol Cu_2O，转移 1 mol e^-，因此可以迅速确定醛与 $Ag(NH_3)_2OH$、$Cu(OH)_2$ 分别反应的物质的量之比皆为 1∶2，而醛被氧化成相应的酸，方程式迎刃而解。

基于对氧化还原反应本质的深刻洞察，案例中的问题解决就轻而易举了。从分子组成上观察，产物苯甲酸较之反应物甲苯，加了 2 个 O 原子，同时去掉 2 个 H 原子，即 1mol 甲苯被氧化转移 6 mol e^-，而 1mol MnO_4^- 被还原成 Mn^{2+}，转移 5 mol e^-，因此瞬间得出氧化剂与还原剂的物质的量之比为 6∶5，再根据电荷守恒、氢氧原子个数守恒，可以高效精准地写出该反应的离子方程式：

$$5\,C_6H_5\text{—}CH_3 + 6MnO_4^- + 18H^+ \longrightarrow 5\,C_6H_5\text{—}COOH + 6Mn^{2+} + 14H_2O$$

三、洞察力培养的教学策略

(一)珍惜学生的好奇心、探究欲

没有好奇心，就没有洞察。笔者曾对全国 341 名高中化学教师进行调查，93%的教师认为教学中能珍惜学生的好奇心；而 720 名学生中只有 48%表示对学习怀有好奇心，仅有 17%的学生认为他们的好奇心、探究欲能得到教师的支持。教师往往自以为珍惜了学生的好奇心，事实上扼杀学生好奇心的例子比比皆是。

好奇心是个体学习的内在动机之一、个体寻求知识的动力，是创造性人才的重要特征。诚如教育家洛克指出：“好奇心不过是一种追求知识的欲求，因此应

① 吴晗清，等．化学问题解决中的科学方法教育[J]．化学教育，2010(3)：3—5.

该给予鼓励。给予鼓励，不仅因为它是一种良好的现象，而且因为它是自然赋予他们的一种绝好的工具，可以祛除他们生来的无知。”①没有神圣的好奇心，学生就没有探究的欲望，难以培养其怀疑精神与批判意识。在课堂教学中，如果不能激发学生的好奇心、求知欲也就罢了，千万不可以扼杀学生已有的神圣的好奇心，那样只会导致学生的兴趣下降，阻滞其可持续发展。

(二)基于化学事实，构建概念体系、原理

当代学习科学研究表明，要培养学生的洞察力，学生必须具有深厚的事实性知识基础；在一个概念框架内理解事实和观点；对知识加以组织以便提取和运用。② 因此，培养洞察力的首要条件就是学生动手、动脑做实验，多感官感知丰富多变的实验现象。基于此，构建正确的概念。概念是反映对象的本质属性的思维形式，是事物共同本质特点的抽象、概括，它随着学习的深入而不断变化和发展。通过概念之间的联结，而后掌握化学的一般规律、原理。

具体来说，首先，基于化学事实来建构正确的化学概念、原理等。其次，掌握体现规律、原理的重要典型变式。再次，通过变式相关的问题解决来重新建构完善的化学概念、原理等。最后，自主建构体现规律、原理的问题情境，比如学生自己编制试题、评价试题、讲解试题，根据原理的理解进行探究性实验，或者解决生活中的实际问题等。从而高屋建瓴地形成对原理的上位把握。

(三)注意教学的整体性，激发学生对化学知识、原理本质的探究

奥苏贝尔认为有意义的学习必须以学习者原来的认知结构为基础，学习能否获得新知识关键在于学习者已经知道了什么。教师要了解学生原有的认知结构，选择适当的手段和内容进行教学。化学学科各个知识点不是孤立存在的，各知识点之间都有严密的逻辑性和完备的系统性。因此新知识的教学不应孤立进行，而应将新知识纳入原有的认知系统中进行整体考虑，以建立新、旧知识的联系，从而丰富和优化学生头脑中的认知结构。

教学实践中，教学模块往往比较分散，缺乏统整。比如，必修 1 中介绍了氧化还原反应的基本概念，而后学习了常见化合物的一些重要氧化还原反应；必修 2 简单介绍了化学能与电能的转化；选修 4 深入探讨了电化学基础；选修 5 研究了有机化合物的氧化还原反应等。教师如果不能高屋建瓴地把握化学原理的层次与分布，学生则会茫然不知所措，抱怨“化学要记的东西太多了”！因此，教师需要对化学课程内容进行重组，激发学生对化学知识、原理本质的探究，比如“氧化还原的本质究竟是什么”“能不能言简意赅地把某某知识原理说清楚”等，如此不仅降低了学生的认知负担，更重要的是培养了学生的洞察力、创造力。

① 洛克．教育片论[M]．上海：上海人民出版社，2005：194.

② 孙智昌．学生是如何学习的[M]．桂林：广西师范大学出版社，2011：4.

总之，好奇心是洞察力养成的驱动；概念、原理的深刻把握是洞察力养成的智力基础；而基于整体性学习的对化学本质的探索则是洞察力形成的重要途径。

第五节 化学教学中先行组织者的层次

在化学教学中，恰当地运用先行组织者策略可以提高教学的有效性，其价值体现在三个层次：促进学生知识结构的构建，提高学生问题解决的能力以及培养学生的化学学科意识。

“先行组织者”是美国教育心理学家奥苏贝尔提出的。为了避免学生机械地学习，他主张在学习新知识之前，先向学生介绍一些与新知识适当相关的引导材料，来帮助学生确立意义学习的“心向”，使学生能清晰地与认知结构中原有的知识进行关联。这些内容用来充当新旧知识联系的“桥梁”，奥苏贝尔称之为“组织者”。由于这些引进的内容常常要在学生正式学习新知识之前呈现，故又称之为“先行组织者”。

一、先行组织者的分类

（一）根据学生对新知识的熟悉程度分类

根据学生对新知识的熟悉程度可将先行组织者分为陈述性组织者和比较性组织者。陈述性组织者适用于学生对新知识完全陌生的情况。比如，提供一个陈述性组织者——“绿色商品”是对环境无污染的商品，让学生找出属于绿色商品的物质。比较性组织者适用于学生对学习材料比较熟悉的情况，便于学生对已有知识结构中的相关内容进行思考、辨别。如学习同素异形体时，将同素异形体与同位素进行比较，学生就能很快地掌握这两个相似的概念。

（二）根据组织者与学习任务之间包容性的关系分类

根据组织者与学习任务之间包容性的关系可将先行组织者分为上位组织者、下位组织者、并列组织者。奥苏贝尔根据新旧知识的概括水平及其联系的方式提出了三种关系如图 2-7 所示[①]新概念从属于学生认知结构中已有的概念，称为下位关系；新概念是一种包摄性较广，学生认知结构中已有的概念从属于其下时，称为上位关系；当新概念与认知结构中已有概念既不产生下位关系，又不产生上位关系时，就产生了组合关系。新旧知识的三种关系导致了三种形式的学习，即下位学习、上位学习和并列结合学习。上位组织者、下位组织者、并列组织者三类组织者分别对应上述三种新知识的构建形式。

① 陈琦，刘儒德．当代教育心理学[M]．北京：北京师范大学出版社，2007：167－168.

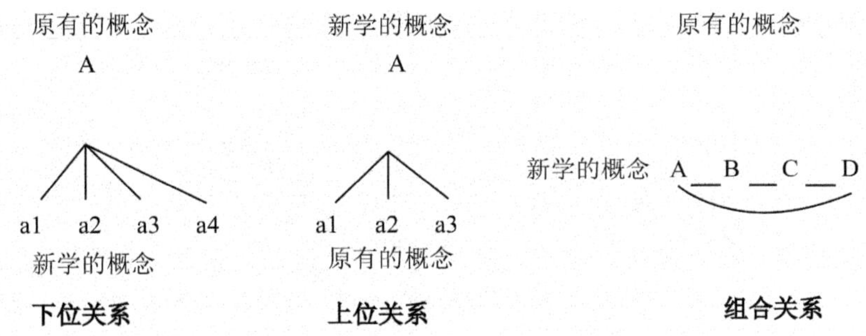

图 2-7　新旧知识的三种关系

（三）根据先行组织者的表现形式分类[①]

根据先行组织者的表现形式可将先行组织者分为叙述式组织者、图形式组织者、实验式组织者、动画式组织者。叙述式组织者：常为旧知识的回顾、化学史的介绍、相关生活体验等；图形式组织者：常见的图形包括实验装置图、物质结构模型、知识结构图、实物照片等；实验式组织者：实验具体、生动，能吸引学习者的注意力；动画式组织者：借助电脑、实物投影、录像机等多媒体进行图画展现。

二、教学中运用先行组织者的调查

笔者选取北京市 100 名高中二年级的学生作为研究对象，调查先行组织者在高中化学教学中的现状。从 6 个维度设计了一份学生问卷，共发放 100 份，收到有效问卷 97 份，有效率为 97%。笔者还与部分学生和高中化学教师进行了半结构式访谈。其中学生问卷的选择题部分见表 2-9。

表 2-9　学生问卷的选择题部分

序号	项目	各项占比(%)	
1	你喜欢上化学课吗	很喜欢	28.9
		较喜欢	41.2
		一般	16.5
		不喜欢	13.4
		很不喜欢	0.00

① 黎虹．“先行组织者”教学策略在高中化学概念教学中的应用研究[D]．武汉：华中师范大学，2006.

续表

序号	项目	各项占比(%)	
2	与初中化学相比，你认为高中化学学习的难易程度	很难	9.2
		较难	45.4
		差不多	40.2
		较容易	4.1
		容易	1.1
3	你有课前预习的习惯吗	几乎每节课都要预习	3.2
		有时间才会预习	44.3
		很少想到要预习	34.0
		不预习	18.5
4	化学老师讲授新课时，你对刚开始引入的内容重视吗	是	91.5
		否	8.5
5	阅读课本时，会关注课本中的引言或课本中每一章节的开头文字吗	关注，觉得很有用	21.6
		很少关注	61.9
		不关注，看知识点	16.5
6	你认为，高中学习阶段为什么要引入“物质的量”这一物理量	方便计算	64.9
		从微粒个数的角度去研究化学	35.1
7	在老师讲授新的章节时，你的化学老师经常采取哪种教学方式(可多选)	开门见山	10.0
		实验导入	18.0
		先复习旧知识	62.0
		联系生活	12.0

(一) 化学学习的现状

布鲁纳发现学习理论认为，学习者不是被动地接受知识，而是主动地获取，把新获得的知识与已有的认知结构联系起来，积极地建构其知识体系。奥苏贝尔也强调，学习过程要有意义则学生必须有自主构建知识的“心向”[①]。题1表明70.1%的学生喜欢学习化学，但访谈时发现，他们之所以喜欢学习化学主要是因为高考或班主任是化学教师，还有极少部分是对化学实验感兴趣。这表明，学生

① 冯克诚．认知学习基本原理与教学策略文选论读［M］．北京：中国环境科学出版社，2006：4—7，47.

学习化学的动机主要来源于外部，而不是化学课程本身。从题 3 中可以看出，仅有 3.2％的学生养成化学课前预习的习惯，繁重的学业压力使学生失去了学习的主动性和积极性。45.4％的学生认为高中化学学习较难，其理由是高中化学知识点太多、太杂，不容易抓住物质及其反应的本质，难以理解等。先行组织者策略可以帮助学生形成良好的认知结构，减轻认知负担，从而激发学生内部动机，帮助学生建构良好的知识结构。

（二）学生对先行组织者的认识

从题 4 与题 5 中可以看出，91.5％的学生对新课引入时的内容重视，但是其理由主要体现在“帮助复习”“好奇、新鲜”“开始听不懂，以后就更听不懂了”“做题时会用到”，而只有极少部分的学生提到“新旧知识之间的联系”。可见，学生对先行组织者的功能没有很好地理解，如 78.4％的学生阅读课本时，并不会关注课本中的引言或课本中每一章节的开头文字。人教版教材大多在课本的引言以及每章节的开头部分运用了先行组织者策略。如《化学计量在实验中的应用》开头文字介绍了学习物质的量是为了从微粒的角度去认识、研究化学，然而题 6 表明只有 35.1％的学生认识到了化学计量的这种价值。虽然学生可以不知道“先行组织者策略”这一概念，但是对其价值和功能的认识是非常重要的。

（三）教师课堂运用先行组织者策略的情况

在调查研究中，考查学生对同位素、同素异形体、同系物以及同分异构体的掌握程度，42.3％的学生能够找出同位素，19.0％的学生能够找全同系物，而只有 0.03％的学生能够找全同分异构体。笔者对教师进行访谈时，发现教师在讲授《有机化学基础》时，都是在讲完同系物和同分异构体后，引导学生对这四个概念进行比较。当笔者问及在教学过程中是否使用先行组织者策略时，大部分教师并不知道何为先行组织者，小部分教师虽然知道先行组织者，但其运用局限于新授课的引入这一教学环节。其实，组织者的运用包括先行、后置和教学过程中三类情况。

三、分析与探讨：化学教学中先行组织者的层次

（一）适当运用先行组织者策略可以完善学生的认知结构

先行组织者是基于奥苏贝尔的意义学习理论提出的一种教学策略，奥苏贝尔的核心思想是，有意义学习必须以学习者原有的认知结构为基础，他认为学习者能否获得新知识，关键在于学习者已经知道了什么，并据此进行相应的教学。[①]由于学生将新学知识与自己认知结构中有关知识发生相互作用，导致了新旧知识

① 杨鑫辉．西方心理学名著提要[M]．南昌：江西人民出版社，2002：545—546.

的有意义的同化。而在这个过程中，教师要做到的是采取恰当的教学手段和策略去帮助学生发生新旧知识的有意义的同化，完善学生的认知结构。如学生在学习《水溶液中的离子平衡》这一章时，教师可在整个教学过程中将上章已学过的《化学平衡》作为组织者，通过下位学习，引导学生构建自己的认知结构(见图2-8)。

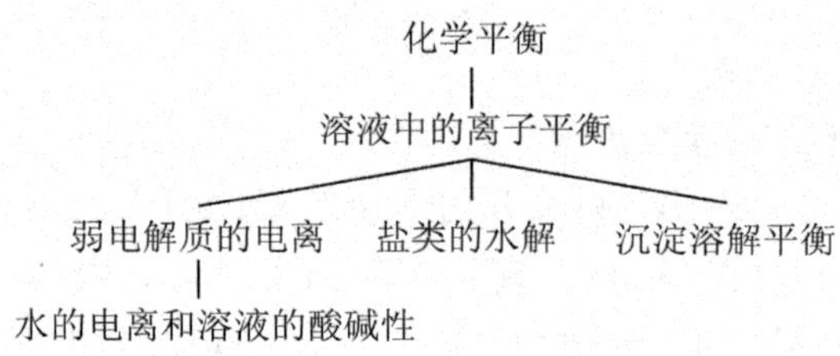

图 2-8

教师遵照知识结构的逻辑顺序及学生的认知顺序，设计恰当的“先行组织者”，在学生学习新知识前提供一个知识框架，从已知中导引出未知，有利于学生更好更快地接受新知识。学生通过积极的思维过程，将逻辑上有意义的知识同化为认知结构中的知识，将知识进行认知结构重组，形成一个合理的网络化的知识结构。

(二)适当运用先行组织者策略有利于提高学生问题解决的能力

奥苏贝尔认为，在有意义的学习中，新的学习总是建立在原先的学习基础之上，人们总是利用原先的学习来促进后继的学习，而后继的学习又可以巩固和加深原先的学习。因此，知识的迁移是普遍存在的。[3]学习知识是为了应用和解决问题，但是当从头脑中提取出来的知识不能直接解决问题时，人们要把这些知识与问题有关的新知识进行重新组合、分析和整理，甚至重新理解这些知识，才能够解决问题。当教师实施先行组织者策略时，其结果是帮助学生意义学习或是应用问题，学生在这个过程中会积极思考，从而锻炼了知识迁移能力。

如学习金属钠的化学性质，教师是通过实验型先行组织者——钠与水反应，使学生学到钠与水发生化学反应。这是教师常采用的教学手段。笔者访谈时发现，教师往往到此为止，部分教师会再进一步向学生讲解钠与酸和盐的反应规律。笔者在分析学生问卷时发现，79.2%的学生认为钠与盐酸能发生反应，79.2%的学生认为钠与乙醇能发生反应，仅有27.8%的学生清楚钠与水、盐酸和乙醇这三种物质发生反应的剧烈程度大小。因此，教师在教学中不仅要把先行组织者用于构建学生知识结构，还要用于为学生创设科学合理的问题情境，并启发诱导分析问题，让学生自己得出结论，培养学生的思维能力。教师在讲解金属钠时，应给出两个实验型先行组织者——钠与水、盐酸反应。让学生发现问题，探讨钠与盐酸反应更剧烈的原因。再给出不同浓度的盐酸与钠反应，引导学生总结出钠无论是与水反应还是与盐酸反应，其本质上是钠去置换氢离子。因此，再问及与乙醇的反应时，学生会通过已有知识去分析问题。

除此之外，先行组织者能激发学生享受科学发现的经历，从而增强自我效能感。先行组织者材料的引入，有效地促进部分学生从死记硬背的机械学习向多种学习方式的转变，优化了学生的学习策略。笔者还在学生问卷中设置一道有机题，仅有6.2％的学生回答正确。说明学生的知识迁移能力有待提高，教师应多提供学生锻炼的机会。

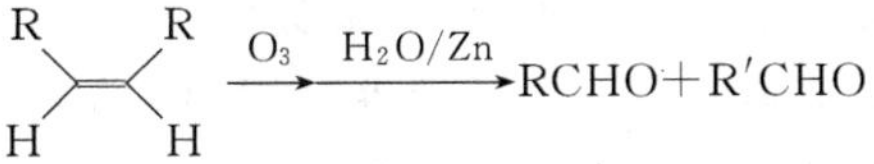

R　R

H　H

$$\xrightarrow{O_3\quad H_2O/Zn} RCHO+R'CHO$$

请写出下列反应产物的结构简式：

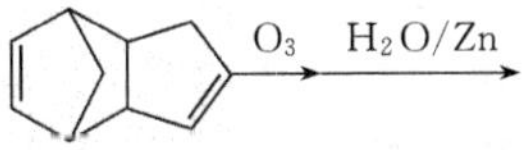

$$\xrightarrow{O_3\quad H_2O/Zn}$$

(三)学生通过先行组织者策略可以理解化学学科的本质

教师在教授时要借助先行组织者策略去引导学生理解化学学科本质，要有清晰的学科特征意识，使化学学科特征贯穿于教学的始终，以对学生产生潜移默化的影响。但目前化学教学中多数化学教师重视知识和技能的传授与训练，过多地关注学生对某些解题方法的掌握。

笔者从与学生交谈的内容中也能发现，大部分学生像背诵概念一样，认为有机物是除CO、CO_2、H_2CO_3等之外由含C、H、O组成的化合物。而大部分教师在教学过程中是直接告诉学生有机物的概念，没有介绍有机物的由来及其历史。如教师提供给学生一个叙述性组织者："人类使用有机物的历史很长，世界上几个文明古国很早就掌握了酿酒、造醋和制饴糖的技术。由于这些有机物都是直接或间接来自动植物体，因此，那时人们将从动植物体内得到的物质称为有机物。到19世纪20年代，科学家先后用无机物人工合成许多有机物，如尿素、醋酸、脂肪等，从而打破有机物只能从有机体中取得的观念。但是，由于历史和习惯的原因，人们仍然沿用有机物这个名称。"由此，使学生意识到有机物强调的主要是与生命体息息相关的物质，源于生命体。从而使得教师有意识地去培养学生的化学学科思想，使具体化学知识沉淀为学生的化学意识，这也是化学教学中实施素质教育的应有之意。

又如：教师在讲授电化学时直接讲授原电池，而忽视了电化学的本质即氧化还原反应，从而导致学生对氧化还原反应、原电池、电解池、电镀、能量转变等概念缺乏系统的把握，高度关联的化学知识被人为割裂，增加了学生的认知负担，更为重要的是不利于学生学科思想的形成和学科本质的认识。

总之，"先行组织者策略"有利于师生明确教学目标，使学生维持稳定的学习动机。对于巩固学生认知结构中知识及培养学生思维能力均有促进作用，以及培养学生的科学素养和创新能力。

第六节　不同学业水平学生化学自我调节学习策略的比较研究

利用自编的《化学自我调节学习策略量表》对北京市684名高中生的调查研究显示：自我调节学习策略与学业成绩优、差显著强相关，与成绩中等几乎不相关。具体来说，动机策略维度上：优生内在动机较强；差生缺乏基本学习兴趣；中等生动机不明确。认知策略维度上：优生主动性较强，思维方法多元，知识结构性较强；差生没有良好的学习习惯，方法单一，知识点零散；中等生对知识加工深度不够。管理策略维度上：优生对时间、“纠错本”、实验操控等管理能力较强；差生各方面管理能力都欠缺；中等生管理能力有待提高。鉴于此，本节提出以下教学对策：通过安全有趣的实验探究、化学与生活紧密联系来增强学生学习的内在动机；引导学生形成良好的预习、复习、纠错、知识结构化等学习习惯和方法；培养学生对化学学习进行自我管理的能力。从而为全面提升学生科学素养奠定基础。

一、引言

自我调节学习是教育心理学领域研究的热点问题，这一概念最初由美国心理学家班杜拉于20世纪70年代提出，它是一种能促进学生知识和技能有效迁移，使学生在学习新知识时较少依赖教师的学习理论。研究的重心已从早期只重视认知转向强调认知的同时，也关注学习者的动机、情感、意志控制和行为等因素之间的相互关系。①

我们认为，自我调节学习是学习者为了提高学习的效果，达到学习目标而主动地调节认知、情绪和行为的过程。从认知过程看，学习者在获得知识过程中的各个阶段制订计划、设置目标、进行组织、自我监察及自我评价等，这些过程有助于学习者了解自己和做出决策；从动机过程看，学习者认为自己是自主的和受内部动机激励的，具有较高的自我效能感；从行为管理方面看，学习者选择、建构甚至创造最适合学习的社会和物质环境，对学习过程中出现的问题进行自主监控、调整，从而达成有效学习。

化学是自然科学领域的一门核心课程，对学生科学素养的形成至关重要。然而教学实践中，学生对化学往往并不感兴趣，学习效果不理想。已有的研究很少

① Zimmerman B J. Development of a structured interview for Assessing student use of self－regulated learning strategies[J]. American Educational Research Journal, 1986(23): 614－628.

从自我调节学习的角度对此进行探讨。笔者初步调查显示，化学学业水平与学生自我调节学习有着重要的关联，但是动机、认知、管理等学习行为等到底如何影响学业成绩，其作用机制是什么却并不明晰。本研究旨在探求学生自我调节学习与化学学业成绩之间的内在关系，为提高化学学习效果提供实证支持，从而也为教师提供操作性的教学策略与建议。

二、研究方法

（一）被试

被试为北京市六所中学的高中二年级学生。发放问卷 750 份，收回有效问卷 684 份，回收率 91.2%。其中男生 349 名，占 51.0%；女生 335 名，占 49.0%。根据被试化学统测成绩高低，分为三组：优（成绩排名前 27%，共 185 名），中（成绩排名中间 46%，共 314 名），差（成绩排名后 27%，共 185 名）。

（二）研究工具

1.《化学自我调节学习策略量表》

本研究在量表编制过程中参考了 Zimmerman① 对自我调节学习策略的分类，以及周国韬②和方平③等研究者相关自我调节学习策略的研究。化学自我调节学习策略包括三个维度：动机策略、认知策略与管理策略，每个维度包括 5 个小题，共 15 个项目。量表的计分标准是里克特 5 点量表，“1”非常不符合，“2”比较不符合，“3”一般，“4”比较符合，“5”非常符合。指导语是：“以下陈述在多大程度上符合你的化学学习情况？”具体如表 2-10 所示：

表 2-10 化学自我调节学习策略量表

维度	项目
A 动机策略	A1 我对学好化学有信心 A2 我能克服化学学习中的困难 A3 我对化学学习感兴趣 A4 我喜欢挑战化学学习中的难题 A5 我能从化学学习中得到快乐

① Zimmerman B J. A social cognitive view of self-regulated learning[J]. Journal of Educational Psychology, 1989, 81(3): 324－328.

② 周国韬，张林. 中学生学习策略量表的编制[J]. 心理学探新，2002，83(22)：48－52.

③ 方平. 初中生自我调节学习发展特征及相关因素的研究[D]. 北京：首都师范大学，2003.

续表

维度	项目
B 认知策略	B1 在学习新知识前，我常预习以了解其大致框架 B2 在学习物质性质、概念原理、实验等时，我采取不同的学习方式 B3 学习化学新课后，我会把所学内容复述给自己听 B4 碰到化学难题时，我总是从多方面思考解决的方法 B5 我会思考各化学知识点之间的关系，以便掌握他们的本质关联
C 管理策略	C1 学习化学时，我会充分有效地利用时间 C2 我常在能够让我精力集中的地方学习化学 C3 我会管理和利用好化学“纠错本” C4 学习化学疲倦时，我会通过其他科目或娱乐等方式来调节 C5 在做化学实验时，我能管理好整个探究活动过程

(1)量表信度分析

重测信度：正式测试后，间隔 20 天，从原被试中抽取 69 人(男生 37 人，女生 32 人进行重测，其重测信度为 0.815，$p<0.001$。这表明该量表具有较好的重测信度。

内部一致性信度：全量表克隆巴赫 α 系数为 0.913，分问卷 α 系数介于 0.822～0.904 之间，其中外向性 α 系数为 0.855；随和性 α 系数为 0.873；尽责性 α 系数为 0.861；情稳性 α 系数为 0.904；开放性 α 系数为 0.822。这表明该量表以及所有分量表均具有较好的内部一致性信度。

(2)量表效度分析

外部效度：本研究中的项目经专家评审、讨论后对项目的文字表述进行了修正，并从心理测量学和人格心理学的角度对项目的质量进行了专管评审，具有较好的外部效度。

结构效度：通过结构方程计算出模型的各项拟合指标系数在 0.9 以上，可知各项指标均达到模型与数据拟合的标准，量表具有较好的结构效度。

2. 半结构性访谈

本研究还对化学成绩优、中、差三组各 20 名学生及 18 名化学教师进行了深度的半结构性访谈。主要是对学生在化学学习动机、具体认知策略和对学习管理能力等方面进行了解，以便对量化的数据进行深入的解释。

(三)数据分析

本研究采用 SPSS 18.0 和 Amos 18.0 统计软件对数据进行分析。

三、结果与分析

(一)总体情况：自我调节学习策略与学业成绩优、差显著强相关，与成绩中等几乎不相关

从表 2-11 可以看出：(1)与化学成绩优>中>差相对应，学生在自我调节学习策略总分，以及各维度得分均有一致性，即得分均为优>中>差。表明学业成绩水平较高的学生在各学习策略方面有较高的自我调节水平。(2)各项得分的标准差为差>优>中，表明学业成绩低的学生各项分数离散程度最大(学生之间的差异最大)，其次是学业成绩优的学生，最后是学业成绩中等的学生更趋于平均化。(3)具体来说，三组学生各维度的分数均是动机策略 A>管理策略 C>认知策略 B，表明各组学生有相对较强的化学学习动机，而管理能力稍弱，最不足之处在于具体认知策略的习得。学业成绩与自我调节学习策略分数的相关关系见表 2-12。

表 2-11 优、中、差三类学生在各项得分上的平均数和标准差

	化学成绩		自我调节总分		维度 A 总分		维度 B 总分		维度 C 总分	
	M	SD	M	SD	M	SD	M	SD	M	SD
差	50.54	12.09	60.48	16.54	63.28	19.47	57.36	17.82	60.80	17.82
中	71.58	4.571	66.07	13.69	68.56	18.29	61.76	15.60	67.88	15.66
优	87.17	4.653	72.60	15.13	77.20	18.66	65.84	16.60	74.76	17.36

注：化学成绩、自我调节总分、各维度总分均为百分制。

表 2-12 优、中、差三类学生学业成绩与自我调节学习的相关性(Pearson-α 系数)

	自我调节总分	维度 A 总分	维度 B 总分	维度 C 总分
差	0.652**	0.589**	0.545**	0.630**
中	0.072	0.084	0.054	0.039
优	0.615**	0.585**	0.605**	0.366

**. 在 0.01 水平(双侧)上显著相关。

*. 在 0.05 水平(双侧)上显著相关。

从表 2-12 可以看出：(1)自我调节学习策略与学业成绩优(α=0.615**)和差(α=0.652**)均在 0.01 水平上显著强相关，而与学业成绩中等的学生几乎不相关(α<0.1)。表明成绩优的学生与良好的自我调节学习能力高度相关，相应地成绩差的学生则自主调节水平低下。而成绩中等的学生则往往是“听话的”学生，访谈时他们表示“好好听讲，抄笔记，完成老师布置的作业就可以”，较少有自己的

想法。(2)具体来说，与成绩优高度相关的策略是认知策略、动机策略，与管理策略无显著相关；与成绩差显著相关的策略依次是管理策略、动机策略及认知策略。这表明导致成绩差的重要原因是缺乏自主管理能力，而良好的认知策略则是成绩优的重要条件。访谈时差生表示“成绩不好的主要原因是自己不能有效合理地控制安排学习时间，走神、贪玩等影响了学习质量和时间”；优等生则往往拥有一套自己个性化的学习策略和方法。

(二)三类学生维度 A 的差异：优生内在动机较强；差生缺乏基本学习兴趣；中等生动机不明确

如图 2-9 显示，在动机策略维度各项目上得分均为优＞中＞差。(1)分别有 42.2％的优生、23.6％的中等生及 19.5％的差生对化学非常有兴趣、感到好奇(A3)；分别有 36.8％的优生、20.7％的中等生及 19.5％的差生能从化学学习中得到快乐(A5)，表明对化学的兴趣、积极情绪的体验对学好化学至关重要。然而需要注意的是，成绩差的学生中约有 1/5 仍然对化学有好感，这是教学中非常需要关注的，这类学生若施以适当的指导，成绩提高是不困难的。访谈时，有成绩差的学生表示“很喜欢学化学，就是老师讲得太快了，跟不上，时间久了成绩就慢慢不行了”。(2)分别有 34.1％的优生、19.1％的中等生及 17.3％的差生能克服化学学习中的困难(A2)；分别有 27.0％的优生、14.3％的中等生及 9.2％的差生喜欢挑战化学中的难题(A4)。表明大部分学生尤其是中差生惧怕学习中的困难，意志力不够。从而导致只有 31.9％的优生、16.6％的中等生及 10.8％的差生有信心学好化学(A1)。计算维度 A 五个项目分别与成绩的相关性，如表 2-13 所示。

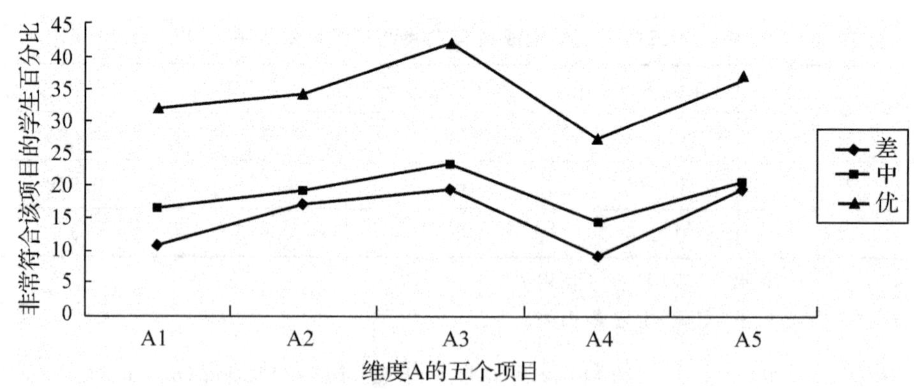

图 2-9 优、中、差三类学生在维度 A——动机策略方面的差异

表 2-13　优、中、差三类学生学业成绩与维度 A 各项目的相关性(Pearson-α 系数)

	维度 A	A1	A2	A3	A4	A5
差	0.589**	0.611**	0.590**	0.698**	0.438*	0.584**
中	0.084	0.057	−0.045	0.147	−0.078	0.246
优	0.585**	0.444*	0.582**	0.360*	0.681**	0.432*

**. 在 0.01 水平(双侧)上显著相关。

*. 在 0.05 水平(双侧)上显著相关。

从表 2-13 可以看出，动机策略五个项目与差(0.438** <α<0.698**)、优(0.360** <α<0.681**)两组学生成绩均有显著正相关，与中等成绩几乎没有相关性(−0.045<α<0.246)。表明动机水平，是成绩优劣分水岭的重要标杆。访谈时，优等生认为“化学实验有趣”“与生活息息相关”“能探究世界的微妙”等；成绩差的学生则认为“化学死板”“知识点繁琐”“方程式难记”“与生活没有关系”“没有用”等；而中等生显得动机不明确，学习较为被动，他们表示“学化学就是为了考试”。

具体来说，成绩优的学生在“喜欢挑战化学中的难题”(A4，α=0.681**)和“能克服化学学习中的困难”(A2，α=0.582**)两因素上表现突出，表明学习的内在动机强，他们积极的情感体验增强了其自我效能感，促进了化学学习的持续有效；而差生主要在于对学习化学“没有兴趣”(A3，α=0.698**)和“没有信心”(A1，α=0.611**)，缺乏基本的诱因，没有深度学习，没有价值感和成就感。

(三)三类学生维度 B 的差异：优生主动性较强，思维方法多元，知识结构性较强；差生没有良好学习习惯，方法单一，知识点零散；中等生对知识加工深度不够

学生在认知策略方面，总体水平最低，比动机策略和管理策略都低。图 2-10 显示：(1)只有 10.8%优生、7.3%中等生及 5.9%差生经常“预习新内容以了解其大致结构”(B1)，表明学生学习主动性非常不够，如此就会缺乏提前对重难点的必要感知，导致学习过程中针对性不强，效率不高、效果不佳。(2)在学习不同的内容，如物质性质、概念原理、实验探究等时，只有 18.9%优生、11.1%中等生及 13.0%差生会“采取不同学习方式”(B2)，表明学生在学习不同内容时缺乏具体认知策略的运用，学习比较死板。(3)新课结束后，只有 12.4%优生、9.6%中等生及 5.9%差生会“把新课内容复述给自己听”(B3)，表明学生缺乏良好的复习习惯，缺乏对知识的系统梳理，没有及时强化导致效果不好。(4)问题解决时，分别有 18.9%优生、12.4%中等生及 7.0%差生会“从多方面思考解决的途径”(B4)，表明学生在批判性的创造思维方面还有待进一步训练强化。(5)为了更好地深度掌握学科核心知识，需要构建学生个性化的合理的知识结构，

25.4%优生、15.6%中等生及9.2%差生会“思考各化学知识点之间的关系，以便掌握他们的本质关联”(B5)，表明学生的将知识结构化的意识、能力还有待提高。计算维度B五个项目分别与成绩的相关性，如表2-14所示。

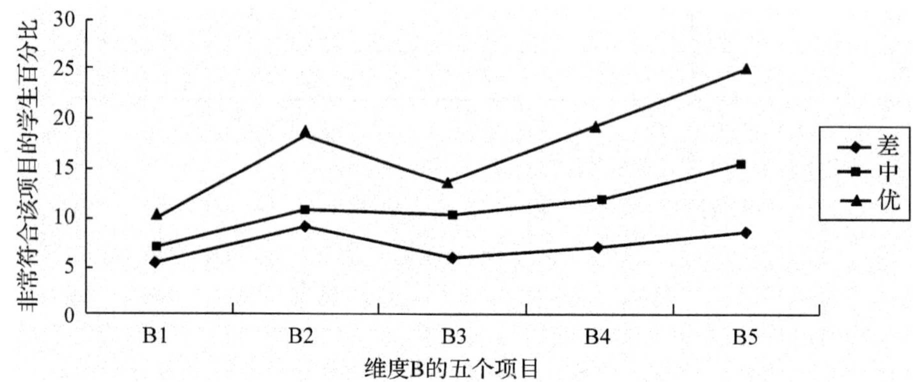

图2-10 优、中、差三类学生在维度B——认知策略方面的差异

表2-14 优、中、差三类学生学业成绩与维度B各项目的相关性(Pearson-α系数)

	维度B	B1	B2	B3	B4	B5
差	0.545**	0.663**	0.585**	0.219	0.513*	0.672**
中	0.054	−0.012	0.123	−0.111	0.225	−0.003
优	0.605**	0.288	0.585**	0.667**	0.519*	0.399

**. 在0.01水平(双侧)上显著相关。

*. 在0.05水平(双侧)上显著相关。

从表2-14可以看出，认知策略五个项目与中等成绩几乎没有相关性($-0.003<\alpha<0.225$)，但是与动机策略不同的是，只有部分项目与成绩差、优呈现显著正相关。具体而言，对于成绩差的学生来说，主要影响的认知因素是：知识零散(B5，$\alpha=0.672^{**}$)，没有预习习惯(B1，$\alpha=0.663^{**}$)，学习方法机械(B2，$\alpha=0.585^{**}$)，思维单一(B4，$\alpha=0.513^{*}$)；对于成绩优的学生来说，主要有效的策略是，复述知识(B3，$\alpha=0.667^{**}$)，学习方法多样(B2，$\alpha=0.585^{**}$)，思维多元(B4，$\alpha=0.519^{*}$)。这表明，学生成绩优劣在认知策略方面有深刻的体现：比如是否有主动性(预习、复习)，方法是否多样，思维是否多元等。

(四)三类学生维度C的差异：优生对时间、“纠错本”、实验操控等管理能力较强；差生各方面管理能力都欠缺；中等生管理能力有待提高

如图2-11所示：(1)只有24.9%优生、14.3%中等生及11.9%差生“会充分有效地利用时间”(C1)，36.8%优生、25.2%中等生及21.1%差生“能够在精力集中的地方学习化学”(C2)，表明学生对时间和空间的管理能力还有待提高。(2)纠错本是对错误进行管理的一种重要策略，有30.3%优生、21.7%中等生及13.5%差生“会管理和利用好化学‘纠错本’”(C3)。访谈时发现，优生的纠错本大多是学生对知识体系的再创造，差生则更多是形式，“做个样子”而已。(3)有41.6%优生、45.9%中等生及37.3%差生在“学习化学疲倦时，通过其他科目或娱乐等方式来调节”(C4)，这表明学生学习节奏管理不好，也侧面反映了时间利用率不高。(4)实验是化学学习的基本方式，也是重要内容。只有26.5%优生、18.6%中等生及9.0%差生“在做实验时，能管理好整个活动过程”(C5)，这是影响学习效果的重要原因之一，访谈时，教师表示“学生在实验室象放羊，不好管理”，学生则坦言的确常常是在“看热闹”。计算维度C五个项目分别与成绩的相关性，如表2-15所示。

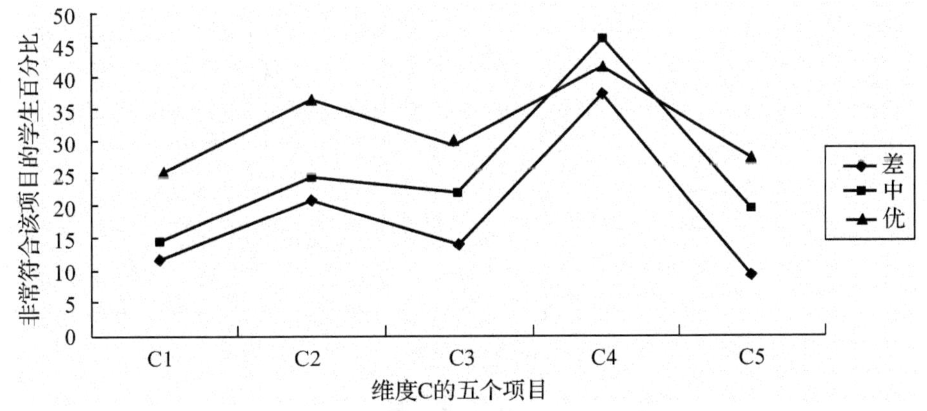

图2-11　优、中、差三类学生在维度C——管理策略方面的差异

表2-15　优、中、差三类学生学业成绩与维度C各项目的相关性(Pearson-α系数)

	维度C	C1	C2	C3	C4	C5
差	0.630**	0.700**	0.661**	0.642**	0.510*	0.477*
中	0.039	0.195	0.087	0.225	−0.129	−0.150
优	0.366	0.543*	0.369	0.539*	−0.027	0.525*

**. 在0.01水平(双侧)上显著相关。

*. 在0.05水平(双侧)上显著相关。

从表2-15可以看出，管理策略五个项目与学业成绩差(α=0.670**)高度显著相关，与学业成绩优相关但不显著(α=0.366)，与成绩中等依然几乎不相关(α=0.039)。具体而言，对于成绩差的学生，主要影响的管理因素有：时间效率不高(C1，$\alpha=0.700^{**}$)，精力不集中(C2，$\alpha=0.661^{**}$)，“纠错本”利用不好、对错误视而不见(C3，$\alpha=0.642^{**}$)，学习节奏把握不好(C4，$\alpha=0.510^{*}$)，实验操控不强(C5，$\alpha=0.477^{**}$)；对于成绩优的学生来说，则管理优势体现在：时间效率高(C1，$\alpha=0.543^{*}$)，“纠错本”利用好、尽量不再犯同样的错误(C3，$\alpha=0.539^{*}$)，实验操控管理强(C5，$\alpha=0.525^{*}$)。这表明，对于成绩差的学生而言，各方面的管理能力都欠缺，而优生则在时间管理、实验管理、错误管理等方面均相对技高一筹。

四、教学对策与建议

(一)通过安全的实验探究、化学与生活紧密联系来激发学生内在学习动机

从动机策略的数据分析得知，成绩优秀的学生学习化学的内在动机较强，比如“能克服化学学习中的困难”，“喜欢挑战化学中的难题”等。而学困生与此截然不同，他们对化学学习根本不感兴趣。结合访谈，这类学生缺乏基本的诱因，主要体现在两个方面：一是实验本来非常有兴趣，可是实验课较少，而且很容易“闹着玩”，没有将有趣的实验现象与化学理论结合进行深度学习；二是觉得化学学习脱离生活实际，觉得“没有用”。因此教学中应该开展安全的丰富多彩的实验探究活动，以及紧密联系生活实际，从而激发学生的兴趣，感受化学学习内在的乐趣，进而增强其内驱力。

化学理论教学与实验教学是一个统一的整体，二者相得益彰。我们应该不单单传授化学知识，还要提供学生参与实验过程的机会，通过探究过程中的动手操作和动脑思维，不仅能将此部分知识彻底掌握，更重要的是让学生体会到实验的乐趣、化学的魅力，提供可持续发展的长足动力。

案例：乙醛、甲醛新制氢氧化铜反应

与在学习“乙醛与新制氢氧化铜反应”时，学生产生了这样的疑问：甲醛也能发生这样的反应吗？师生通过探究，得出产物不是砖红色沉淀，而是光亮的金属铜单质。方程式如下：

$$HCHO + 2Cu(OH)_2 + 2NaOH \xrightarrow{\triangle} 2Cu\downarrow + Na_2CO_3 + 4H_2O$$

学生们后来表示：“通过探究，我们敢于探索课本上没有涉及的知识，比如知道了本次实验中 R—CHO 与新制 $Cu(OH)_2$溶液反应为什么需要碱性条件，同系物的相似性和差异性，还意识到了反应条件对有机化学反应有多么重要，因为条件改变得到的产物就不同了。”

化学与生活本来息息相关，但教学实践中往往容易将化学世界与学生的生活

世界相割裂。调查表明，学生认为化学学习的最大价值在于提升个人的生活品质。[①] 因此教学中应从相关实际生活经验入手学习化学，最后学以致用于生活情境中的问题解决。通过有趣的实验探究和紧密联系生活实际，学生就会对化学产生兴趣，并持久地产生探究的热情。诚如居里夫人所言："科学研究其本身含有至美，科学研究其本身给人带来的愉快就是报酬。"这样学生的内在动机就得到加强，学习目的就由应对考试转向学习活动本身，如此学习活动本身就能使学生得到情绪上的满足，从而产生成功感。

(二)引导学生形成预习、复习、纠错、知识结构化等学习习惯和方法

数据分析显示，无论成绩好坏，认知策略水平都非常低下，只有10%左右的学生拥有良好的学习习惯，比如预习、复习、归纳总结等。而学生成绩优劣分流的主要因素就是学习是否主动、方法是否多样、思维方式是否多元等。因此在教学中要重视学生学习习惯的引导和养成。

首先，"凡事预则立，不预则废"。预习能让学生了解新课内容梗概，做到心中有数，哪里能自学明白，哪里还琢磨不透，从而掌握听课的主动权。托尔曼认为，学习的实质是脑内形成了认知地图。学习的过程中会遇到各式各样的障碍因素，只有认知这些概貌，才能克服困难，到达目的。另外，温故知新，复习也非常重要，它能完善认知地图。学习金字塔理论认为知识掌握最好的方式就是把内容表达、转述出来，因此，自己复述知识是一种非常有效的策略。

其次，在教学实践中，纠错是一种重要的再认知策略。出现错误并不可怕，怕的是对错误视而不见或习以为常。因此学习中一定要找出错误的症结，通过反复对比、思考，达成正确的认知。这样在过程中学生既体验了感性认识，又有自己的理性总结。"一朝被蛇咬，十年怕井绳"，在错误中获得的学习体验十分深刻，为后续的学习夯实了基础。

再次，良好的知识结构，有利于信息的捕捉、摄取与重组，是创造性思维的信息基础。知识结构化程度是水平高低的重要体现之一。调查研究显示：只有少部分学生有结构意识。学生化学知识结构可分为混乱型、框架性、具体型和创新型四种类型，类型的差异与学业成绩之间有显著关联。[②] 因此在教学中引导学生形成自己个性化的知识结构体系，就显得非常必要。

(三)逐步培养学生对化学学习进行自我管理的能力

从管理策略数据分析可知，学生尤其是学困生对化学学习的自我管理能力非常低下。访谈时教师也表示："少部分成绩好的同学对自己学习有规划，按部就班，按照计划去施行，并且他们的自律性很强，朝着目标一步一个脚印去走。而

① 吴晗清．教育价值及其实现[J]，教育理论与实践．2014(2)：53－55.

② 吴晗清．化学知识结构与学业成绩关联的实证研究[J]，中国教育学刊．2014(3)：67－70.

大部分学习比较弱的孩子，随意性比较强，哪科老师盯得紧，他就把这科作业写了，自我管理不好。”所谓自我管理，就是指个体对自身目标、心理和行为等进行掌控，最终实现自我的过程。在化学学习中，主要包括时间管理、对“学习中的错误”进行管理以及对实验操控的管理。

时间管理必须在一定价值观和信念的指引下，建立一套明确的远期、中期和近期目标，然后将目标进一步具体分解，并反馈每一步实现的结果从而对计划进行适时修正。另外，时间管理与对学习环境、学习节奏的管理等都是相关的，因此，化学学习应在适合自己学习风格的环境中进行，并且为了合理利用时间，可以在学习疲倦时，可以通过其他科目或艺体娱乐等方式来进行有效调节。

访谈发现，学生对化学“纠错本”的管理问题十分突出。学困生的“纠错本特别简单，记的内容少。改错也就是写个结果了事，不管解题过程”；“字迹潦草，就抄一个答案，其实他们对各科学习要求都比较低”。中等生往往“老师怎么讲，他就怎么做。老师课堂板书什么，他就会原封不动写上去，个性化的记录非常少，往往也得不到什么提高，但至少比根本不动笔的会好一些”。少部分优秀的学生，“在纠错本上用红笔标注出这道题为什么错，错在哪里，都会写得清清楚楚。旁边还有相同类型题目的一些总结，比如出题意图、易错点等。大部分内容他们会按自己的思路整理出框架，将分散的知识点整理出自己的知识体系”。因此，引导学生对自己学习中所犯错误进行总结，对提高成绩是非常必要的。

最后讨论的是对化学实验操控的把握。学生觉得“化学实验部分很有趣，但是真的到实验室做实验的次数实在是太少了”，而教师又认为“许多孩子是图热闹，做实验是为了玩；为了探究的不多。真想让学生开放探究的话，得等到学生高度自觉的时候”。这表明当前学生对实验操控的管理能力不足。一般学生认为“学习的困难主要在于大型综合性探究类实验题，往往题目都看不懂，也就不再仔细分析，甚至直接选择放弃”。教师也认为“学生有相关探究经历和体验后，有利于考试时实验探究题的解答”。因此，非常有必要引导学生通过实验对一些问题进行探究，这样不仅能提升考试能力，更重要的价值在于习得科学探究的方法，只有掌握方法，科学素养的形成才不至于是空话。

第七节　化学学习机制模型的建构及其检验

结合化学学习的特点，参照相关学习理论，并通过大量的教学实践和调查研究，本节指出化学学习过程经历由易到难的四个核心阶段：实验现象、概念和原理、问题解决以及创造性地提出新问题或新观点；由此构建出感官感知、认知建构、认知重组和顿悟的四级学习机制模型。经过四个月教学实践的检验，发现经历相应心理策略训练的学生化学学习能力有明显的提升，表明该模型对化学学习有良好的解释力。

化学是一门以实验为基础的中心自然科学，学生对化学往往持有较为浓厚的兴趣。然而随着时间的推移，学习兴趣下降，学习机制运行困难。这就引发我们的思考，问题的症结究竟在哪？纵观以往化学学习心理的研究，往往是基于教师的教或者化学学科本身的系统，研究范式也常常是从普通心理学理论出发，演绎式地应用于化学学习中。本研究基于化学教育实践，试图从学生的学出发，探讨化学学习的心理机制。

美国著名的教育心理学家加涅通过不断的完善，最后将学习分成五类：(1)辨别，是指在一个或更多的物理或感觉维度上觉察出刺激差异的性能；(2)具体概念，是指识别出客体的特征或客体的属性；(3)定义性概念，是指对属性及属性间关系的言语陈述；(4)规则或原理，是指概念间关系的陈述；(5)高级规则：问题解决，我们学习的规则是简单规则的复杂组合。通常创造这些更复杂的规则或“高级规则”的目的是解决某一实际问题或一类问题。[①] 加涅累积学习理论是基于研究一般学习的结果，具有较强的普适性。化学学科有它自身鲜明的特点，根据加涅学习理论的核心思想，结合教学实践的研究，我们将化学学习过程凝练为：(1)实验现象的感知；(2)化学概念和原理的获得；(3)化学问题解决；(4)基于反思创造性地提出新问题、新观点等。正如加涅所指出，高级的学习是建立在基础性学习之上的，每一类学习都是以前一类学习为前提的，因此我们所讨论的化学学习也是累积性的螺旋式上升过程。

一、化学学习的调查研究

关于化学学习情况的初步调查，采用自编问卷，问卷主要获取学生对化学学习过程核心阶段的把握情况，即“实验现象的感知”“化学概念和原理的获得”“化学问题解决”及“基于反思创造性地提出新问题”等。问卷效度主要通过专家诊断和预测来保证，调查信度则依赖于回答问题的内部一致性来检验。

本研究的调查对象为北京市示范高中的高二学生，共发放问卷 274 份，收回有效问卷 260 份，有效率为 94.9%，其中男生 126 人，女生 134 人。除了问卷调查，还陆续对 12 名高中化学教师和 20 名高中生进行了深度的半结构性访谈，涉及化学实验、概念和原理的学习、解题策略、学习方法、考试等主题，为本研究提供了大量的实证素材。

---

① 加涅，等．教学设计原理[M]．上海：华东师范大学出版社，2007：59－66．

调查显示，学生对化学学习各阶段的掌握情况为：(1)92%的男生、94%的女生能清晰把握化学实验现象；(2)74%的男生、79%的女生能准确把握化学概念；(3)45%的男生、41%的女生能深刻理解化学原理；(4)58%的男生、65%的女生能顺利解决化学常规问题；(5)16%的男生、13%的女生能处理新情境中的化学问题；(6)5%的男生、3%的女生基于反思能创造性地提出新问题。

为了清晰地展示学生的化学学习情况，将上述数据转换成直观的折线图，如图 2-12 所示：

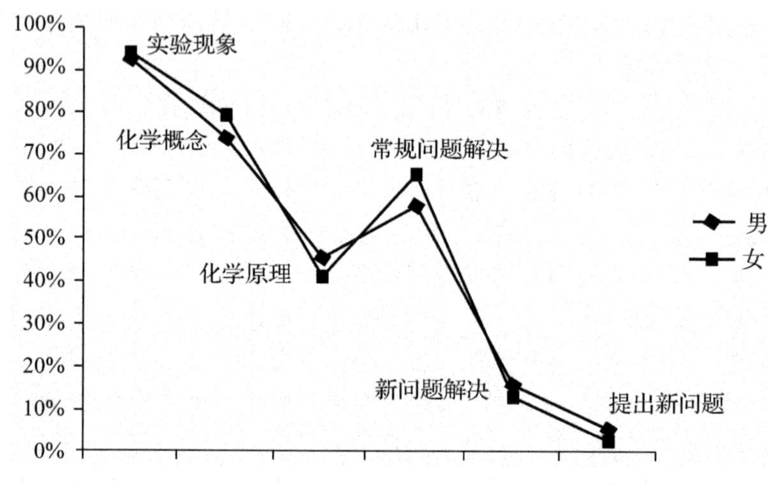

图 2-12　学生对化学学习过程不同阶段的掌握情况

结合访谈，我们可以看出：实验现象的感知、化学概念和原理的获得、化学问题解决以及基于反思创造性地提出新问题，这四个核心阶段的难度呈现递增趋势；每一阶段的难度之间都有较大的跨越性。

男生与女生在化学学习方面不存在显著差异。女生在实验现象、化学概念、常规问题解决等方面略强于男生；反之，男生在化学原理、新情境中的问题解决、创造性地提出问题方面略胜一筹。

学生在实验现象的感知时，缺乏对背后化学概念和原理的思考，不少学生为了实验而实验，导致实验和原理两张皮。从图 2-12 可以看出，化学原理的掌握对问题解决能力的形成起着至关重要的作用。若对原理一知半解，往往在常规问题解决中显现不明显，而在新情境中需要迁移时则一目了然。学生对概念和原理的学习有利于促进问题解决能力的提升，反过来问题解决也有利于对原理的理解。

创新不是一件容易的事情，仅有约 4%的学生能表现出一定的创新能力。创新是基于累积的思维火花的爆发，它依赖于对实验现象、概念、原理、问题等持续深入的思考。因此，在教学中要珍惜学生任何创新性的表现，如好奇心、质疑、提出新问题或新观点等。九层之台起于累土，应从熟视无睹的细微之处入手，积淀学生的创新意识。

二、化学学习机制模型的建构

所谓机制，原指机器的构造和工作原理。现被其他领域频频借用，泛指自然现象和社会现象中的某有机体系的构造、功能及相互关系。我们探讨"化学学习机制"这一概念，首先要全面地解构化学学习的过程，从而揭示了其内部组织和运行变化的规律。换言之，化学学习机制就是要揭露学生究竟是如何学习化学的，它的各核心阶段之间的关系如何，学习的障碍在哪，畅通学习路径的策略是什么等。

基于调查研究，我们知道化学学习的四个核心阶段：实验现象的感知、化学概念和原理的获得、化学问题解决、基于反思创造性地提出新问题等，难度依次跨越式递增。我们发现，其原因是相对应的四级心理过程：感官感知、认知建构、认知重组和顿悟，对学生的心理要求也是跨越式地上升。由学习阶段与相应心理作用的化学学习机制模型可以用图 2-13 来表示。

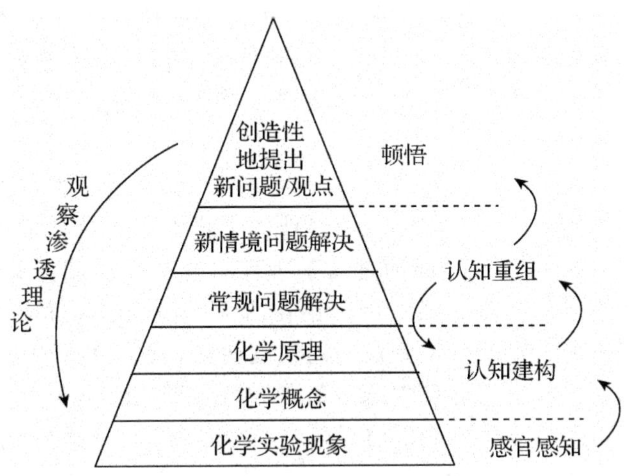

图 2-13 化学学习机制模型

该模型表达的化学学习机制不是一个简单的线性过程，而是一个累积性且有交叉的复杂过程。有效的化学学习应始于实验，利用丰富的实验现象激发学生的兴趣和认知，从而构建重要的化学概念。通过概念的联结，形成能吐故纳新、具有活力的化学认知体系，从而培养问题解决能力，反过来通过问题解决，又进一步优化学生的化学认知结构。而后再通过反复思考、凝练、顿悟，提升化学学科能力。理论能力的提升又增强化学实验的感知能力，让“观察渗透理论”，从而开启更高层级的新一轮学习。

(一)感官感知

化学新课程标准强调要通过实验培养学生的“问题意识，能够发现和提出有探究价值的化学问题，敢于质疑，勤于思索，逐步形成独立思考的能力”，让学生“学习实验研究的方法，能设计并完成一些化学实验，提高科学探究能力”。可见实验不仅是化学学习的起点，同时也是学科能力的终极体现。因此，学习从实验入手极其重要，因为实验给予学生最直观的感知，这种感官印象是一切知识建构的基础。

夸美纽斯早就指出，“在可能的范围内，一切事物都应该尽量地放到感官跟前”，因为知识的开端永远必须来自感官。[①] 直观是人类一切心理活动的基础。通过多感官的交互作用，对事物的认识也就越深刻。裴斯泰洛奇也强调：“教学首先把混乱、模糊的感觉印象一个一个地呈现到我们的面前，然后把这些孤立的感觉印象以变化的姿态放到我们眼前，最后把它们跟我们早先已有的整个系统组合起来，清晰概念就是这样形成的。”[②]但我们的实践研究表明，约 2/3 的教师由于对实验价值缺乏足够的认知，导致仅有 1/3 左右的教师能比较正常地开展实验教学。[③] 访谈时，农村、普通中学的教师往往将硬件视为首要因素；而城市、重点学校的教师则主要归因于升学压力，“学校实验的硬件条件很好，但形同虚设，真正落实实验课还远远不够，教学时间不够。带领学生做的实验并没有多少，老师也很矛盾”。

因此，启动学习机制的首要条件是学生动手、动脑做实验，多感官感知丰富多变的实验现象。笔者访谈大量非化学专业的本科生，问及高中化学印象最深刻的内容时，回答近 60%是钠，原因是几乎所有的高中教师都会做这个演示实验，给予了学生强烈的感官刺激。亲眼看到钠在水面上游动、溶液由无色变为红色，亲耳听到“嘶嘶”的声音，亲手摸到烧杯的温度变高，这些直观的感知引发了对金属钠的知识建构。其次，实验现象背后蕴藏着由一系列化学概念构成的原理，只有把现象与原理高度融合，机制的链条才能有效地衔接。比如在学习较抽象的元素周期律时，如果通过锂、钠、钾等和水反应，通过观察它们反应的剧烈程度，学生就很容易感知同一主族的金属从上到下金属性逐渐增强。视觉感官的强烈刺激加深了对这个普遍规律深刻的理解。

① 夸美纽斯．大教学论[M]．北京：人民教育出版社，1985：156—157.

② 杨汉麟，等．外国教育名家思想[M]．武汉：华中师范大学出版社，2010：91.

③ 吴晗清．高中化学实验教学实践症结与对策探析[J]．中国教育学刊，2013(2)：68.

(二)认知建构

如果学生只是热衷于变化丰富的实验表象，学习则会搁浅。访谈时不少教师表示："学生的态度一般，只是为了好玩，而没有真正探索的渴望，而且学生普遍动手能力较差，管理起来比较困难。"笔者调查表明，94%的教师只要求学生按照已知步骤完成实验即可，无暇顾及引导学生通过实验现象来构建概念、规律以及原理等。学生主体性的缺失，教师有不可推卸的责任。

奥苏贝尔认为有意义的学习必须以学习者原来的认知结构为基础，学习能否获得新知识关键在于学习者已经知道了什么，即学习者以认知结构中原有知识吸收并固定新学习的知识的过程，原有的认知结构发生变化。"认知结构"是"个体的观念的全部内容和组织"，即它既指学习者的全部知识的内容和组织特征，又指学习者在某一特殊领域的观念之内容和组织特征。① 也就是说，化学认知结构是学生头脑中由化学概念、原理等组织起来的化学认知网络。

因此，认知建构首先就是正确概念的获得。概念是反映对象的本质属性的思维形式。把所感知的事物的共同本质特点抽象出来，加以概括，就成为概念。概念是随着学习的深入而不断变化和发展的。化学概念的获得是基于实验现象的感知和基本知识的掌握。学生不仅要掌握具体的下位概念、平行概念、上位概念等，更重要的是深刻明了它们之间的关系。如混合物、纯净物、单质、化合物；化学键、离子键、共价键、极性键、非极性键等；电化学、电解、电镀、原电池等。抽象的化学概念是化学实验现象与化学原理之间的重要桥梁。

其次，就是通过概念之间的联结，学习化学的一般规律、原理。如氧化还原反应原理、周期律、化学反应中能量的变化、勒夏特列原理、盐类水解等。加涅认为，当学习者能够在多种具体情景中以一致的方式应用某条规则或原理时，他就习得了这一规则。在理解中习得的原理还表现为学习者能在问题情境中使用习得的规则。② 能够应用原理并不表明能够陈述规则。相反，能够陈述原理不一定意味着学习者能够应用。规则和原理是通过其运用于一个或多个具体例证而得以展示的。在学习原理时，学习者必须提取出构成规则的每一个成分概念，包括表示关系的概念。这与笔者调查研究表明的情形极为相似：常规问题解决的难度位于概念和原理之间，而新情境中问题解决的难度则大大超越原理的掌握。这直接导出化学学习机制的下一个链接——认知重组。

(三)认知重组

学以致用。化学学习"不仅在于学习知识、操作技能，更重要的是核心化学

① 杨鑫辉．西方心理学名著提要[M]．南昌：江西人民出版社，2002：545—546.

② 加涅，等．教学设计原理[M]．上海：华东师范大学出版社，2007：59—66.

基本观念的形成”[①]，也就是说要利用化学的学科视角去发现问题、解决问题，从而促进学科素养的进一步提升。诚如加涅指出，问题解决是教育过程的主要目的，学校应优先考虑教学生“如何清楚地思维”。当学生解决了一个代表真实事件的问题时，他们从事的就是思维行为。在获得问题的有效解决办法时，学生也获得了一种新的能力，可以说他们已“建构”了知识。学生是否学会的证据就是能否进行相关的问题解决。

教学实践中常常出现的情形是：学生概念、原理“懂”了，而问题往往不会解决。正如调查表明，约45%的学生认为能深刻理解化学原理，但仅有约15%的学生在新情境中能顺利进行问题解决。在学习任何一门学科时，常常有一连串的情节。布鲁纳认为，每个情节涉及知识的获得、转换和评价三个过程。学习情节运用得最好时，可以反映以前已经学过的东西，而且可以举一反三，超过前面的学习，[②] 从而形成更加优化的认知结构。

认知重组，是学习机制的核心环节。格式塔心理学关注的，正是发生这种知觉重组的方式。认为学习主要不是加进新痕迹或减去旧痕迹的问题，而是要使一种完形改变成另一种完形。这种完形的改变可以因新的经验而发生，也可以通过思维而产生。一个人学习的方式，通常是从一种混沌的模糊状态，转变成一种有意义的、有结构的状态，这就是知觉重组的过程。[③] 我们认为，化学学习中的知觉重组是在对实验现象深入思考、概念及原理在各种典型情境中运用的基础上反思、凝练形成的。它意味着学生看待化学的方式，其层次的高低直接影响着问题解决的水平。

案例：新情境中氧化还原反应的探究

把乙烯通入酸性高锰酸钾溶液中，高锰酸钾溶液褪色，生成一种能使澄清石灰水变浑浊的气体。已知高锰酸根离子被还原为二价锰离子。根据氧化还原反应原理，并写出完整的离子反应方程式。

笔者以此题考查某示范高中120名高二学生，其中有64%放弃，24%答出小部分，12%基本正确。

通过访谈，问题的症结在于：(1)给予一个普通的氧化还原反应方程式，基本可以判断氧化剂、氧化产物等，但是对变式如归中反应、歧化反应、部分氧化还原反应、自身氧化还原反应等则出现困难；(2)对常见氧化剂、还原剂基本能标对元素的化合价，但对较陌生的物质不敢判断化合价；(3)判断反应中转移电

---

① 宋心琦，等．化学实验教学改革建议之一[J]．化学教学．2012(4)：3—7.

② 布鲁纳．布鲁纳教育论著选[M]．北京：人民教育出版社，1989：52—53.

③ 施良方．学习论[M]．北京：人民教育出版社．1994：144.

子数目有一定困难，对利用得失电子数目来配平方程式则是难上加难；(4)对离子反应中的电荷守恒，及添加水或氢离子来配平氢氧原子数目等存在困难。

如果只是通常意义上学习了氧化还原反应原理，没有通过认知重组深刻而全面地把握氧化还原反应原理，势必导致虽然懂了，但不会运用。本研究认为，认知重组主要有以下策略：首先，通过最常见的渠道来建构正确的化学概念、原理等。其次，掌握体现规律、原理的重要典型变式。再次，通过变式相关的问题解决来重新建构完善的化学概念、原理等。最后，学生自主建构问题情境，比如学生自己编制试题、评价试题、讲解试题，根据原理的理解进行探究性实验，或者解决生活中的实际问题等。从而高屋建瓴地形成对原理的上位把握。

(四)顿悟

顿悟，原为佛教用语，《坛经》记载六祖惠能大师，聪颖过人，善于顿悟。听到“应无所住而生其心”时而大彻大悟：一切万法，不离自性。说的是在瞬间领悟深奥佛法的真谛。学习中的“顿悟”与宗教上的虽有差别，但心理过程却极为相似。顿悟是在追踪某一既定目标、在久攻不克的情况下，忽然受到某种启示，茅塞顿开，产生突如其来的领悟或理解，使问题迎刃而解。

顿悟意味着重要的难题在思索后的瞬间得以解决。任何顿悟必须有明确的思考问题为其前提，同时还需对此问题经过长期、认真，甚至艰苦的思考才可能出现。有人认为门捷列夫是在玩纸牌的时候偶尔幸运地发现了化学元素周期律。他却大笑着说：“这个问题我大约考虑了二十年了，而你却认为我偶然成功的，事实并非如此!”这种创造性的思维发生，除了长期的思考和努力外，还需要导火线，即各种各样的刺激信息。下面是笔者深度访谈时的一个案例片断。

案例：顿悟——原来相对原子质量如此简单!

学生：从初中开始，我就特不明白为什么相对原子质量是以一个碳—12原子质量的1/12作为标准，任何一个原子的真实质量跟一个碳—12原子质量的1/12的比值，称为该原子的相对原子质量。

学生：上了高中，又加上质量数，为什么在数值上相对分子质量=摩尔质量，还有阿伏伽德罗常数怎么就是$6.02\times10^{23}/mol$?! 我特别想不通。

学生：我困惑了很久。碳—12表明该碳原子中有6个质子、6个中子，我查资料发现，1个质子的质量≈1.67×10^{-27}kg；1个中子的质量≈1.67×10^{-27}kg；1个碳—12原子质量的≈$12\times1.67\times10^{-27}$kg；可以得出，1个质子和1个中子的质量几乎相等，与1个碳—12原子质量的1/12也几乎相等……

学生：这就太简单了！对于原子来说，有几个质子和几个中子，它的相对原子质量就是多少！因为电子质量忽略，这个原子的相对原子质量=质子数+中子数＝质量数，为整数。而某元素原子的相对质量可能为小数，是因为有同位素的缘故。

学生：至于为什么阿伏伽德罗常数是 6.02×10^{23}/mol 就更有意思！如 C 的相对原子质量为 12，摩尔质量为 12g/mol，算算就发现阿伏伽德罗常数＝12g÷$(12\times1.67\times10^{-27}\text{kg})\approx6.02\times10^{23}$……

访谈时，学生往往说“物质的量”这一概念“遥不可及”“神奇的”“是大科学家规定的”。如果能象案例中的学生，能顿悟这些概念之间的关联，则概念就不是没有关联的人为规定，而是深刻地揭示了化学事实、原理背后的本质，有利于提升学生的化学学科素养。

顿悟学习的核心是洞察事物的本质。由于经过“百思不得其解”的思维困境，加之通过新颖简洁、入木三分的解决方式，学习效果非常好，易于迁移、难以遗忘，而且顿悟学习经历剧烈的情绪波动，气馁后感受强烈的兴奋，体验着学习的成就感。这种顿悟体验本身就是一种珍贵的奖励，成为学习最强劲的驱动力之一。它又引领学习机制的新一轮开启，周行不殆。正如美国哲学家汉森提出的“观察渗透理论”这一著名命题，指出我们的任何观察都不是纯粹客观的，而是与我们的理论知识背景密切相关的。因此通过认知的建构、重组以及顿悟提升化学学科能力，而这一能力的提升又大大促进感官的洞察力，从而表明了学习的开放性和无止境。

三、化学学习机制模型解释力的检测

基于调查研究构建的模型及其解释，我们认为化学学习机制的有效运行依赖于以下策略：学生主体参与化学实验；将实验现象与化学原理结合起来；形成正确的概念和原理，并通过问题解决，反过来促进概念、原理的理解；对化学学习难点反复思考，寻求简洁而深刻的解决方案；“观察渗透理论”，深刻洞察化学变化背后的本质原因。

为了检测该模型的解释力，我们选取某示范高中高三年级两个平行班级，甲班人数为 34 人，乙班人数均为 32 人，试验前两班化学学习成绩无显著差异，多次测试平均分相差均在 1 分之内。选定甲班为试验班，对甲班学生进行为期 4 个月的基于问题解决的学习策略训练。在训练过程中，强调学生主动性、自主性、积极性的培养。

案例：有关盐类水解的学习策略训练

问题：探究相同浓度的 C_6H_5ONa、Na_2CO_3、$NaHCO_3$ 的溶液三者的 pH 的大小？（已知 H_2CO_3、HCO_3^-、C_6H_5OH 的电离平衡常数分别为 $K_{a_1}=4.4\times$

10^{-7}；$K_{a_2}=4.7\times10^{-11}$；$K_{a_3}=1.28\times10^{-10}$）

感知 1(易)：对实验现象的感知；

知觉 2(易)：三者均为强碱弱酸盐，溶液显碱性 pH>7，原因是酸根离子的水解；

认知 3(中)：准确写出水解离子方程式；

认知 4(中)：根写出电离平衡常数 K_a 和水的离子积 K_w 的表达式；

重组 5(难)：找出水解平衡常数 $K = K_w / K_a$，找出水解和相应酸强弱的关系；

顿悟 6(难)：得出"越弱越水解"的普遍规律，即水解后生成的酸酸性越弱，则水解程度越大。

通过 4 个月的训练，以北京市主城四区《高三年级第一学期期末练习》中"新情境中的问题解决"类型的试题为检测工具。试题均为综合性题型，满分 100 分，内容涵盖元素周期律、化学反应速率与平衡、盐类水解、化学工业生产流程、复杂有机化合物的合成等。施测后，学生成绩通过 SPSS 软件统计，各项情况分布如表 2-16 所示。

表 2-16　试验班与对照班学生成绩分布

	平均分	最高分	最低分	标准差	两样本 t 检验
甲班(试验)	73.68	88.00	52.00	6.75	$\alpha = 0.05$(置信区间 95%) P 值 $= 0.002$
乙班(对照)	67.59	78.00	54.00	8.40	

我们可以看出，进行学习策略训练后的甲班成绩标准差小于乙班，表明甲班成绩离散程度较小、数据较整齐，即成绩分布比较集中；尽管甲班最低分低于乙班，但最高分和平均分分别比乙班高出 10 分和 6 分，差异显而易见；为了检验测试成绩较之训练之前有无差异，我们将甲乙两班成绩进行 t 检验，置信区间为 95%，P 值为 0.002，由于概率 P 值 $=0.002<0.05$，所以显著性水平 $\alpha=0.05$ 时，有显著性差异，即学习策略的训练对问题解决能力的提升有明显影响，该模型对化学学习机制有较强的解释力。

第三章　化学教学研究

第一节　翻转课堂与传统课堂的辩证创新

翻转课堂作为一种新兴的教学方式，与传统课堂相比有利有弊。笔者在翻转课堂的积极尝试和探索中，提炼出翻转课堂与传统课堂辩证创新的新范式。本节以原电池的教学为例，提出辩证创新的教学策略为：课前，优化微视频与视频同步学案，趣味性与启发性并重；课中，课堂讲授、课件与课堂导学案三位一体，注重知识的整体性和探究性；课后，关注学生的差异化发展，鼓励思考和质疑，培养学生的创新意识。

高中化学课程以进一步提高学生科学素养为宗旨，着眼于学生未来的发展，体现时代性、基础性和选择性，兼顾不同志趣和发展潜能学生的需要。[①] 在课程标准中强调以探究教学为突破口，以学生为主体，以教师为主导，进行教学模式的改革，但在教学实践中还是以传统的讲授方式为主。学生的主体意识不强、学习比较被动，导致学习效果不理想。[②] 翻转课堂与传统课堂的结合，作为一种变革性实践范式，为化学教学发展带来新的契机。

一、教育是复杂的系统，理论与实践层面均需多元融合

(一)翻转课堂的缘起

翻转课堂(Flipped Classroom)起源于美国科罗拉多州，当地的两名化学老师Jon Bergmann和Aaron Sams于2007年春开始尝试使用录屏软件录制视频，内容为课堂中讲授的一些问题，视频采用录制PowerPoint画面和同步讲授音频的方式向学生呈现。然后，他们将视频传至网络，让缺席的学生在家自行学习。后来，该方法逐渐发展成为学生提前在家学习视频中的内容，在课堂上完成作业，

① 教育部．普通高中化学课程标准[M]．北京：人民教育出版社，2007：1—2.

② 王相宜，李远蓉，吴晗清．翻转课堂：化学教学变革性视野[J]．现代中小学教育，2015，2(2)：64—67.

教师对学习困难的学生进行辅导。[①] 逐渐地，该教学方法得到更多学生的接受，开始风靡全球，不断地发展成为现在的翻转课堂教学模式。

翻转课堂是针对于传统课堂而言的，翻转的不仅仅是学习时间，也不仅仅是课堂的学习方式，更多的是带来“以学生为中心”的问题式教学手段，彻底地翻转了学生和教师的角色关系，将教师从传统的圣人角色转变为导师；学生的角色也由原本的接受主体变为现在的需求主体，不再是一味地接受，更多的是主动地发现问题、提出问题、共同解决问题，最终再得出自己的结论。在这个过程中，学生占据学习过程的主体，而教师起的是引导者的作用。要想达到较好的教学效果，就要求教师能够在准确分析学生的基础上，较好地利用多媒体技术开展教学。无论是课前学习还是课堂教学，都要很好地调动起学生的积极性，让其主动地参与学习过程，提出自己的疑问和需求，让课堂变成学生主动学习过程中的“私人定制”，而不是消极应付学习过程中的“被定制”。

(二)翻转课堂与传统课堂的利弊探析

1. 翻转课堂教学模式的有利之处

相比传统课堂，翻转课堂主要有以下几点优势：

(1)翻转课堂中学生可以自由控制学习进度，能够满足不同层次学生的学习需求，实现真正的分层教学。例如，在观看课前自主学习的视频时，自主学习能力好的学生可以很快学习完毕，将更多的时间花在问题的思考以及其他感兴趣的方面，而自主学习能力相对较差的学生可以根据自身掌握的情况，适当地暂停、重复播放视频，通过多次学习视频，理清思路。而在传统课堂中，一节课的时间是有限的，教师不可能只照顾学习能力差的学生而忽略学习能力强的学生，但也不能一味地顾及学习能力强的学生而刻意地加快进度，这就涉及如何分配教学时间和如何兼顾尽可能多的学生的问题，这也是大众化教育面临的普遍问题。而翻转课堂便可以避免这种情况，并且教师还可以根据学生的自主学习的情况进行反馈，针对部分学生进行单独辅导，实现学生的个性化教育。

(2)翻转课堂能够为学生提供个性化的学习内容。翻转课堂的教学模式是在课堂中通过交流、对话、探究等方式解答学生的疑问，学生可以根据自身情况提出个性化的问题，并在课堂中寻求解答，因此这种方式可以帮助学生及时地消除疑问并形成自己个性化的学习内容。

(3)翻转课堂能够实现“课前诊断”、课上针对性地解决问题。教师可以针对学生在自主学习平台上的完成情况进行分析，发现学生容易困惑的地方，在课堂中对这些问题进行有针对性的分析，这是传统课堂“课后诊断”所无法完成的。

---

① 王素珍．例析高中化学“翻转课堂”与“传统课堂”教学之利弊[J]．化学教育，2014(19)：28－32．

(4)翻转课堂还可以帮助师生更加充分地利用课堂时间。由于学生已经在课前学习了相关知识，因此在课堂中就可以节约出较多的时间，集中解决学生的问题。相比传统课堂，翻转课堂能够更好地将微观过程宏观化、将抽象问题具体化。借助于飞速发展的多媒体技术，教师可以在课前将视频中一些抽象的、微观的过程模拟为宏观的、具体的过程，更加有助于学生的理解。

2. 传统课堂教学模式的有利之处

相比翻转课堂，传统课堂的优势也很明显。

(1)传统课堂注重知识的生成性，更有利于学生知识体系的建构。在传统课堂教学中，教师通常是沿着一个知识点或一条逻辑线不断地延伸和扩充，逐渐完成整个知识体系的教学。学生跟随着教师的思路，再结合教师的板书与叙述，一点一点收获和积累知识，这对中学生建构自身知识体系而言是非常重要的。

(2)传统课堂在讲授重要知识点时比翻转课堂的课前视频更有现场感，能够更多地传递一些知识本身以外的东西，比如教师的个人素质，以及教师所表现出来的思想、情感、态度、价值观等，传统课堂的这种现场感能够在很大程度上调动起学生的积极性，并且反响通常都较好。

(3)传统课堂能够更多地带给学生成就感。学生跟随教师思路的听课过程中，会结合教师板书和自身理解记录自己的笔记，课堂结束后，学生的“收获”明显地体现在笔记本上，并且具有较高的逻辑性和整体性，是成体系的。而在翻转课堂教学模式中，学生在观看课前微视频的时候，通常因为“视频中有”而懒于去做笔记，在课堂中又因为内容的个性化忽略了知识结构的逻辑性和整体性，以至于课堂结束后，学生不知道究竟学到了什么，想复习却没有笔记作为参考。

整体而言，翻转课堂作为一种新兴的教学手段有其无与伦比的优点，而传统课堂的教学形式延续几百年，也有其无法取代的优势，两者各有利弊(两者的异同见表 3-1)。

表 3-1　翻转课堂与传统课堂的比较

项目	翻转课堂	传统班级授课
师生角色	以学生为主体，以教师为主导	教师主导，学生相对被动
知识媒介	教学视频	教师讲授
主题特点	学习进度由学生自行控制，因人而异 学习内容个性化 课前诊断、课上解决问题 课堂时间分配由学生主导 内容呈现生动、具体、形象 知识以“点”的方式呈现 现场感较弱 不利于学生动手能力的培养	教师主导、整齐划一 学习内容较统一 课后诊断 课堂时间分配由教师掌控 内容呈现一般 知识以“体系”方式呈现 现场感强 有利于培养学生的动手能力

3. 翻转课堂与传统课堂的优势互补

翻转课堂作为一种兴起于美国的教学模式，在其全球化的进程中，虽然比较迅速，但仍然面临传统教学模式的强烈冲击，并且已经出现了“本土化”的特征。因为不同国家的教育体制不同，学生情况也不同，其适用情况也有所不同。我国普遍存在的问题是学生已经习惯了传统的教育模式，他们不善于提问、不善于质疑，也不善于主动思考，而翻转课堂要求学生积极、主动、大胆提问和质疑，这是翻转课堂在我国推广过程中要努力克服的困难。另外，如果所有课程均采用翻转课堂的形式，学生没有足够的时间观看课前视频，并且学生课下观看视频的效果无法把控、学生观看视频的自觉性无法保证，同时，教师能否完成高质量的教学视频，是否每一位教师均能较好地把控翻转课堂这种新型教学模式等问题，都是翻转课堂面临的关键性问题。而传统课堂虽然实施过程较简单，但大多却如工厂一般，照着模具将学生培养成高考工具，无法培养出具有创新精神的新时代人才。因此，要想做到“素质”与“应试”双优，就必须将二者有机结合，形成符合各地教学实际的新型教学模式，做到优势互补、双向发展。

二、翻转课堂与传统课堂的辩证创新的案例分析

(一)辩证创新教学范式概要

基于翻转课堂与传统课堂辩证创新的理论构想，笔者选取原电池一节进行了教学实践。在实践中，笔者主要分析了新的教学范式与传统教学和翻转课堂在课前、课中和课后的主要教学活动。在三种教学模式下，课前、课中和课后的主要教学活动情况有所不同(具体如表 3-2 所示)。

表 3-2 不同教学方式的整体教学情况比较

环节	传统课堂	翻转课堂	传统课堂与翻转课堂的辩证创新
课前	学生自行预习	学生观看教师提供的视频	学生观看微视频并完成视频同步学案； 教师将学生在同步学案中提出的问题进行汇总和分类； 教师制订具有针对性的课堂导学案和教学课件
课中	教师按教学设计讲授	教师针对性解决学生问题(作业)	教师系统授课，将学生的问题融入其中； 针对性解决学生问题； 引导学生观察、思考、尝试、分析、总结
课后	作业	新的视频	根据学生课堂表现对个别学生进行针对性的引导和激发； 新的视频及学案

翻转课堂与传统课堂辩证创新的教学范式综合了两种教学模式的优点，它利用高速发展的教育技术，将科技成果运用于视频的制作，激发学生的兴趣，比传统的“预习”更有可能达到教育者期待的效果，根据学生课前完成的视频同步学案，教师可以更清楚地了解自己的学生，将学生问题量化、分类、汇总，使课堂更有针对性。它发扬传统课堂中教师系统讲授的优势，弥补了翻转课堂知识点凌乱、师生交流不足等缺点。两者相结合的教学模式势必会成为未来教育发展的方向。

基于教学实践，笔者提炼出翻转课堂与传统课堂辩证创新的教学范式的主要构成及组合方式，如图 3-1 所示。

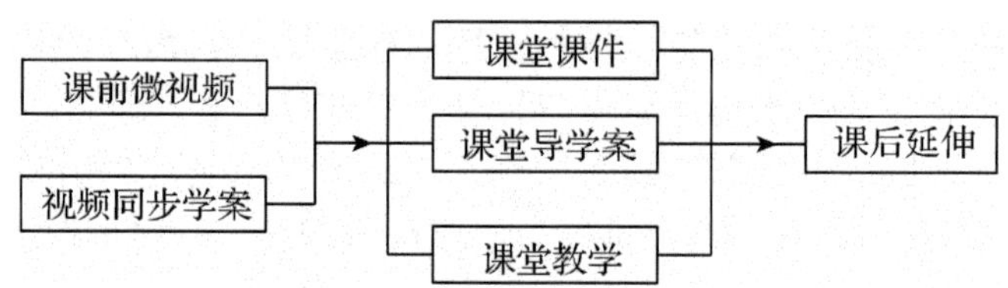

图 3-1 翻转课堂与传统课堂辩证创新的教学范式

(二)辩证创新教学案例流程分析

新的教学范式下，课前学生观看教师事先做好的微视频，并完成视频同步学案；课堂中，教师利用根据课前学案的反馈制作好的课件和课堂导学案进行课堂教学，教师、课件和导学案“三位一体”；课后，教师根据学生的课堂表现进行有针对性的课后延伸。下面笔者就原电池一节课的教学案例进行分析，更具体的展示翻转课堂与传统课堂辩证创新教学范式下的教学流程。

1. 课前：微视频＋同步学案

学生观看原电池一节课的微视频，微视频主要涉及原电池的概念，原电池的原理，原电池的构成条件，原电池的应用以及相关实验探究等知识点，在观看视频的过程中，学生完成视频同步导学案。视频同步导学案根据微视频中的知识内容将学习过程进行细化，分为“学会观察”“学会思考”“学会尝试”“学会变通”“学会分析”“学会总结”“学会判断”“学会运用”和“学后思”共 9 大模块，笔者将知识点有机地穿插其中。学案设计的目的不仅是让学生完成相关填空，更多的是启发学生思考。重要的不是各个具体的知识点，而是“学后思”中学生针对视频，结合自己的理解提出的问题和构想。在教学实践中，学生观看完微视频后，笔者共收集到 142 个问题。将这些问题进行分类和汇总，得到 11 个不同方面的问题，这些问题主要分布在原电池的原理、原电池的构成条件和原电池的应用三个模块。具体如下：

(1)原电池原理部分

①在 Cu—Zn 原电池中，铜丝上为什么会产生气体？Cu 会不会被消耗？Zn 表面有什么现象？是否也有气体产生？

②如果原电池中的电子已经全部转移了，是不是其电能就消耗完了？在 Zn—Fe原电池中，若 Zn 被消耗完了，会不会消耗 Fe 呢？当氧化还原反应结束后，是否原电池就失效了？

③原电池的正负极该如何判断？

④为什么电子转移的方向是负极到正极，而电流的方向却是正极到负极？

(2)原电池的构成条件部分

①金属性不同的活泼金属都能构成原电池吗，如 Mg 与 Fe？加入两种物质均可以与溶液发生氧化还原反应，那么是否可以制成原电池？

②形成回路必须在电解质溶液之外吗？

③在弱电解质中也可以形成原电池吗？

④什么是活性不同的电极？金属活性不同是指金属性不同，还是指活泼程度的不同呢？

⑤如图 3-2 所示装置为什么可以形成原电池？如何分析？

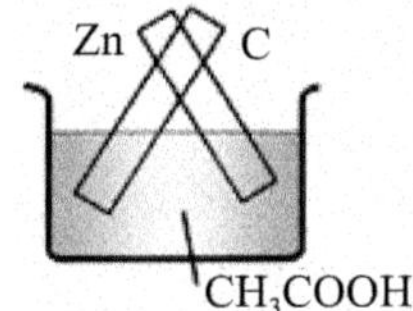

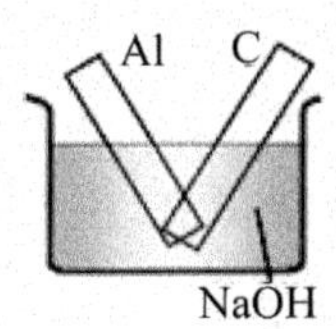

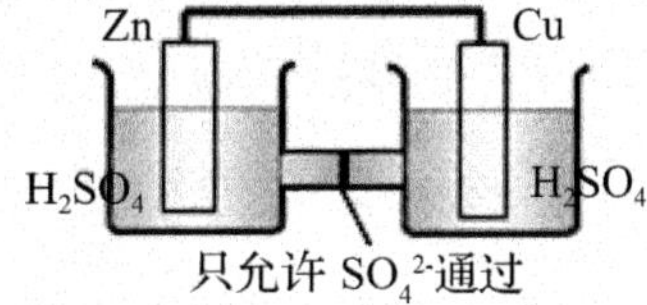

图 3-2　原电池

(3)原电池的应用部分

①Zn 与稀 H_2SO_4 制取 H_2 时，加入 $CuSO_4$ 为什么会变快？是如何加快的？形成原电池与不形成原电池产生气体的量是否相同？原电池是如何改变化学反应速率的？是否既能增大又能减小？

②是否可以将原电池利用于生活中(日常电池中)以节约资源？是否有利用价值？

2. 课中：课件＋导学案＋教学

课上，笔者将课前学案中的空白全部正确填写(方便基础差的学生自主学习)后，再将 11 个不同方面的问题插入学案中九大模块的适当位置中，便于有针对性地进行课堂教学。课件的制作同学案一样，在之前的基础上，挑出学生有问题的部分，进行适当的处理，在课堂上将问题融合进去，遵循简洁的原则，着重启发学生的思考。教师在课堂中引导学生去观察、去思考、去尝试、去分析、去总结，帮助学生在自主学习的过程中得出结论。

例如课前，学生在观看微视频后提出的关于原电池构成条件的疑问：金属性不同的活泼金属都能构成原电池吗，如 Mg 与 Fe？加入两种物质均可以与溶液发生氧化还原反应，那么是否可以制成原电池？根据学生提出的疑问，笔者在课件和课堂导学案的“学会判断”部分增加了 Mg 与 Fe 做电极，稀硫酸做电解液的装置，并准备了相关实验用品，供学生进行实验探究。在课堂上，对于学生都会判断的装置图一带而过，学生有疑问的与学生一起分析，启发并鼓励学生从原电池概念的角度思考，设法解决疑问，并引导学生进行实验探究，在此基础上做重点的讲解与说明，帮助学生总结解决问题的思维方法。

3. 课后：延伸拓展

课后，教师根据学生在课堂中的表现及学生的个体差异，对个别学生进行针对性的引导、激发和辅导，点燃其学习化学的热情。在课堂上，学生对原电池的应用部分颇有兴趣，但限于课堂时间有限，笔者未作过多讲解和说明，部分学生明显意犹未尽。笔者意识到这是激发学生化学学习兴趣的良好时机，便利用学生课外活动时间设立“原电池制作坊”，供学生自由使用，同时制作坊利用宣传板帮助学生巩固原电池理论知识，并由实验老师做辅导。学生看到自己制作的水果电池用于小灯泡发光，学习成就感明显增强，在实践中也巩固了原电池理论知识，增强了化学学习的兴趣。

三、翻转课堂与传统课堂的辩证创新的策略探讨

（一）课前，优化微视频与视频同步学案，趣味性与启发性并重

课前视频作为传达知识的载体，其美感直接影响学生自主学习的心情与态度。在翻转课堂中，教学视频的选取举足轻重。首先，要求教师具有制作与筛选教学视频的能力。其次，视频需要满足学生的多种心理需求：视频要短小、声音要生动有活力、与另外一位教师合作录像、增加幽默感、视频要吸引学生的注意力等[①]。再次，制作的内容要具有良好的内在结构，内容难度需要具有一定的梯度，如由浅入深等，这样有利于学生的学习。最后，在问题的呈现上也要讲究一定的方式，不能让学生感觉问题提出得很突兀，设置问题呈现方式需要根据教学知识的性质确定，一般设置问题由简单到复杂，由易到难。好的教学视频不仅具有很好的传递知识的作用，而且能够培养学生的学习兴趣。[②] 在学生观看微视频时，要有相配套的学案，学案一方面作为呈现具体知识的载体，另一方面作为学

① 张金磊．“翻转课堂”教学模式的关键因素分析[J]．中国远程教育技术，2013(10)：59.

② 王相宜，李远蓉，吴晗清．翻转课堂：化学教学变革性视野[J]．现代中小学教育，2015，2(2)：64－67.

生同步记录和自我检测的工具，便于学生将疑问及时记录下来，“学后思”部分更是启发学生思考和质疑的重要组成部分。同时，视频同步学案也是教师课堂授课的重要参照，为教师做出有针对性的学情分析提供了重要依据，教师可在此基础上有效提高课堂效率。

(二)课上，课堂讲授、课件与课堂导学案三位一体，注重知识的整体性和探究性

课堂教学是实现课程目标重要的一步。翻转课堂与传统课堂辩证创新的教学模式的主要特点在于学生课前观看了相关视频，而教师要在一堂类似于“复习课”的新授课中将学生的问题适当地融入课堂，进而解决学生的问题，提高课堂效率。与传统课堂不同的是，教师的主要任务是在学生遇到困难时给予适当引导，而不是直接给出结论。与翻转课堂不同的是，翻转课堂更多地关注一个个的知识点，而翻转课堂与传统课堂辩证创新的教学模式同时还注重了知识的全面性、逻辑性和完整性，在课堂讲授中并不只是简单的讨论问题，同时融入了传统课堂的元素，将学生的诸多问题融合进去，再根据问题本身的特点采取不同的处理方式，理论性的问题帮助学生通过讨论和交流尝试得出结论，探究性的问题引导学生通过实验探究，将问题逐个击破，在注重启发学生思维的同时也注重内容的完整性和逻辑性。

(三)课后，关注学生的差异化发展，鼓励思考和质疑

课堂活动的结束并不意味着教学活动的完结。翻转课堂与传统课堂辩证创新的教学模式下，在课堂上教师通过观察学生的讨论和交流，有更多的机会了解学生的差异，发现学生的闪光点，挖掘学生的潜能。新课程注重培养学生的问题意识和质疑精神，关注学生的差异化发展，因此，教师可在课堂结束后，肯定学生的思考和质疑，鼓励学生进行再思考、再总结，通过不断的思考和质疑释义过程，提升学生的综合能力。

当然，任何教学模式的推广都是在美好愿景的推动下逐渐发展的，随着翻转课堂教学模式的不断推进和发展，相信翻转课堂与传统课堂辩证创新的教学模式会更好地融入中学的教学实际中，最终让每一个学生都有自主学习的时间和空间。诚然，在积极实现愿景的过程中，我们也面临着许多问题，例如如何适时、适当地“翻转”才能将翻转课堂与传统课堂更好地结合，怎样摸索出适合各地实际情况的教学模式等，这些都需要更多的教育工作者积极地去尝试。①

① 俞叶．谈“翻转课堂与微课程开发”在化学教学中的应用[J]．中国信息技术教育，2014(13)：68—69.

第二节　不同类型学生对元素化合物知识掌握差异的比较研究

以《金属铝及其化合物》为例用自编试题对180名来自北京市区级示范性学校的高一学生进行调查显示：不同学业类型学生对于元素化合物知识的掌握存有明显差异。基于此本节提出以下教学对策与建议：无论学生基础如何，教师都应当引导学生分析知识背后的本质原理；教师应当意识到不同类型学生的个性差异和不同的学习需求；在教学过程中应当着重强调知识结构精致化，以利于学生化学知识的提取。

金属铝及其化合物是高中阶段学生化学学习中的重难点内容，不同学业水平的学生对此掌握程度有显著差别，课程标准指出："要关注学生的个性差异和不同的学习需求。"此新的教育理念蕴含着教师在课堂上不能按照统一的标准要求每一位学生，而应使优生的优势得到进一步发展，学习上有困难的学生又能得到及时的补救，使每个学生的才能都得到充分的发展。学生个体的心理、生理上的差异，对学生的接受能力影响较大，为使一些学困生感受到课堂学习中有一种"心理安全"和"心理自由"，促进其主动地学习，教师在课堂教学中应积极营造一个有利于学生生动活泼、主动发展的学习环境。①

因此笔者针对不同学业水平的高中学生，进行问卷测试，通过分析结果，试图寻找相关对策，以关注到学生的不同学习需求。

一、研究方法

(一) 被试

本研究对来自北京市区级示范性学校的高一学生进行调查研究，发放问卷180份，回收有效问卷共158份，有效回收率为87.8%。根据被试化学统测成绩高低，分为三组：优(成绩排名前27%，共43名)，中(成绩排名中间46%，共72名)，差(成绩排名后27%，共43名)。

(二)研究工具

(1)测试题。根据知识的不同考查程度编制《铝及其化合物的性质》测试题，该测试题分为化学知识基础(方程式的书写)、化学知识应用(实验推断题及实际应用问题)、化学知识结构创新(表达金属铝及其化合物的知识结构)三类题目，

① 莫国炜，陈伯剑．中学化学教学与因材施教[J]．广西师范学院学报(自然科学版)，2002(12)：102－105.

考查不同学业水平的高一学生在金属铝及其化合物的学习中，对知识的掌握梳理的差异。该测试题效度主要通过专家诊断和预测来保证，调查信度则依赖于回答问题的内部一致性来检验。结果表明均有较好的效度和信度，能考查出学生的真实水平。

(2)半结构性访谈。本研究还对 10 名学生以及 5 名教师进行了深度的半结构性访谈。主要是学生、教师从不同的角度来看待理想和现实中的师生关系，访谈内容为本研究提供了大量的实证素材。

(三)数据分析

本研究使用了 SPSS 18.0 和 Origin7.0 等统计绘图软件对数据进行分析。

二、结果与分析

(一) 化学知识基础

试题：请写出铝、氧化铝、氢氧化铝分别于氢氧化钠溶液反应的方程式。

由表 3-3 可以看出，学业成绩优、中、差三类学生在基础的化学方程式方面掌握程度差异明显。每个方程式都是优生正确率最高，差生最低。总的正确率差异更是显而易见，分别为 90%、68%、50%。

表 3-3　不同类型学生在化学方程式书写方面的差异

写出方程式	正确率		
	优	中	差
铝和氢氧化钠溶液 $2Al+2NaOH+2H_2O = 2NaAlO_2+3H_2\uparrow$	92%	82%	55%
氧化铝和氢氧化钠溶液 $Al_2O_3+2NaOH = 2NaAlO_2+H_2O$	100%	94%	90%
氢氧化铝和氢氧化钠溶液 $Al(OH)_3+NaOH = NaAlO_2+2H_2O$	96%	91%	80%
三个方程式全部正确	90%	68%	50%

小结论 1：具体对于优生而言。在化学方程式书写过程中，错误的主要原因在于配平问题，约占错误总人数的一半。从结果可以发现，优生总体对反应的原理掌握程度很高，比如，在金属铝与氢氧化钠的反应方程式中，有同学将其写成如下形式：$2Al+2NaOH+6H_2O = 2NaAlO_2+3H_2\uparrow+4H_2O$，表达出了铝与氢氧化钠反应的实质，而学业成绩为中或差的学生则较少。事实上，两性金属铝，易溶于强碱中，原理如下：$2Al+2OH^-+6H_2O = 2[Al(OH)_4]^-+3H_2\uparrow$。

小结论 2：具体对于中等生而言。错题归因如下：反应原理不明约占 50%，例如氧化铝和氢氧化钠溶液的反应方程式中，有同学将其产物 H_2O，写成 H_2；还有配平问题约占 25%；另有约 25%的学生将基本化学物质书写错误，如将 $NaAlO_2$ 写成 $NaAlO_3$。

小结论 3：具体对于差生而言。出错原因主要是：(1)无中生有，胡乱加入产物；例如 $2Al+3NaOH=\!=\!=Al(OH)_3\downarrow+3Na$；(2)随心所欲，即不考虑反应本质，凭感觉写，把 H_2 写成 H_2O，把 H_2O 写成 H_2 等；(3)粗心大意，方程式正确但没有配平意识等。

(二)化学知识应用

试题：利用所学的化学知识，进行实验推断。具体如下：

混合物 A，含有 $KAl(SO_4)_2$、Al_2O_3 和 Fe_2O_3，在一定条件下可实现如图 3-3 所示的物质之间的变化。据此回答下列问题：

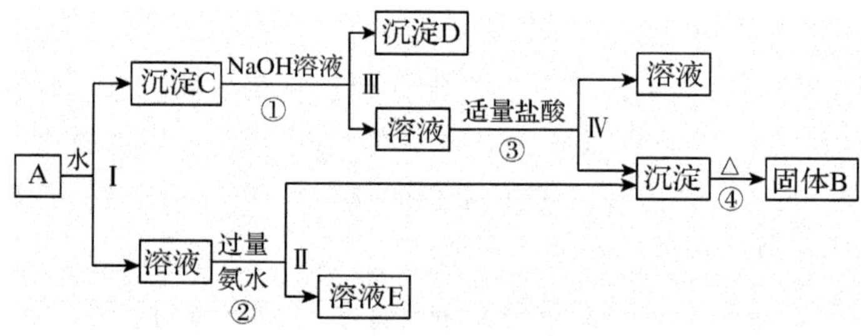

图 3-3 各物质之间的反应关系

(1)根据上述框图反应关系，写出下列 B、D、E 所含物质的化学式；

(2)写出①、②、④三个反应的离子方程式，不是离子反应的写出其化学方程式。

表 3-4 不同类型学生在实验推断方面的差异

填空(答案)		正确率		
		优	中	差
B. Al_2O_3		100%	91%	91%
D. Fe_2O_3		52%	41%	68%
E.	$(NH_4)_2SO_4$	35%	24%	18%
	K_2SO_4	35%	15%	23%
	$NH_3\cdot H_2O$	70%	47%	27%
①$Al_2O_3+2OH^-=\!=\!=2AlO_2^-+H_2O$		70%	82%	50%
②$Al^{3+}+3NH_3\cdot H_2O=\!=\!=Al(OH)_3\downarrow+3NH_4^+$		26%	29%	18%
④$2Al(OH)_3\xlongequal{\triangle}Al_2O_3+3H_2O$		87%	88%	64%
方程式及离子方程式全部正确率		22%	21%	9%

学业成绩优、中、差三类学生在化学知识应用方面的掌握程度差异明显，每题几乎都是优等生正确率最高，但是在个别中等难度的问题中可以发现中等生的正确率略高于优等生。成绩越优者，空白率越低，学业差者往往有着极高的空白率。由此可以看出很多平时成绩不优异的学生有畏难情绪，教师应当多给予学业成绩差的学生更多信心，让他们更有尝试的勇气。

另外②$Al^{3+}+3NH_3\cdot H_2O=Al(OH)_3\downarrow+3NH_4^+$是学生正确率最低的方程式，应当是教师需要特别注意的离子方程式书写。有部分学生将产物$Al(OH)_3$写成AlO_2^-，表明要强调Al^{3+}与过量强碱与过量弱碱反应的差异。拉曼光谱证实在PH>13时，有以四面体形式配位的$[Al(OH)_4]^-$离子存在。铝酸盐水解使水溶液呈弱碱性，水解反应如下[①]：

$$[Al(OH)_4]^-=Al(OH)_3+OH^-$$

小结论1：具体对于优生而言。学业成绩优的学生全部都能推出B为Al_2O_3，而在相对难一些的物质E的推理中，正确率明显高于中、差等学生。由此可以看出优等生对化学知识的应用更有系统性思维，与差等生在此有较为明显的差异性。正确写出D为Fe_2O_3的为52%，其中错误的答案中，大部分错填成了$Fe(OH)_3$，认为Fe_2O_3也是两性的。可以说明很多学业成绩为优的同学在金属铝及其化合物学习初期对两性金属氧化物的概念也存有定义不明的情况，对两性氢氧化物要着重探讨。关于物质E的推断中，61%的学生漏填，只是写出了K_2SO_4和$(NH_4)_2SO_4$以及$NH_3\cdot H_2O$三种物质中的两种，主要是遗漏了K_2SO_4或$(NH_4)_2$－SO_4，遗漏的主要原因是$KAl(SO_4)_2$的电离方程式掌握不清。

优生书写①的离子方程式正确率为70%，其中错误的学生中超过2/3是由于未将反应方程式改写成离子形式。书写②的离子方程正确率仅为26%，约40%的学生没有看清题目，写成了化学反应方程式，另有20%的学生没有书写、空白；其他错误的原因主要是离子方程式的书写。正确写出④的离子方程式的为87%，其中最大的错误原因为方程式书写错误，例如忘记加热符号等，不够细心。

小结论2：具体对于中等生而言。学业成绩中的学生在间接考查知识这道题目中，推断物质B有错误的学生，有填写了$Fe(OH)_3$和$Al(OH)_3$的答案，同样是对Al_2O_3为两性氧化物的概念不清，对比优等生，理解稍弱。推断物质E错误的答案中，30%为漏填，25%为空白，其余为书写错误，例如写出KNH_4SO_4等错误物质。

---

① 北京师范大学无机化学教研室，等．无机化学(下册)[M]．4版．北京：高等教育出版社，2009：672.

学业成绩中的学生在后面的写出离子反应式的题目中，书写①的离子方程式的主要的错误原因为空白和推断错误。书写②的离子方程式中最大的错误原因为离子方程式的书写占 30%。书写④的方程式出现的错误多为忘记配平或者忘记反应条件，同时也有空白同学。

小结论 3：具体对于差生而言。学业成绩差的学生在间接考查知识这道题目中，推断物质 B 错误的答案中，出现了 Al 这样不合逻辑的答案。物质 D 的错误推断中，80%都填写了 $Fe(OH)_3$，其余为空白。没有正确写出 E 的同学，40%为漏填，15%为空白，其余为书写错误。

学业成绩差的学生在后面的写出离子反应式的题目中，书写①的离子方程式主要的错误原因为空白和离子反应方程式书写错误。书写②的离子方程式中最大的错误原因为空白，占 40%，其余为离子方程式的书写错误例如写出 $AI^{3+}+NH_3\cdot H_2O \xlongequal{} AlO_2^{+}+NH_4^{+}$ 这样的答案，感受到对 AI^{3+} 与碱反应不同条件不同产物掌握不够熟悉。书写④的方程式的错误答案中主要为方程式书写错误，除空白选项问题外，还出现写错行、写其他离子反应等现象。

试题：将所学的化学知识，运用到生活中的问题解决。具体如下：

一个铝制易拉罐中充满 CO_2，然后往罐中注入足量的 NaOH 溶液，立即用胶布严封罐口，不多会儿听到罐内“咔、咔”作响，发现易拉罐变瘪，再过一会儿易拉罐又鼓起来。

(1)回答易拉罐变瘪的原因，并写出反应的离子方程式；

(2)回答易拉罐又鼓起来的原因，并写出反应的离子方程。

由表 3-5 可以看出，学业成绩优、中、差三类学生在运用到生活方面，正确率方面优、中等学生差异不显著，但是与差等生之间掌握程度差异明显。在错题原因分析中，可以看到优、中、差三类学生差异显著。优等生几乎都能正确写出易拉罐两次变化的原因，主要错题原因为方程式配平问题，而中等生则夹杂一些方程式原理错误，而差等生会出现例如 $2Al+3H_2O=Al_2O_3+3H_2\uparrow$ 这样自己想出的方程式来，只有一半的学生可以写出易拉罐又鼓出来的原因，很多学生认为是 CO_2 气体。

表 3-5　不同类型学生在生活中问题解决方面的差异

说明原因及书写离子方程式(答案)	正确率		
	优	中	差
回答易拉罐变瘪的原因：NaOH 溶液吸收 CO_2，罐内压强减小，外界气压将易拉罐压瘪	100%	97%	95%

续表

说明原因及书写离子方程式(答案)	正确率		
	优	中	差
写出反应的离子方程式 CO_2+2OH^- ══ $CO_3^{2-}+H_2O$	87%	88%	73%
回答易拉罐又鼓起来的原因 Al 表面氧化膜溶解后，Al 与 NaOH 溶液反应产生 H_2	78%	76%	50%
写出反应的离子方程 $2Al+2OH^-+2H_2O$ ══ $2AlO_2^-+3H_2\uparrow$	70%	74%	50%
全部正确率	61%	62%	41%

小结论：具体对于优生而言。学业成绩优的学生对易拉罐发生变化的原因分析基本正确，错题原因大部分为方程式配平等，对化学知识的实际应用较好；具体对于中等生而言，学业成绩中的学生基本可以判断易拉罐变化原因，在对化学知识的实际方面与优等生差距不大；具体对于差生而言，学业成绩差的学生在对化学知识的实际方面与优、中等学生差距较大，离子方程式仍然是需要加强的重点。

(三)化学知识结构创新

试题：请表达出铝及其化合物之间的结构关系，并阐述理由，形式自由(可以用文字、图表、表格、图画、漫画等)。

考查发现，铝的结构图大部分雷同，基本为三角形或者正方形，经调查与老师板书或者参考书图形几乎一致。总体学生化学知识结构可分为混乱型、框架性、具体型和创新型四种类型，类型的差异与学业成绩之间有显著关联。为促进学生良好知识结构的形成，教师在教学过程中应激发学生的兴趣，培养学习的主动性；鼓励学生思考知识之间的关系及本质，培养知识的结构意识；鼓励学生对化学知识的个性化表达，培养学生的创造性。①

小结论 1：具体对于优生而言。学业成绩优的学生此题中，思路清晰，鲜有错误，偶尔有创新，某优等生画出铝及其化合物性质的结构图如图 3-4 所示。

案例中的学生是一名化学成绩非常优异的学生。他不满足教师在课堂上给他们呈现的所谓“铝三角”结构图，因而画出了自己个性化的图例。该图与教师所授的“铝三角”截然不同，体现了更丰富的知识体系。尤其难能可贵的是图中纳入了

① 吴晗清，宋嫣然，李国超．化学知识结构与学业成绩关联的实证研究[J]．中国教育学刊，2014(3)：67—70.

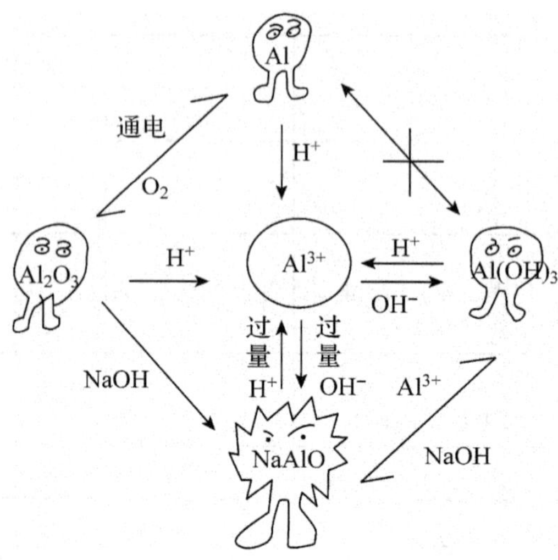

图 3-4　某优等生画出铝及其化合物性质的结构图

AlO_2^- 和 Al^{3+} 之间的复杂转化，以及 AlO_2^- 和 Al^{3+} 的双水解反应，让人耳目一新，体现了良好的创新意识和能力。

小结论 2：具体对于中等生而言。学业成绩中等的学生在此题目中，思路较为清晰，创新较少，但是具体写出反应方程式的比例较高。在访谈中了解到，大多是课上老师或课外书学习过的结构关系图。

小结论 3：具体对于差生而言。学业成绩差的学生在此题目中，空白较多，细节雷同较多，基础错误较多，鲜有具体写出反应方程式的同学。

三、教学对策与建议

(一)化学知识背后的原理很重要，无论学生基础如何，教师都应当教会学生分析知识背后的本质

由化学知识基础(方程式的书写)数据可以看出，优等生对知识背后的本质把握更牢，对反应的原理掌握程度很高，因此方程式书写时正确率高，错误原因也多为配平等原因。教师均需要给予学生知识背后的本质，不然学生在遇到应用问题时，无法进行深入分析。对于差生而言，教师教授时往往要求学生死记硬背方程式，对背后理解则认为没有必要。访谈学业成绩较差的学生中，有学生提到："老师很负责任，常常叫我课间默方程式，也想知道为什么这么写。但是都没背会，老师说先背下来再理解。"这样的要求就导致学生方程式只要没背会，就只能无中生有，不考虑反应本质，凭感觉，胡乱加入产物。写出 $2Al+3NaOH=Al(OH)_3\downarrow+3Na$ 这样荒诞的方程式。

因此教师应当针对差异，分层分类教学，对症下药。教学生如何学习，无论是何种基础的学生，都应当把知识背后的本质教授给学生，不应该因为学生的学业水平不同，对知识本质掌握的要求就有所降低，对于差生来说，掌握知识本质同样甚至更重要，有可能还激发其学习兴趣。化学知识结构创新(表达金属铝及其化合物的知识结构)三类题目，考查不同学业水平的高一学生在金属铝及其化合物的学习中，对知识的掌握梳理的差异。

(二)教师应当关注不同类型学生的个性差异和不同的学习需求，因材施教

从化学知识应用(实验推断题及实际应用问题)数据分析得出，学生在知识应用的过程中，优生主要是粗心，题目没有看清楚，比如写离子方式却写成了化学反应方程式，教师应当多培养其良好的学习习惯，在细节上严格要求。中等生主要是离子方程式书写本身错误，教师应当适度对其知识结构进行梳理调整。差生在前面基本的物质推断方面就有许多错误，导致后面离子方程式胡乱书写、无中生有等诸多错误，例如 $Al^{3+}+NH_3 \cdot H_2O=AlO_2^{+}+NH_4^{+}$ 这样的答案，而且空白率很高，教师应当从基础知识抓起，多鼓励学生大胆尝试。

因此，不同类型的学生即使正确率相似，但是错题原因差距较大，教师应当根据不同类型学生，给予不同的侧重点进行学业指导。

(三)教师在教学过程中应当着重强调知识结构精致化，以利于学生化学知识的提取

优等生基础较好，知识结构较为清晰，教师需要多培养其创新以及自我归纳的意识。中等生基础稍弱，教师需要巩固其知识的同时，多启发学生大胆思考。对于差等生，教师需要多启发其兴趣，基础知识要抓牢，鼓励其多尝试，有自信。

良好的知识结构，有利于信息的捕捉、摄取与重组，是创造性思维的信息基础。知识结构化程度是水平高低的重要体现之一。因此在教学中引导学生形成自己个性化的知识结构体系，十分必要。

第三节 “催化剂”认知困境与教学对策

催化剂是化学教学中非常重要的概念，然而学生存在深度的认知困境。对北京市示范高中的174名高二学生的研究表明：大部分学生知道催化剂参加了化学反应，但是不能用相关理论做出解释，大部分对催化反应的实例掌握量少而且没有分类思想，仅有15.5%的学生能够粗略地描述催化原理。基于此，本节指出在教学中要善于运用相关的理论解释催化剂如何参与化学反应、改变了反应历程、加快反应速率但是不能改变化学平衡，而且指出催化剂对加速化学反应具有高度选择性。最后从不同的角度对催化剂的实际应用进行归类，引起学生对催化剂的关注。

一、催化剂教学及相关研究

(一)课标与教材

催化剂是化学教学中非常重要的概念。它的应用非常广泛，有着极其重要的实践价值。许多反应如果没有催化剂，往往难以发生，尤其是石油化工、医药等重要的领域。然而教学实践中学生对催化剂的认识一直停留在了解层面，导致他们对于催化剂的理解存在偏差，教师很少解析催化剂催化的原理。新课标在《化学 2》“化学反应与能量”主题中“催化剂”的内容标准是，通过实验认识化学反应速率，了解控制反应条件在生产和科学研究中的作用。在选修 4《化学反应原理》“化学反应速率与化学平衡”主题中“催化剂”的内容标准是，知道活化能的含义及其对化学反应速率的影响；通过实验探究温度、浓度、压强、催化剂对化学反应速率的影响，认识其一般规律；通过催化剂实际应用的事例，认识其在生产生活和科学研究领域中的重大作用；通过实验探究温度、浓度、压强对化学反应速率的影响，并能用相关理论记忆解释。

现行的化学高中教材有人教版、鲁科版和苏教版，三个版本的教材虽然在编写理念和呈现方式上各具特色，但是其核心内容与新课标一脉相承。三个版本对催化剂的介绍突出化学反应研究的不同视角，有助于学生建立合理的认知结构。人教版呈现了 3 个实验和 4 个科学探究实验得出催化剂对反应速率的影响，简单运用碰撞理论解释催化剂的作用，并未提及过渡态理论；鲁科版则主要通过提供的 5 组表格数据和 2 个图示结合基元反应、反应速率常数、活化能等形成对化学反应速率的定量认识，运用碰撞理论和过渡态理论对催化剂对反应速率的影响进行更加科学的解释；苏教版主要通过 3 个定性的对比实验形成结论，结合碰撞理论和过渡态理论进行简单解释①。

通过充分解读课程标准和教材，笔者认为不同阶段“催化剂”的含义不同，不同模块的深广度也不同。必修模块对催化剂的教学要求是，从定性的角度认识到化学反应速率有快慢之分，知道催化剂对化学反应速率有影响，能够举出生产生活中催化剂影响化学反应速率的实例。而选修模块则在必修的基础上研究化学反应速率的定量表达，能够解释活化能的含义，并定性了解活化能的高低与反应速率大小的关系，在知道催化剂能改变化学反应速率的基础上解释催化剂及其影响反应速率的基本原理，知道催化剂具有选择性，而且结合三本教材对催化剂内容

① 中华人民共和国教育部．普通高中化学课程标准(实验)[M]．北京：人民教育出版社，2003.

的处理，笔者认为教师可以站在更高的学科基础的背景下，凸显反应机理研究，即要求学生能够较为全面地了解催化剂的原理、特征和应用。为了澄清学生在催化剂学习中的迷思概念，教师更加有必要了解催化剂的催化原理，为学生在陌生情境中选择催化剂提供理论依据，灵活地解决各种相关问题。

（二）相关研究

在知网上以“催化剂”为关键词检索文章，匹配的大都是高效催化剂的选择与应用和新型催化剂的研究进展，详细介绍简单催化剂的反应机埋和相关内容的文章较少。其研究主要有以下三个方面：

一是从物相的角度将反应分类，不同类型的反应选择不同的催化剂。物相有均相和多相两种，均相催化作用机理是催化剂先和反应物作用形成中间化合物，然后由中间化合物转化为产物，这里催化剂的作用是改变了原来反应的历程，降低了反应的活化能。而多相催化的一般机理是反应物分子被吸附在固体催化剂表面而离解，从而使反应活性大大提高，活化能降低，反应速度大大加快[①]。

二是在均相和多相反应的基础上进一步细分反应类型。这类研究没有一个统一的完整理论，很多都处在半经验状态，这些研究会集中阐释某一两种反应机理，并举例说明。比如均相催化中很普遍的酸碱催化被解释为经过离子型的中间物即经过正碳离子和负碳离子而进行，而另一种均相反应中的络合催化是通过金属原子或离子的活性中心同反应分子的不饱和基团形成所谓的 $\delta\pi$ 配键，使不饱和基团 π 电子云部分的转移到金属上（形成 π 键）然后再通过电子反馈使金属上的电子云转移到不饱和基团的反键 π^* 轨道上，从而达到了激发活化的目的[②]。

三是从电子流动的角度解释催化剂在有机反应中的作用。分析和总结了催化剂催化有机化学反应的 4 种基本方式，包括建立电子流动通道、改变电子流动属性、加强电子流动能力和稳定电子流动结果。避开了轨道和键等方面的知识，用电子的流动形象地说明了催化剂作用的方式，较前一种解释更有利于学生的理解[③]。

（三）教学误区与命题趋势

催化作用是中学化学教学的一个重难点，高中新课程中增加了催化效果比较的内容，这一内容也逐渐成为近年来高考试题热点。比如近些年出现的试题有通过实验比较催化效果；探究影响催化效果的因素，包括催化剂的性质、用量及外界环境；通过图像来判断催化效果，等等。我们发现，高考有关催化剂的内容已

① 何艳．催化剂作用下的催化反应机理[J]．长春师范学院学报，2005(2)：39—40.

② 武克瑞．催化剂与催化作用(下)[J]．中学化学教学参考，1979(1)：1—22.

③ 王文峰，袁耀锋．从电子流动观点看催化剂在有机反应中的作用[J]．大学化学，2016(6)：62—66.

经由简单的概念判断转变为实验设计、数据分析、图像分析与绘制等综合考查方式，这就要求学生全面认识催化作用，知道催化剂如何参与反应改变反应历程从而改变化学反应速率。在实际教学中，教师对于催化剂的教学只是泛泛而谈，没有深入到机理层面，导致学生一知半解，在处理这种新型问题时难免棘手。因此在日常的教学中渗透催化原理方面的知识，不仅必要而且十分紧迫。

二、学生催化剂认知的实证研究

(一)研究对象与研究工具

本研究对北京市某示范高中的195名高二已学完《化学反应原理》的学生进行了测试，发放问卷195份，收回有效试卷174份，有效率为89.2%。本研究采用自编问卷，问卷由体现对催化剂认识的三个维度构成：

原理部分——你认为催化剂是怎样影响化学反应速率的？什么是活化能，活化能对化学反应速率有何影响？请你用碰撞理论和过渡态理论解释催化作用。

特征部分——请你写出催化剂的特点。催化剂能不能改变化学平衡？请解释原因；一种催化剂能应用于多种化学反应吗？请说明理由。

应用部分——催化剂与人类生产生活十分密切，你能举出哪些不同用途的催化剂？

问卷效度主要通过专家诊断和预测来保证，信度则依赖于回答问题的内部一致性来检验。

(二) 研究结论

总体而言，催化剂对于学生来说是一个熟悉的陌生概念。所有学生都能或多或少地写出“催化剂加快反应速率”“反应前后质量和性质不会改变”“催化剂降低反应活化能”等催化剂相关的性质和特点。但是绝大部分学生不知道催化剂怎样参与化学反应过程，仅能写出在反应中只会增加反应速率最后“功成身退”。这里学生普遍存在一个迷思概念，可能他们根本就不会去思考为什么催化剂有此特点，只是背诵其概念而已。在特征认识部分，学生能够回答催化剂具有专一性和不改变化学平衡，但是有一半以上的学生不能清楚地说明理由。而且，在催化剂的应用方面，学生能举出的例子也比较贫乏，说明他们对催化剂的应用了解甚少，没有建立起对催化剂的简单认识。

1. 催化反应的机理分析：仅有少数学生能够写出基本的催化原理

催化剂的反应机理涉及催化剂在化学反应中的反应历程，内容比较复杂。但是笔者预设部分学生能写出催化剂“可以提供反应场所”和“参加反应生成中间物最后又能生成”等作用机理，但是绝大部分学生都在这道题上无从下手，只是把催化剂的特点(比如降低活化能，加快反应速率等)当作催化反应的机理，说明很多人都不明白催化剂到底因为什么能加快反应速率。不过还是有12.1%的学生提到了催化剂和反应物先“生成中间物质”，还有3.4%的学生提到了反应物依附在催化剂表面，从而催化剂的作用就是提供了一个反应场所。没有一个学生同时回答出两种作用机理，可以看出他们中的少数人对催化剂有所了解，但是大部分人还是一知半解。碰撞理论和过渡态理论是用于解释催化作用的两个理论，有80%的同学能大致描述碰撞理论的含义，并能与催化剂联系，但是只有12%的学生能写出过渡态理论，他们对过渡态理论还是比较陌生，并没有过多的催化原理中的基本认识。

2. 催化剂特点的认识：大部分学生对催化剂特点的描述还停留在初中阶段，对催化剂选择性和不影响化学反应平衡的解释比较笼统

关于催化剂的特点。每个学生的答案都各不相同，答题随意，没有体现出对催化剂认识的提升，大多数的同学答案的要点都是教材上的概念，这说明学生们对于催化剂的认识基本上来源于课本概念，对外延知识的认识很少。学生在解释催化剂能否改变化学平衡的问题上，大部分学生都认为不能，可是并不能说明白不能的原因，这说明他们只是简单了解这一特性，至于为什么还不清楚。大部分学生知道催化剂有选择性(专一性)，只有8%的学生写“没有”或者没填，学生在解释催化剂的选择性时，基本上都没有涉及活化能或者活性中心这两条，他们有的认为催化剂能参与反应就表现出专一性，学生的答案是各种猜想，而且非常笼统和不准确，这说明这些学生不清楚何为“选择性”和选择性的原因所在。

出现这样的结果，笔者认为除了学生自身的因素外，教材和教学对迷思概念的形成也有一定的责任。目前中学教材中催化剂的概念，在不同学段、不同模块中都有表述(见表3-6)，可以发现催化剂相关的表述都大致相同，虽然选修四是反应原理的系统学习，但是这里的催化剂概念也只是引入了活化分子百分数，这种模糊的解释只会给学生带来错误的认识，而不利于学生正确概念的建构。因此，教材编写以及教学实践中我们都有必要厘清催化剂的概念、性质、作用机理等。

表3-6　教材中催化剂的相关表述

模块及教材	催化剂概念的相关陈述
人教版 九年级上册	在化学反应里能改变其他物质的化学反应速率，而本身的质量和化学性质在化学反应前后都没有改变的物质叫作催化剂。
人教版 必修二	它能极大地加快反应速率(可使化学反应速率增大几个到十几个数量级)，而它自身的组成、化学性质和质量在反应前后不发生变化。

续表

模块及教材	催化剂概念的相关陈述
人教版 选修四	由于催化剂能降低化学反应所需要的活化能，也就等于提高了活化分子的百分数，从而提高了有效碰撞的频率……理想的催化剂还具有大幅度提高主要产物在最终产物中比率的作用。

3. 学生对催化反应实例的掌握：量少而且没有分类思想

问卷的第三部分要求学生尽可能写出自己所知道的需要催化剂的化学反应，试图了解学生对于催化剂反应的认识程度。结果显示，几乎所有的学生都写了过氧化氢分解成氧气和水的反应，还有部分有机反应。有 40.0％的学生写出四个或四个以上的反应，有 40.0％的学生写出两个或三个反应，仅仅写出一个反应的占 20.0％。可见学生对已经学过的反应并不熟悉，首先是量少，其次是复杂的方程式少。另外，即使写出十几个方程式的学生，也是方程式的简单堆砌，想起什么就写什么，没有根据催化剂的应用分类的思想进行归类整理。

笔者根据教材模块，对中学教材中所涉及的催化剂反应进行了整理，而且还对其应用领域进行了分类(见表 3-7)，指出常见的催化剂可用于无机化学品的合成、合成气和氢气的制造、炼油和基本化学品的制造、石油化学品的生产、高分子化合物的加工、能量生产与污染控制等。

表 3-7　中学化学教学教材中涉及到催化剂的应用

无机化学品	合成氨 $N_2+H_2 \rightleftharpoons NH_3$ 制硫酸 $2SO_2+O_2 \rightleftharpoons 2SO_2$ 制硝酸 $4NH_3+5O_2 \rightleftharpoons 4NO+6H_2O$
合成气和氢气的制造	天然气的转化 $CH_4+H_2O \rightleftharpoons 3H_2+CO$ 水煤气的转换 $H_2O+CO \rightleftharpoons CO_2+H_2$
炼油和基本化学品的制造	$C_{16}H_{34} \xrightarrow{\text{催化剂}}$ (加热、加压) $C_8H_{18}+C_8H_{16}$ $C_{12}H_{22}O_{11}+H_2O \xrightarrow{\text{催化剂}} C_6H_{12}O_6+C_6H_{12}O_6$ $C_6H_6+HNO_3 \xrightarrow{H_2SO_4} C_6H_5NO_2+H_2O$ ……
石油化学品的生产	$C_6H_6+6H_2O \xrightarrow{Ni} C_6H_12$ CH_3（苯环）$+3HNO_3 \xrightarrow{H_2SO_4}$ O_2N—（CH_3 苯环）—NO_2，NO_2 $+3H_2O$

续表

石油化学品的生产	$CH_3CHO + H_2 \xrightarrow{催化剂} (加热) CH_3CH_2OH$ $C_6H_6 + Br_2 \xrightarrow{Fe 或 FeBr_3} C_6H_5Br + HBr$ $2CH_3CH_2OH + O_2 \xrightarrow{Cu} (加热) 2CH_3CHO + 2H_2O$ $CH_3CH_2OH + CH_3COOH \xrightarrow{浓硫酸} (加热) CH_3CH_2OOCCH_3 + H_2O$ $C_2H_2 + HCl \xrightarrow{催化剂} C_2H_3Cl$ $C_2H_5OH \xrightarrow{催化剂} CH_2{=}CH_2$ $3CH_3CH_2OH + O_2 \xrightarrow{Ag 或 Cu} (加热) CH_3CHO + 2H_2O$ $2CH_3CHO + O_2 \xrightarrow{催化剂} (加热) 2CH_3COOH$ $CH_3COOC_2H_3 + H_2O \xrightarrow{稀硫酸} (加热) CH_3COOH + C_2H_3OH$ ……
高分子化合物的加工	$nCH_2{=}CH_2 \xrightarrow{催化剂} -[-CH_2-CH_2-]_n-$
能量生产	催化剂作用于开发燃料电池
污染控制	汽车尾气处理 净化工业尾气

三、催化剂的相关理论分析与教学建议

催化剂在化学反应方程式中虽然既不是反应物，也不是生成物，这似乎表明催化剂并不参与化学反应。其实它和反应物相互作用，在反应过程中，催化剂不断反应—再生，循环不已，而本身变化十分缓慢。催化剂的作用就在于"活化"反应分子，降低活化能，从而加快反应速率。根据近代表面分子催化理论，催化剂对反应物的"活化"，不管在多相中，还是在均相中，催化剂的作用原理都可以统一在"配位"这个概念中。催化剂的概念可以这样给出：催化剂是一种能够改变化学反应速率，却不改变化学反应热力学平衡位置，本身在化学反应中不被明显地消耗的化学物质。

（一）催化剂通过改变反应历程而改变反应速率，但是不能改变化学平衡

举例来说，N_2和H_2反应生成NH_3的反应，非催化过程中N_2和H_2分子解离$N+3H$的活化态需要克服1129kJ/mol的活化能垒，反应物分子难以具有足够的能量克服如此高的活化反应能垒而发生反应，因此在没有催化剂参与的情况下，反应难以进行。当加入铁催化剂时，吸附在催化剂表面的N_2分子只需克服31kJ/

mol 活化能垒，就可以解离为原子态 N，形成 N＋3H 活化吸附态只需 276kJ/mol。反应速率比非催化反应速率高 10^{60} 倍，因此能实现合成氨的工业生产。

因此，催化剂的作用是提供新的从能量上来说更有利的反应途径。对于一个可逆化学反应，反应进行到什么程度，即它的化学平衡位置是由热力学所决定的。$\Delta G^{\theta}=-RT\ln K_{p}$，化学平衡常数 K 的大小取决于产物与反应物的标准自由能之差 ΔG^{θ} 和反应温度 T。ΔG^{θ} 是状态函数，它决定于过程的始态和终态，而与过程无关。当反应体系确定，反应物和产物的种类、状态和反应温度一定时，反应的化学平衡位置即被确定，催化剂存在与否不影响 ΔG^{θ} 的数值，即 $\Delta G_{催}$ 与 $\Delta G_{非催}$ 相等。因此，催化作用只能加速一个热力学上允许的化学反应达到化学平衡状态。所以在判定某个反应是否需要采用催化剂时，首先要了解这个反应在热力学上是否允许。如果是可逆反应，就要了解反应进行的方向和深度，确定反应平衡常数的数值以及它与外界条件的关系。只有热力学允许，平衡常数较大的反应加入适当催化剂才是有意义的①。

（二）催化剂对加速化学反应具有选择性

催化剂并不是对热力学上允许的所有化学反应都能起催化作用，而是特别有效地加速平行反应或串联反应中的某一个反应，这种特定催化剂只能催化加速特定反应的性能，称为催化剂的选择性（专一性）。不同催化剂之所以能促使某一反应向特定产物方向进行，其原因是这种催化剂在多个可能同时进行的反应中，使生成特定产物的反应活化能降低程度远远大于其他反应活化能的变化，使反应容易向生成特定产物的方向进行。因此，催化某一特定反应产物具有选择性的主要原因是由于催化剂可以显著降低主反应的活化能，而副反应活化能降低则不明显。例如，以合成气（$CO+H_2$）为原料在热力学上可以沿着几个途径进行反应，但由于使用不同的催化剂进行反应，就会得到表 3-8 中的不同产物。除此之外，有些反应由于催化剂孔隙结构和颗粒大小不同也会引起扩散控制，导致选择性的变化②。

① 周建华．高考化学有关催化效果比较类试题的思考[J]．中学化学教学参考，2010(Z1)：57－59.

② 王桂茹．催化剂与催化作用[M]．3 版．大连：大连理工大学出版社，2007.

表 3-8　催化剂的选择性案例

反应物	催化剂	产物
$CO+H_2$	$Rh/Pt/SiO_2$	乙醇
	Cu—Zn—O，Zn—Cr—O	甲醇
	Rh 络合物	乙二醇
	Cu，Zn	二甲醚
	Ni	甲烷
	Co，Ni	合成汽油

(三)催化反应机理的分类探析

均相催化，即反应物、生成物和催化剂都是同一相态，可以是气相的也可以是液相的。如 NO 可以催化 $SO_2+O_2 \longrightarrow SO_3$ 的反应就是气态均相催化反应，酯类的水解必须加些酸作催化剂就是液态均相催化。催化剂之所以能加快反应速率是因为降低了活化能。对于均相催化，一般可用形成“中间活化络合物”来说明，其中最典型的是酸碱催化体系，均相酸碱催化一般以离子型机理进行，即酸碱催化剂与反应物作用生成正碳离子或负碳离子中间物种，这些中间物种与另一反应物作用(或本身分解)，生成产物并释放出催化剂，构成酸碱催化循环。在酸碱催化反应中，必须包含两个步骤：第一步，反应物接受质子，生成活化的中间物；第二步，中间化合物降放出质子生成产物，同时催化剂再生出来。

非均相催化中催化的主体是固态的过渡金属、金属氧化物和金属含氧酸盐，反应物则是气体或液体，催化剂和反应物的物态不同，所以催化过程是非均相的，也可说是多相催化。这类催化剂之所以能降低活化能，一般是用“吸附作用”来说明的。如 N_2O 气体分子分解为 N_2 和 1/2 O_2 的反应活化能是 250kJ/mol，当它被 Au 吸附后，由于 N_2O 的氧原子与金表面的 Au 原子成键形成中间产物，N_2O 在金粉表面催化分解时，活化能降为 120kJ/mol，分解反应就快得多。研究吸附性能是多相催化研究的重要课题之一。Au、Ag、Pt、Pd、Co、Ni 等过渡元素具有优良的催化性能，但它们都相当稀贵，而催化反应却只在表面进行，因此常选用硅胶、氧化铝等多孔物质作为载体，将具有催化活性的过渡金属浸渍于上，就能大大提高催化效率。

酶催化是生物体内普遍存在的催化反应。酶是蛋白质类化合物，从生物化学的角度看人体是一个极其复杂的酶催化体系。每一种酶能催化一种反应。被酶催化的那些物质叫底物，当底物与酶的活性基团处于一定的相应空间位置时，两者形成中间化合物，反应历程的改变，降低了活化能，加快了反应速率。

碰撞理论和过渡态理论是科学家在不同时期对化学反应速率的研究成果。过渡态理论建立于20世纪初，主要适用于气体双分子反应。主要论点有：反应物分子必须相互碰撞才有可能发生反应，反应速率的快慢与单位时间内碰撞分子数成正比；只有能量足够、方位适宜的分子对碰撞才是有效碰撞。碰撞理论比较直观，但仅限于气体双分子反应，把分子当作刚性球体，而忽略了其内部结构。过渡态理论于20世纪30年代提出，认为反应物在相互接近时要经过一个中间过渡状态，即形成一种活化络合物，然后再转为产物。过渡态和始态的位能差就是活化能，或者说活化络合物具有的最低能量与反应物分子最低能量之差为活化能。

(四)催化剂的应用

催化剂的应用也非常广泛，与人们的衣食住行息息相关。在今天这个化学世界里，由工业提供的化学产品有85%是借助催化剂生产的。没有催化剂，人们所需的生活材料便十分贫乏。催化剂的发现大大丰富了人们的生活，比如高效聚合催化剂的问世将人们带入高分子时代，生活中，高分子成为我们最亲密的朋友，我们从头到脚都穿上了化纤织物；我们买食品用的塑料袋，农用地膜带给人们巨大的便利；我们的家庭住房的建筑材料、家具装饰也普遍应用高分子材料；还有合成橡胶和纤维的应用，我们才能制造出长期高速运转的轮胎；而且石油催化剂的开发更是使汽车获得了高辛烷值汽油。在工业方面，复合塑料轴承、齿轮、塑料管道、橡胶壳体等更是不胜枚举。在航天和医学方面，宇宙飞船的壳体、宇航员的衣靴；人造皮、人造血管、心脏、人工肺等都需用高分子复合材料。在环境保护方面，用于汽车尾气处理的催化剂更是提高了反应的选择性，减少了副产物的产生。

催化剂影响人类生活的方方面面，除了以上的例子，它还在国防建设、农业的发展、能源和资源的合理开发与应用等方面都有巨大作用。现代化的实现需要现代化学工业的快速发展，而催化剂也是关键的环节，因此作为教育工作者应该引起对催化剂的重视，为这一领域培养更多的后备人才。

第四节　原子结构示意图的教学研究

原子结构示意图是表示原子核电荷数和电子层排布关系的图示形式，然而它到底“示意”了什么、“误导”了什么？对北京市示范性高中225名高一学生的研究发现，由于对原子结构示意图“形象”的望文生义，2/3左右的学生不能全面地认识原子结构示意图的意义，绝大部分学生不能正确认识电子的运动状态，但是还是有大部分学生对此深入学习有兴趣。基于此，本节指出在教学中要结合化学史让学生认识到原子结构理论的不断发展，构建学生“宏观—符号—微观”三重表征的内在一致性，以及要以量子力学的动态认知摒弃经典力学的机械图景，从而构建原子结构的正确认知。

原子结构示意图是表示原子核电荷数和电子层排布关系的图示形式。小圈和圈内的数字表示原子核和核内质子数(电荷数)，弧线表示电子层，弧线上的数字表示该层的电子数。学生最开始接触原子结构示意图的相关内容是在初三学习《原子的结构》的时候①，在这个阶段，学生知道原子结构示意图的基本含义，并在后续更深入的学习中，继续巩固学习原子结构示意图。原子结构示意图和原子结构相关知识密不可分。对于原子结构的相关内容，在现行《高中化学》必修 2 第一章《物质结构 元素周期律》②、选修 3《物质结构与性质》模块③，本科的无机化学、结构化学等模块中会对其进行深入探讨，当然在物理、生物等相关学科中也有渗透。

不过，这一知识点不同阶段的关键区别在于，深入学习原子结构后学生会更多地使用一种新的方式——电子排布式，来表示原子核外电子的排布。那么，表述原子微观结构的两种表达方式之间的相同点是什么，不同点又包含哪些？针对这些异同点，在教学中我们又应该如何处理，从而使得学生顺利进阶，是亟须解决的问题。本节将从原子结构发展史、原子结构特点和学生的认识特点等方面着手，分析问题的症结所在，提出相应的教学策略以帮助学生更加主动和牢固地掌握该部分的知识内容。

一、原子结构研究发展简史

(一)古希腊哲学时期

原子论的创始人是古希腊人留基伯(Leucippus，公元前 500—约公元前 440)，其学说是由他的学生德谟克利特(Demokritos，约公元前 460—公元前 370)发展和完善的。德谟克利特认为，万物的本原或根本元素是“原子”和“虚空”。德谟克利特用这一概念来指称构成具体事物的最基本的物质微粒。“原子”第一次出现，其含义是“不可分割”的意思。

(二)经典力学时期

经过两千余年的探索，后来许多科学家针对原子结构提出了自己的学说理论，代表如下：1803 年，英国科学家道尔顿(J. Dalton，1766—1844)将古希腊思辨的原子论改造成定量的理论，总结了一些元素化合时的质量比例关系，提出了原子学说以及世界上第一个原子的理论模型，认为所有物质都是由非常微小的、

① 王晶，郑长龙．义务教育教科书化学(九年级上册)[M]．北京：人民教育出版社，2013.

② 宋心琦．普通高中课程标准实验教科书・化学必修 2[M]．北京：人民教育出版社，2007.

③ 宋心琦．普通高中课程标准实验教科书・化学选修 3[M]．北京：人民教育出版社，2009.

不可再分的物质微粒即原子组成；同种元素的原子的各种性质和质量都相同，不同元素的原子主要表现为质量的不同；原子是微小的、不可再分的实心球体；原子是参加化学变化的最小单位，在化学反应中，原子仅仅是重新排列，而不会被创造或者消失。

1897 年，汤姆生(J. J. Thomson，1856—1940)发现原子中存在电子，并用实验方法测出电子的质量不及氢原子质量的千分之一(后进一步确定为氢原子质量的 1/1836)。电子的发现使人们对原子结构的认识进入新的阶段，认识到原子是由更小的微粒构成的。1904 年，汤姆生在发现电子的基础上提出葡萄干布丁模型(枣糕模型)。认为正电荷像流体一样均匀分布在原子中，电子就像葡萄干一样散布在正电荷中，它们的负电荷与那些正电荷相互抵消；在受到激发时，电子会离开原子，产生阴极射线。同年，日本物理学家长岗半太郎(Nagaoka Hantaro，1865—1950)提出“土星型原子模型”，认为电子并不是均匀分布，而是集中分布在原子核外围的一个固定轨道上 。

1911 年，卢瑟福(E. Rutherford，1871—1937)以经典电磁学为基础，通过 α 粒子散射实验提出行星模型，认为原子的大部分体积是空的；在原子的中心有一个体积很小、密度极大的原子核；原子的全部正电荷在原子核内，且几乎全部质量均集中在原子核内部。带负电的电子在核空间进行高速的绕核运动。①

(三)量子力学时期

1913 年，丹麦物理学家玻尔(N. Bohr，1885—1962)在研究氢原子光谱时，引入了量子论观点，提出了核外电子分层排布的原子结构模型——玻尔模型，认为原子中的电子在具有确定半径的圆周轨道上绕原子核运动，不辐射能量；在不同轨道上运动的电子具有不同的能量，且能量是量子化的，轨道能量值依 n(1，2，3，…)的增大而升高，n 称为量子数。而不同的轨道则分别被命名为 K(n=1)、L(n=2)、M(n=3)、N(n=4)、O(n=5)、P(n=6)、Q(n=7)；当且仅当电子从一个轨道跃迁到另一个轨道时，才会辐射或吸收能量。如果辐射或吸收的能量以光的形式表现并被记录下来，就形成了光谱。但由于该模型只能解释氢原子和类氢原子的结构和性质，这为核外电子在量子力学中进一步的深入研究开启了大门。

20 世纪 20 年代以来，物理学家德布罗意(Louis Victor，Duc de Broglie，1892—1987)、薛定谔(Erwin Schrödinger，1887—1961)和海森堡(Werner Karl Heisenberg，1901—1976)等人，经过 13 年的艰苦论证，在现代量子力学模型和玻尔原子模型的基础上提出了原子结构的现代量子力学模型，针对电子排布有以

① 张霄，马薇，吴晗清.“原子结构发现史”中科学要素剖析及教学反思[J]. 化学教学，2016(4)：33－36.

下观点：主量子数，主量子数决定不同的电子亚层，命名为K、L、M、N、O、P、Q。角量子数，角量子数决定不同的能级，符号“l”共 n 个值(1，2，3，…，$n-1$)，符号用s、p、d、f、g表示，对多电子原子来说，电子的运动状态与l有关。磁量子数，磁量子数决定不同能级的轨道，符号“m”(见下文“磁矩”)，仅在外加磁场时有用。“n”“l”“m”三个量确定一个原子的运动状态。自旋磁量子数处于同一轨道的电子有两种自旋，即“↑↓”自旋现象的实质还在探讨当中。综上而言，原子结构发展到今天，对于原子内部微观粒子的了解已经进入到量子力学，其运动已经不能用经典力学进行解释。[①]

二、学生原子结构示意图认知的实证研究

(一)研究对象

那么对于“原子结构示意图”，到底“示”了哪些意义？哪些意义没有“示”出来？在其与电子排布式的学习对比中，学生在学习时又会产生哪些疑惑？产生哪些错误认知呢？为了清楚这些问题，笔者对北京市示范性高中的240名高一学生进行了相关内容的问卷测查，收回有效测试卷225份，有效率为93.75%。

(二)研究工具

《义务教育化学课程标准(2011年版)》要求学生“知道原子是由原子核和核外电子构成的”[②]；《普通高中化学课程标准(实验)》在必修2阶段要求学生“了解原子核外电子的排布”[③]；在选修3阶段要求学生“了解原子核外电子的运动状态”以及“了解原子结构的构造原理，知道原子核外电子的能级分布，能用电子排布式表示常见元素(1～36号)原子核外电子的排布”[④]。从以上课程标准的内容可以看出，义务教育阶段要求学生掌握静态的原子结构即原子核和核外电子；普通高中阶段要求学生掌握原子核外电子的运动状态并能描述之。

两者之间差异的本质在于，要求学生的思维能力能从静态向动态流畅转换。在进行如此思维转换的过程中，学生对原子结构的静态理解(原子结构示意图)可能会阻碍其对原子核外电子正确运动状态(电子排布和能级分布)：最直观的就是通过s、p、d、f等轨道来表征核外电子的排布。s轨道是一个球形，p轨道是哑铃形(三个方向)；d轨道是花瓣形(5个方向)；f轨道是大花瓣形(7个方向)。相较于原子结构示意图，电子排布式更加深入具体地表示了电子状态。为了研究原

① 宋天佑．无机化学(上册)[M]．2版．北京：高等教育出版社，2009：113－143.

② 中华人民共和国教育部．义务教育化学课程标准(2011年版)[M]．北京：北京师范大学出版社，2012：24.

③ 中华人民共和国教育部．普通高中化学课程标准(实验)[M]．北京：人民教育出版社，2003：12.

④ 中华人民共和国教育部．普通高中化学课程标准(实验)[M]．北京：人民教育出版社，2003：20.

子结构示意图相关的迷思概念，以及迷思概念对学生后续学习电子排布式带来的困扰，而编制的测试题具体如下。

(1)什么是原子结构示意图，含有哪些意义？可画图举例说明。

(2)在原子结构示意图中，每层最多能容纳多少个电子(以前四层为例分别说明)，每层所容纳电子的数量有什么规律？

(3)核外电子是如何在原子中运动的？可画图说明。

(4)是否知道核外某一层中的多个电子如何在核外排布？

(5)是否有兴趣进行更深层次的关于原子内部结构与电子运动状态的学习，理由是什么？

(三) 研究结论

1. 学生对原子结构示意图的基本认知：2/3 左右的学生不能全面地认识到原子结构示意图的意义

学生不能对原子结构示意图的意义进行全面的阐述，而对诸如核电荷数、电子层数、电子数、某单一电子层上的电子的数目，这样一些通过示意图能够表达的信息，只有 27％的学生能够全部描述，其中达 11％的学生只能描述出其中一种信息的含义。

在示意图中，某一电子层最多能容纳多少个电子？每层最多所能容纳的电子数目及规律？这些数目又是如何确定的呢？在这一部分的内容中，将前四层中每层最多容纳的电子数书写正确的占 62.7％；正确写出核外电子层容纳电子数量规律的占 52.0％；但是，几乎没有同学能阐释清楚这些数目是如何确定的。分析学生问卷可以发现，很多书写错误的原因在于：(1)将最多容纳电子数理解为元素周期表中短周期元素的种类，如 2、8、8、18。(2)没有读懂题意，将“最外层不超过 8 个电子”应用到该题的回答中，导致出错。

2. 学生对原子核外电子运动的基本认知：绝大部分学生不能正确认识到电子的运动状态

关于核外电子是如何在原子内部运动的问题，大多数学生回答得模棱两可，不能完整表述，更多的是提到零碎的几个词语。因而采用关键词出现的次数进行统计分析，结果发现使用频率最高的词语是“不规则”累计占 52％，其次是“圆周运动”累计占 23％，“绕原子核”累计占 9％，“层内运动”累计占 7％，“电子云”累计占 6％以及“有规律”累计占 3％。

可以看出学生对核外电子的运动情况存在较多的错误认知，如“圆周运动”“有规律”等明显是由原子结构示意图的“形象”所带来的错误理解。学生认为核外电子就是在一个个轨道上均匀排布，在某一层内做着绕核的规则圆周运动。典型个案如，有同学会把圆弧扩大化为圆周，将电子全部填充进去进行圆周运动，更有甚者认为电子是在半个圆弧中运动。可见示意图对学生在原子结构方面会造成较大的困惑。

其实这是一种错误的认识，因为由经典电磁理论可知，绕核运动的电子既然在做变速运动，必将不断地以电磁波的形式辐射能量，最终会落在核上，且辐射频率等于电子绕核转动的频率。于是整个原子系统的能量就会不断减少，频率也将逐渐改变，所发光谱应是连续的。但是，这与原子线状光谱的实验事实不符。因此卢瑟福用经典理论构建的有核模型，在解释原子内电子的运动时遇到了不可克服的困难。

当继续追问“在同一层内的多个电子又是如何运动时”，同样以统计关键词的方式分析，得到的结果如下：“在特定的一层内运动”累计占 21.3%，“均匀围绕原子核运动”累计占 14.7%，有 13.3%的学生知道“电子在 s、p、d 轨道的运动状态”，“圆弧状运动”累计占 2.7%。在这里，“均匀围绕原子核运动”“圆弧状运动”等明显是错误的，其根源也是从原子结构示意图的“形象”望文生义而来。这对于后续学习产生了较严重的误导，这种情形的出现也反映了教师在教学时没有将这部分知识的进阶在课堂上给学生做一定的解释说明，甚至访谈时发现教师自身对于原子的微观结构、电子的运动与排布的认识都是存在偏差的。

3. 学生对深入学习原子结构的兴趣：大部分学生对此感兴趣

测试的最后部分，是一个开放性的问题，询问学生对原子微观结构与电子运动的学习兴趣以及原因。比较乐观的是，有 72%的学生对于这一部分内容感兴趣，中立的学生占到了 3%，还是有 25%的学生不感兴趣。有兴趣的学生，其理由主要体现在：原子是组成物质的基础，其内部结构又决定性质，因此深入学习、充分认识原子是必要的，还有学生表示对自然界本身好奇，对化学学习感兴趣等。

不感兴趣的学生，主要有两个方面的理由：一是学科基础薄弱，现有知识已经有所不懂，这些内容太深奥，从而打算学文科等；二是觉得原子结构相关的内容，与生活联系不紧密，实用性不足，无法得到相关的体验从而无兴趣。从他们的回答中可以看出：有兴趣的学生已经认识到原子是发生化学反应的最小单位，具有“结构决定性质，性质决定用途”这样的化学思维，当然也有好奇心的驱使让学生对这部分内容进行深层次的学习；而不感兴趣的学生，会觉得这部分内容枯燥无味，太费脑，找不到学习这部分内容的意义。因此，在教学实践中要结合化学学科、社会生活这两个方面来激发学生的兴趣。

三、原子结构教学的建议

(一)结合化学史，让学生认识到原子结构理论的不断深入

化学史在中学化学教育中有着重要的作用，它能够有效地唤起学生的学习兴

趣、激发创造的动机；能够让学生在不断的思考中深刻地把握化学知识，启迪学生科学思维，培养科学方法和创新精神；化学史还能培养学生的爱国热忱，体悟科学家的人文精神，让学生在精神和品德方面得到提高。对原子结构研究发展历程(见图 3-5)的分析，有利于激发学生的学习兴趣和构建对原子结构的深度认知，并且能让学生深刻地体验到科学研究的复杂性、感受科学家和历史人物的人格魅力及高尚的精神涵养。

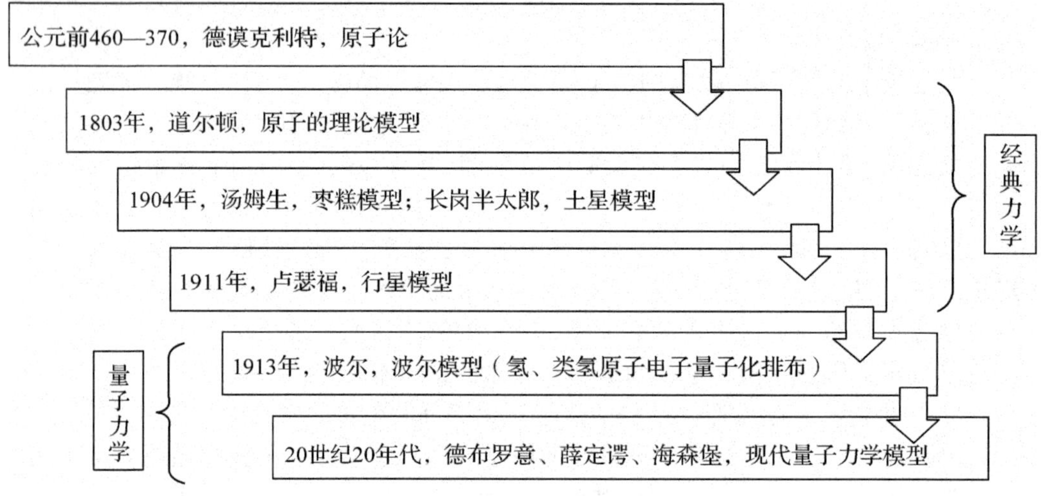

图 3-5　原子结构研究的发展历程

著名科学哲学家波普尔的批判理性主义指出，科学始于问题。其猜想—反驳方法论是要说明我们的一切知识都只能通过纠正我们的错误而增长。由此形成了一个关于知识增长的理论，并且构划出了一个科学发展的模式，即：P1—TT—EE—P2……其中 P1 表示“问题 1”、TT 表示“试探性理论”、EE 表示“消除错误”、P2 表示“新的问题 2”。[①] 我们发现，原子结构研究的发展史也正是这样在不断地发展，从古希腊的纯粹哲学思辨，到道尔顿通过实验得出原子的概念。在此基础之上，人们继续深入探讨原子内部的结构，提出一些假设、试探性的理论，而后汤姆生、卢瑟福等人则通过实验事实推翻之前原子结构模型，提出了各自相应的原子结构模型。随后发现经典电磁理论与卢瑟福提出的模型不能吻合，以致波尔、德布罗意、薛定谔等的量子力学理论应运而生。在教学中，我们要以这样的方式让学生感知科学的开放性、发展性，从而深度体验科学探究，培养良好的科学素养。

① 波普尔．猜想与反驳[M]．上海：上海译文出版社，1986：317.

(二)构建学生"宏观—符号—微观"三重表征的内在一致性

"宏观一微观一符号"三重表征是最具特色的化学学科思想及思维方式。首先是宏观层面，它用来描述可观察的化学现象，即物质在变化过程中表现出来的、可以直接感知到的宏观现象在学习者头脑中的反映；其次是微观层面，它用来表征物质的微观世界，比如原子结构、微粒运动、分子之间的作用等；最后是符号水平，它是用化学式和化学方程式等化学用语在宏观辨识与微观探析之间搭建桥梁。

学生在化学学习中，遵循宏观感知、符号表示和微观建构三个步骤。这三者之间是有机关联的，而非相互割裂的板块。不仅要让学生能够运用感官感知物质的宏观性质，还要运用特有的化学语言来表示物质的性质及其变化，更要在头脑中建立物质的微观结构模型。如在学习原子结构相关内容时，要让学生构建原子结构的两层三重表征模型(见图 3-6)。

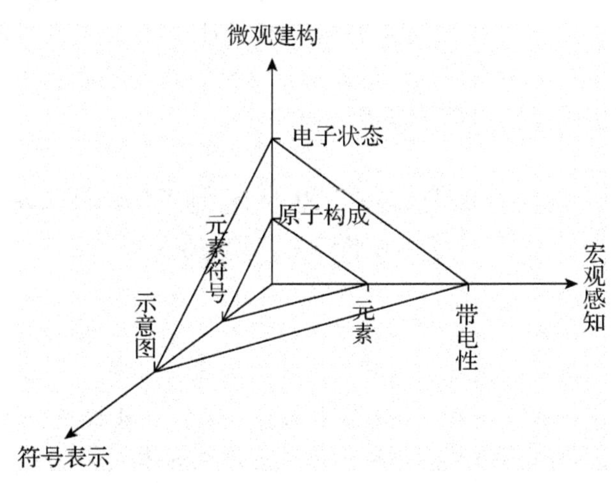

图 3-6 原子结构的两层三重表征模型图

具体来说，第一层是初步认识原子结构的"元素—元素符号—构成"思维体系，以碳为例，其中元素是指从性质的角度来宏观感知比如黑色，元素符号是以"C"来表示，构成则是探析碳原子由哪些部分组成。第二层是深入认识原子结构的"带电性—示意图—电子状态"思维体系，从可宏观感知的带电性去理解原子的核外电子，然后用原子结构示意图去表征原子的基本结构，继而进一步探讨微观世界里电子的运动状态。三重表征具有内在一致性，消除众多的迷思概念，如调查显示的很多学生错位地以为电子是绕原子核做圆周运动等。

(三)微观世界中，要以量子力学的动态认知摒弃经典力学的机械图景

到目前为止，原子结构理论的发展可以概括为一个以量子力学的动态认知摒弃经典力学机械图景的过程。具体来说，从图中可以看出，原子结构模型理论的发展经历了由猜想到实证，由哲学思辨到实验科学；从原子不可再分，到行星模型，人们的认识逐渐由静态的原子到动态的原子。随着量子力学的发展，从薛定谔方程中得到的不同的解，从而对原有的电子有固定轨道的模型进行批判，指出有不定的原子轨道，而后又通过形象的“电子云”的概念对于电子的运动予以描述。所以电子的运动轨道不是固定不变的，而是一直在变化，不能够准确测出，电子大概率在一个范围内作无规则运动，这是当今科学认识的最高水平。

因而在教学中，需要让学生意识到在微观世界中微粒的运动不同于宏观物体的运动，其规律不能用经典力学进行分析探讨。所以虽然在知识层面，量子化、测不准等内容不做要求，但是这种思想需要让学生有所感知，清楚地认识到微观世界并不是一幅机械的图景。另外，教学中还需要指出，虽然后来被否定了的那些科学史的重要人物及其理论，并不是没有价值，而是在肯定其历史价值的同时要辨析出其局限性所在。甚至现在的基于量子理论的原子结构理论，也并不完美，后续一定有更加适切的理论出现。通过这种方式，培养学生动态的、辩证的思维方式，从而达成良好的科学素养。

第五节　铜锌原电池作为原电池教学基本模型的局限性及其突破

铜锌原电池不具备原电池工作原理的普适性，教学中作为学生认知的第一模型，导致师生对原电池的认知存在诸多困境。对北京市某示范高中的156名高一学生进行测试发现：大部分学生错误地认为“两个电极材料一定是活泼性不同的”；大部分学生不能认识到原电池中电势差产生的本质原因；对原电池工作原理的理解局限于铜锌原电池模型。本节建议教学中要对电极材料和电极反应物进行探讨，对电流产生的本质原因进行探究，从而获得各类原电池工作原理的整体认知。基于此，本节构建了原电池认知的通用模型。

“原电池”是高中化学教学中的核心概念，是电化学的基础，与我们的生产、生活有着十分密切的关系。对于这部分的学习，学生不仅要基于初高中学习的物质的性质、氧化还原反应、电解质的电离、离子反应、化学反应中的能量变化等知识的综合理解和运用，[①] 还涉及物理学中电流产生的原因、电势差等知识。在初学阶段，就要求学生能够对原电池的宏观现象进行微观、抽象的解释，而且随

① 姜丽莉．高中生原电池错误概念的诊断及教学对策[J]．教学仪器与实验，2015(31)：3－6.

着学习的深入，原电池的种类越来越多，涉及的理论也更加抽象。学生学习起来不仅力不从心还存在诸多的误区，教师也往往束手无策。因此我们需要对原电池有系统、全面的上位把握，找出实践困境的症结，在众多的原电池类型中选择适合于学生认知的模型，显得尤为重要。

一、铜锌原电池作为原电池基本模型的局限性

（一）不具备原电池工作原理的普适性

铜锌原电池是一种比较简单的原电池，新旧教材和大部分的教学也都是以铜锌原电池作为学生对原电池的第一认识模型，这种由简入难的教学方式不可否认存在一定的优点，但同时也对于学生错误概念的产生埋下了隐患。

首先，铜锌原电池的两个电极材料不同，两个电极材料的活性不同，但并不是所有的原电池都要求两个电极材料一定不同，比如氢氧燃料电池、铅蓄电池等[①]。

其次，大都认为铜锌原电池的电势差是两个电极材料的不同产生的电势差。由于锌的失电子能力比铜的强，导致锌周围的电子相对富集。金属的性质越活泼其电极电势就越低，当导线连接两个电极时，电子就有从电势低的锌这一极向电势高的铜这一极移动[②]。但是原电池电势差的产生并不一定是两个电极材料本身，还可以是氧化还原反应中两个半反应电对之间产生的电势差，以及溶液中电荷的不均匀分布产生的电势差。比如氢氧燃料电池的两个电极材料插入电解质溶液时，它们的液接电势一样，此时提供电势差的是氢气和氧气发生氧化反应和还原反应的两个半反应电对[③]。溶液中阴阳离子的定向移动则是由溶液中电荷的不均匀分布引起的。

再者，铜锌原电池是较活泼的锌做负极，较不活泼的铜做正极。学生在大量题海的训练时，如果学生没有掌握原电池的本质，往往就会认为在原电池中一定是较活泼的电极材料做原电池的负极，忽略离子导体的影响。比如铁铜做电极材料，电解质溶液分别为稀硫酸和浓硫酸的两个原电池，总的氧化还原反应不同，其正负极电极也恰好相反。因为，前者是铁和稀硫酸的反应，铁是负极；后者是铜和浓硫酸的反应，铁则成了正极。

此外，铜锌原电池的较活泼的锌这一极不仅做载体还参与电极反应，较不活泼铜这一极仅仅起着载体的作用。因此学生往往认为负极的电极材料就一定参加

① 保志明．不考的知识也有教的价值[J]．中学化学教学参考，2013(9)：23－25.

② 周庆华．对原电池工作原理的探讨[J]．化学教学，2016(1)：23－25.

③ 王磊，等．电化学认识模型及其在高三原电池复习教学中的应用[J]．化学教育，2014(1)：34－40.

电极反应，而正极材料就一定不能参加电极反应。事实上，对于原电池来说，当自发进行的氧化剂和还原剂可以充当电极时则优先考虑让其充当电极材料，若不能做电极材料时，再考虑其他的材料，比如碳棒、金属铂电极，当然这些电极材料并不能影响原电池的正负极反应。

(二) 导致师生对原电池工作原理的认知困境

原电池的教学如果仅仅应付考试，内容并不是特别困难。但如何让学生真正地能够对原电池的原理有更深层次的认识，促进学生思维的多元发展，能够自主建构原电池的通用模型，就显得并没有那么简单①。

首先，由于教材以铜锌原电池引入，导致各种参考用书及教辅资料大多都是在铜锌原电池的基础上总结原电池的构成条件，即两个活泼性不同的金属或者金属与可导电的其他物质；电解质溶液；闭合回路；自发进行的氧化还原反应。但当学生学习氢氧燃料电池时就会产生困惑，为何它是两个相同的铂电极或者碳棒构成电极材料，一些教师和学生错误地把它当作原电池中的特例。

其次，教师长期从事一线教学，对大学中电化学、电学相关知识的遗忘会影响他们站在更高的角度看问题。他们往往局限于铜锌原电池来强调高考知识点：原电池正负极的判断，电极反应方程式的书写，电子的流向，溶液中阴阳离子的流向的判断等，从而使得学生停留在低水平的机械重复练习上，对学生的认知发展产生了一定的阻碍。

再者，学生学习铜锌原电池的一大障碍是难以理解为何电子会从锌流向铜，使得氧化反应和还原反应得以在两极发生。大多数的教师将原因归结于锌的活泼性强于铜，从而导致学生认为电子的移动需要有两个活性不同的电极。事实上，这里涉及电势差产生的最根本的原因，即氧化还原反应的两个半反应电对之间的电势不同。

此外，铜锌原电池只是众多原电池中的一类，师生很容易将其作为原电池的“标本”，从而产生许多错误的认知②。比如电极材料是否发生反应方面，并不是像铜锌原电池一样必须一极参加反应而另一极不反应，其实两个电极材料都可以参与电极反应(如铅蓄电池)，也可以都不参与(如氢氧燃料电池)；还有，电极活性与正负极方面，较活泼的金属也可以做正极，如以氢氧化钠溶液做电解质溶液、镁铝做电极时，较活泼的镁却是正极。

二、学生对原电池理解的实证研究

为了进一步量化课堂观察与访谈得到的原电池教学困境，笔者针对北京市某

① 吴晗清．高中生科学素养模型的建构及其实证研究[J]．上海教育科研，2016(5)：33.

② 姜丽莉．高中生原电池错误概念的诊断及教学对策[J]．教学仪器与实验，2015(31)：3－6.

示范高中高一实验班的158名学生进行纸笔测试，收回有效测试卷156份，有效率为98.7%。问题主要涉及三个方面：学生对电极材料的理解、对原电池反应的理解、对原电池工作原理的理解。为了保证研究的有效性，该测试在集中的时间段内进行。

(一)学生对电极材料的理解：大部分错误地认为“两个电极材料一定是活泼性不同的”

为了考查学生对电极材料的理解，笔者设计了“原电池中一定是较活泼的电极做负极”“原电池中两个电极材料一定是活泼性不同的”两道题，让学生进行判断并进行解释说明。具体结果如表3-9所示：

表3-9　学生对“较活泼的电极不一定做负极”的正确认识及原因分析

判断题	正确率	原因分析的角度及百分比			具体原因及其百分比
“原电池中一定是较活泼的电极做负极”	75.6%	不解释	2.5%	没有作任何解释	未解释
		举反例	15%	“两个不一样的电极，较活泼的也可做正极”	案例：Mg－Al－NaOH溶液、Zn－Al－浓HNO3构成的原电池
			55%	“两个一样的电极，如碳棒”	具体将燃料电池作为反例
		看本质	3.1%	从原电池的本质角度解释	看氧化还原反应中哪一极发生氧化反应，发生氧化反应的那一极做负极

从表3-9可以看出，有75.6%的学生能正确判断“在原电池中不一定是相对活泼的金属做负极”，通过原因分析发现，学生的解释可以分为三个层面：其一，凭感觉做判断，没有提供任何合理的解释，这类学生较少。其二，大部分学生是以举反例的方式做判断。

具体有55%的学生将燃料电池作为反例，认为“两个电极可以是一样的，如碳棒”；另有15%的学生认为较不活泼金属也可以做负极，比如Zn－Al－浓HNO_3构成的原电池、Mg－Al－NaOH溶液构成的原电池，两案例中相对不活泼的金属Zn、Al做负极，活泼的金属Al、Mg做正极。其三，通过分析原电池的本质得出正确结论，仅仅占3.1%的比例。这部分学生入木三分地指出“只要看氧化还原反应中哪一极发生氧化反应，发生氧化反应的那一极做负极”。绝大部分学生并没有从本质的角度来理解，如71.8%的学生坚定地认为“原电池中两个电极材料一定是活泼性不同的”，其理由是“要想发生电子的转移，必须是不同的电极”。

(二)学生对电流产生原因的理解：大部分学生不能认识原电池中电势差产生的本质原因

为了考查学生对原电池反应的理解，笔者设计了以下问题：从电子移动的角度“原电池中的氧化还原反应为何在两极发生”，从离子在离子导体中移动的角度“原电池中阴阳离子分别向哪一极移动”，并解释说明。

学生基本上都能准确地说出电子是由负极出发经过导线流向正极，并能准确地说出在离子导体中阴离子往负极移动，阳离子往正极移动。然而对于电子为何由负极向正极移动，部分学生能从电势差的角度分析，但对于电势差的理解只局限在两个活泼性不同的电极产生的电极电势的不同。这也是大部分学生认为两个电极材料必须不同的主要原因，他们认为“必须得使两个电极材料不同，这样才能有电势差，电子才会移动”；只有极个别学生认为“电极材料可以充当电极反应物，可以充当反应的载体，或者起着催化剂的作用，比如氢氧燃料电池”，认识到电势差产生的最根本的原因即氧化还原反应的两个半反应电对之间的电势不同。

(三)学生对原电池工作原理的理解：局限于铜锌原电池模型

通过测试发现，很少有学生能分清楚电极材料、电极反应、电解质溶液三者之间的关系。大部分学生会依据铜锌原电池去解释它们之间的关系，局限地认为：负极电极材料一定和电解质溶液发生氧化反应，变成阳离子进入溶液，正极则是溶液中的离子得电子发生还原反应，而且必须用导线连接闭合回路。负极 Zn 和电解质溶液发生氧化反应，变成阳离子进入溶液，正极则是溶液中的离子得电子发生还原反应，而且必须用导线连接闭合回路。学生对“原电池工作原理”回答的深度分析如表 3-10 所示。

表 3-10 学生对“原电池工作原理”回答的深度分析

问题	比较浅层	相对深入	比较全面
尽可能全面解释铜锌原电池的工作原理	74.5%	20.3%	5.2%
	Zn 失电子，电子通过导线流向正极，溶液中的 H^+ 在正极得电子生成氢气	在浅层的基础上，解释了电子移动的原因是铜锌两个电极的电势差	通过原电池本质的理解，认为正负极反应是氧化还原反应的两个半反应

续表

问题	比较浅层	相对深入	比较全面
电极材料、电极反应、电解质溶液之间有什么关系	85.1%	12.4%	2.5%
	局限于铜锌原电池进行说明，比如负极材料参与电极反应，电解质溶液充当离子导体，正极处溶液中的离子得电子化合价升高	在浅层的基础上，基于氢氧燃料电池，学生能说出电极材料可以发生反应也可以不发生反应，电解质溶液的不同会影响反应	电极材料可以提供反应发生的场所，可以发生反应，也可以不发生反应，比如燃料电池；电解质溶液不仅可以充当离子导体还往往参与电极反应，有时还会因为电解质溶液的改变导致正负极的改变。针对这些有相关原电池进行举例说明

原电池的内容相对抽象，理论性和综合性又强，学生只能通过逻辑推理和想象，无法通过直观的实验现象来理解原电池的工作原理，学生从微观上理解微粒的移动和它所发生的反应。

二、促进学生有效认知原电池的教学建议

通过理论的分析以及实证的研究，我们可以发现学生对于原电池的理解很大程度上受到铜锌原电池的干扰，如果把铜锌原电池作为学生的第一认知模型，并由此总结出原电池的构成条件，教材中缺少对电极的说明，学生很容易将电极材料和电极反应物混为一谈，导致学生产生一些错误的认知，例如大部分学生错误地认为“两个电极材料一定是活泼性不同的”；不能认识原电池中电势差产生的本质原因；对原电池工作原理的理解局限于铜锌原电池模型等。

因此，教师如何帮助学生建构原电池通用模型就显得非常重要，只用铜锌原电池去建构学生对原电池的认知模型显然是不够的，甚至是有害的。笔者基于对原电池系统的整体分析，设计了“两个电极材料均不参与反应”“一个电极材料参与反应”“两个电极均参与反应”的原电池认知教学方案。具体的典型案例见表3-11。

表 3-11　不同类型的原电池及典型案例

类型	典型案例
两个电极材料均不参与反应	氢氧燃料电池、甲烷燃料电池等燃料电池
其中一个电极材料参与反应	铜锌原电池、暖宝宝、析氢腐蚀、吸氧腐蚀
两个电极材料均要参与反应	铅蓄电池等

在教学中首先通过火力发电效率低，引入火力发电的实质是想通过化石燃料通过燃烧最终实现向电能的转化，由此引发学生思考，化学能是否可以直接转化为电能？如何实现向电能的转化？其中化学能通过什么途径释放出来？通过问题线索引发学生科学的思考方式，建立氧化还原反应与电荷移动的关系。

在深入分析的基础上得出，化学能向电能的转化需要有电子的定向移动，需要提供电子的装置和接受电子的装置。如何实现氧化还原反应中电子的定向移动，引出还原剂那一极提供电子，氧化剂的那一极接受电子，两极之间连接电子导体(如导线)以及离子导体(电解质溶液或熔融电解质等)从而形成闭合的回路。学生在脑中搭建基本模型：两极的反应物、两极的电极材料、电子导体、离子导体①。在此基础上依次分析“两个电极材料均不参与反应”的氢氧燃料电池、“一个电极材料参与反应”的铜锌原电池、“两个电极均参与反应”的铅蓄电池。接下来从电极材料、电极反应、原电池工作原理三个方面分别阐释。

(一)电极材料和电极反应物的探讨

如上所述，根据电极材料是否参加反应，可以分为三类：首先讨论“两个电极材料均不参与反应”的氢氧燃料电池，引导学生分析氢氧燃料电池中总反应是氢气和氧气的反应。装置的作用使得反应不再需要点燃引发就可以直接进行，其中电极反应物分别是通入两个电极材料上的氢气和氧气，电极材料是两个相同的石墨电极。在通入氢气的这一电极材料上发生氧化反应，在通入氧气的这一极材料上发生还原反应。两个电极材料相同，提供反应发生的环境，但均不参加反应。其次，对“其中一个电极材料参与反应”的铜锌原电池进行分析，引导学生探究其总反应是锌和稀硫酸的反应，其中锌既做电极反应物，又提供反应发生的场所；铜与稀硫酸不能发生反应，提供还原反应发生场所。最后，分析“两个电极均参与反应”的铅蓄电池，在给出其装置和总反应方程式的基础上，探讨两个电极材料均参与反应，铅在负极被氧化，既做电极材料，又参与反应。同样氧化铅在正极被还原，既做电极材料，又参与反应。

(二)电流产生原因的探究

在教师提供电势差材料的基础上，学生分析三种类型原电池的电势差产生的来源，引导学生分析电子导体中的电子移动，以及离子导体中离子的运动。首先对“两个电极材料均不参与反应”的氢氧燃料电池进一步分析，两个电极材料相同，它们之间不存在电势差。但是通入的氢气在界面上有发生氧化反应的趋势、电子相对富集，电子越多电势越低；通过氧气的这一极有得电子的趋势，使得电子从电势低的负极通过导线快速地移向正极。电子在输送的过程中，氢气不断地

① 王磊，等．电化学认识模型及其在高三原电池复习教学中的应用[J]．化学教育，2014(1)：34—40.

失电子，不断有氢离子进入溶液，氧气这一极则源源不断地得到电子发生氧化反应。其次，通过对“一个电极材料参与反应”的铜锌原电池进一步分析，发现锌和铜在界面上都有失电子变成离子的平衡，但是锌的活性比铜强，锌更倾向于朝着失去电子的方向进行，反应进行时 $Zn \rightarrow Zn^{2+}$，$H^{+} \rightarrow H_2$ 这两个半反应之间存在电极电势，使得电子从电势低的锌这一极通过导线移向铜，溶液中氢离子得到电子变成氢气①。事实上，铜锌两个电极材料本身之间也有电势，但是这不是本质原因，而教学实践中，师生往往错误地以为原电池的基本条件之一就是两个不同的电极，其理由是依靠不同电极材料提供电势差。最后，铅蓄电池中“两个电极材料均参与反应”，铅和氧化铅既做电极材料，又做还原剂和氧化剂。由于铅蓄电池相对复杂，只需要学生对正负极反应物，电子和溶液中阴阳离子的移动有一个整体的认知即可。

(三)原电池工作原理的整体把握

整个设计是基于电极材料是否参与电极反应展开，学生基于原电池是自发的氧化还原反应提供电势差，使得电流得以产生。在对三类原电池经典案例分析的基础上，开展学生活动，以粘贴纸的形式更换电极材料、电极反应物，以及电子导体、离子导体的方式，让学生明白无论什么类型的原电池，其构成的基本要素必须有：两个电极材料、两个电极反应物、离子导体和电子导体②，只不过同一极的电极材料和电极反应物可以相同也可以不同，从而建立原电池的通用模型，如图 3-7 所示，彻底消除以铜锌原电池作为第一认知模型带来的教学困境。

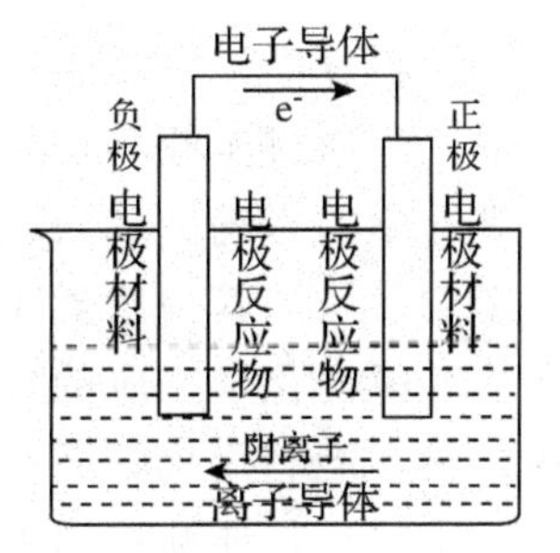

图 3-7　原电池认知的通用模型

第六节　“速率”和“平衡”教学亟待澄清的误区

“速率”和“平衡”是化学教学中的重点和难点，实践中它们往往被混为一谈。对北京市某普通中学的 194 名高二学生的调查研究表明，半数学生不清楚“平衡只与体系的状态有关，与建立的途径无关”；大部分学生忽视速率的定量特征；几乎没有学生理解“速率所属的动力学及平衡所属的热力学，虽然相关但两者并不互为因果关系”。基于此，教师要从源头深刻把握动力学、热力学的本质差异；

① 徐敏．深入原电池原理本质促进学生观念和能力的发展[J]．化学教育，2015.36(19)：27—31.

② 王磊，等．电化学认识模型及其在高三原电池复习教学中的应用[J]．化学教育，2014(1)：34—40.

教学顺序可以进行调整，先学平衡再讲速率；要引导学生厘清平衡和速率，学会敏感地从热力学的角度解决平衡问题。

化学反应原理是中学化学中逻辑性最为缜密的一个部分，而最令学生头痛的则是其中的化学反应平衡部分。化学平衡还包括下位的弱电解质的电离平衡、盐类的水解平衡、沉淀溶解平衡等内容。化学平衡的基本原理是上述所有理论的基础，学生只有真正掌握了化学平衡，才能理解和认知其他特殊条件下的各类平衡问题。

一、“速率”和“平衡”的教学误区由来已久

（一）尽管课标“隔离”了速率和平衡，但在教学中往往混为一谈

化学反应动力学和热力学的基础内容是高中化学反应原理模块的重要组成部分。课程标准要求学生对动力学的认识主要有：(1)知道化学反应速率的定量表示方法，通过实验测定某些化学反应的速率。(2)知道活化能的含义及其对化学反应速率的影响。(3)通过实验探究温度、浓度、压强和催化剂对化学反应速率的影响，认识其一般规律。而对热力学的要求包括以下两个方面：(1)能用焓变和熵变说明化学反应的方向。(2)描述化学平衡建立的过程，知道化学平衡常数的含义，能利用化学平衡常数计算反应物的转化率①。

很明显，课标对动力学和热力学这两个理论做了明确的“隔离”，即内容上分开来阐述，强调了速率相关内容的过程性以及平衡相关内容的状态性。例如，课标要求用焓变和熵变两个状态函数去判断反应进行的方向，要求利用化学平衡常数去计算反应物的转化率等。动力学和热力学有着不同的研究对象，前者关注的是反应的过程，后者只关涉体系的状态。两者有着本质的差异，而教材往往通过速率来建立平衡，而且通过速率的改变来讨论平衡的移动，从而教师往往将两个理论混为一谈，时而“速率”，时而“平衡”，导致学生误以为速率的改变是平衡移动的原因，事实上焓和熵才是影响平衡的关键因素。

在教学实践中，教师往往这样总结：“在一定的条件下，当一个可逆反应的正逆反应速率相等且不等于零时，该反应就达到了动态的化学平衡状态。这种状态的建立需要一定的条件，当条件改变时，导致正逆反应速率改变，从而平衡状态被打破。如果正反应速率大于逆反应速率，那么反应向正方向移动，最终达到一个新的平衡。”这样的表述乍看起来很正确、有条理，但仔细分析其逻辑关系时会发现存在很多问题。比如这样的表述认为速率不变导致了平衡建立，速率的改

① 中华人民共和国教育部．普通高中化学课程标准(实验)[M]．北京：人民教育出版社，2003.

变引起了平衡的移动，即化学反应速率是化学平衡的原因。这种将动力学和热力学归结为简单的因果关系的错误做法，势必导致学生思维紊乱，因此从源头上区分动力学和热力学才能消除这种认识误区。

(二)相关研究“隔靴搔痒”，没有涉及教学中如何有效“分离”动力学、热力学

很遗憾的是，相关教学研究并没有关注到教学实践中如何从源头上消除这种混淆，而主要集中在以下三个方面。

是学科本体知识的推导。主要是从学科本体知识层面出发去辨析和论证化学反应速率、化学平衡状态、化学平衡的移动等核心概念的内涵和实质，探讨各概念间的联系和区别。该讨论建立在大学物理化学的纯理论知识之上，没有涉及具体的教和学，缺乏操作性。

二是教学策略与方法的探讨。这类研究一般都起源于教师在实际授课过程中遇到的困惑或者问题，针对某一节课或者某一单元的内容，通过尝试新的教学理念或者改进教学设计和方法，来提高教学的实效性，然后分析比较改进后的成果和不足，为其他教师提供参考。但以上研究极少触及学生在本部分产生认知障碍的本质原因，即将混淆了的热力学和动力学作为建构知识的基础。

三是学生学习障碍点的分析。这部分研究主要从教学重难点出发，调查分析学生存在的认知障碍和迷思概念以及形成原因，旨在探讨如何避免学生在认知建构中出现矛盾。但这类研究的关注点集中在教学过程中的策略和方法是否恰当，很少触及学科本体知识框架上的科学性。

(三)教学误区的实践表征：“以其昏昏，使人昭昭”

在真实的教学情境中主要存在两个方面的问题：一是教师本身理论知识紊乱、逻辑不清，不清楚化学反应速率和化学平衡之间的联系和区别。因此在教学实践中也就无法将这个问题有层次、结构化地呈现给学生。导致学生在认知建构的起始阶段就存在误区，失之毫厘谬以千里，最后无法认清动力学和热力学的本质。二是学生在学习这一块内容时只考虑速率和平衡的关系，错误地使用速率去推断一切平衡问题，混淆了两个理论不同的适用范围，不能区分过程性问题和状态性问题，导致问题解决时思维混乱，甚至出现分别用“速率”和“平衡”的角度去分析同一个问题，居然得到截然相反答案的情形。如有学生学完速率和平衡之后提出一个问题：“有固体做反应物的可逆反应达到平衡状态后，将固体由块状粉碎成粉末状后，正反应速率增大，逆反应速率没有变化，为何平衡没有移动呢?”这种问题出现的根本原因在于学生没有理解化学平衡移动的能量本质。

二、“速率”和“平衡”教学的实证研究

本研究对北京市一所普通学校的高二学生进行调查研究，发放问卷 240 份，

回收有效问卷 194 份，有效回收率为 80.8%。

研究工具分为问卷和访谈两部分：(1)问卷测试。问卷包括对速率及其影响因素的理解、对平衡及其影响因素的理解、对平衡和速率关系的理解三个维度。每个维度均包括两个判断题，每个问题后均要求学生写出判断的原因。(2)半结构性访谈。对 6 位教师进行深度的半结构性访谈，主要从教师的角度关注实践教学中速率和平衡问题的处理。测试总体结果如图 3-8 所示。

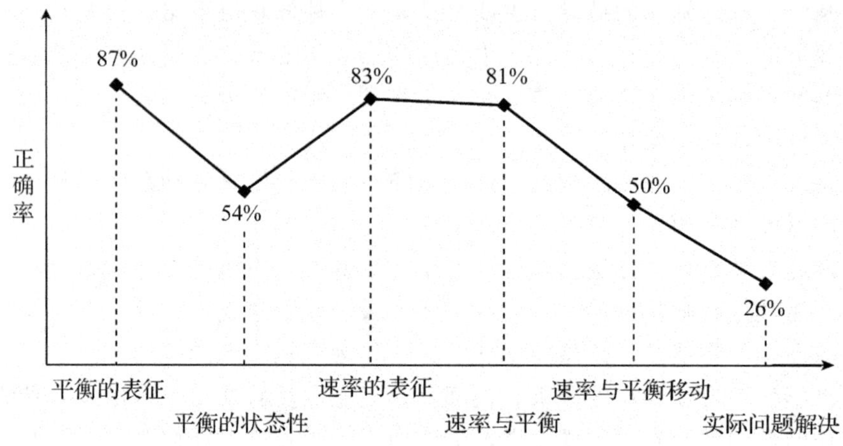

图 3-8　学生对“速率”和“平衡”相关认知的正确率

学生对于化学平衡的表征、速率表征及速率与平衡的关系掌握较好，正确率在 80%以上。但在平衡与状态的关系、速率与平衡的移动等方面表现一般，正确率 50%左右。由于相应的理论知识掌握不扎实，导致绝大多数学生在实际问题解决时束手无策，得分率非常低，仅有 26%的学生能够很好地解释工业合成氨中的相关问题。上表充分说明了以下几个问题：一是大部分学生能从较低层次理解速率和平衡及二者关系，但未能上升到速率微观变化机理的高度，孤立地考虑速率的各影响因素，没有形成系统；二是接近一半的学生对于化学平衡状态的实质认识有欠缺，不能理解平衡状态只与系统的各状态函数(焓、熵、温度等)有关，而与达到平衡的途径无关；三是绝大多数学生对平衡和速率的关系极少能从本质上区分，几乎都停留在各种规律的机械记忆上，化学平衡常数仅仅被作为计算的工具，没有意识到平衡的热力学实质(K 与 Q 的关系)。

(一)对平衡及其影响因素的理解：半数学生不清楚“平衡只与体系的状态有关，与建立的途径无关”

数据分析结果表明，87%的学生能够正确判断“化学平衡发生移动，但化学平衡常数不一定改变”，其中 62%的学生能够指出化学平衡常数仅与温度有关，仅 16%的学生能够同时指出化学平衡受多种因素(浓度、温度、压强等)的影响。

总体中有25.7%的学生在解释这一判断时出现了错误。主要的错误解释有三类，每类约占1/3，具体数据见表3-12。

表3-12　对平衡表征的理解

内容	仅判断正确	原因解释错误	主要错误原因
平衡的表征	87%	25.7%	认为"平衡移动后，反应物和生成物的浓度改变，从公式来看，各个浓度数据都变了，所以平衡常数一定改变"
			认为"因为只有气体有浓度变化，所以没有气体参与的反应，化学平衡常数才是一个定值"
			认为"化学反应平衡移动后各物质的浓度应与平衡移动前相同，才能保证平衡常数不变"
平衡与状态的关系	54%	51.4%	认为"可逆反应进行不完全，正反应程度大于逆反应"
			认为"平衡是反应混合物量的折中，因此反应前后气体系数之和不等的话，按系数比添加反应物或者生成物，就达不到相同的状态，不会是等效平衡"
			这部分学生判断正确，但错误地认为原因是"同一反应不管在什么情况下，只要达到平衡，速率就是相同的，速率相同那么浓度也就相同"

有54%的学生能够正确判断"平衡只与体系的状态有关，与建立的途径无关"，其中39.5%的学生能够答出"在等温等压下，固定容积时，1mol N_2和3mol H_2达到的平衡状态与2mol NH_3达到的平衡状态是等同的"或者"以上两种情况是等效平衡"。学生总体中有51.4%在解释原因时出现了错误，没有从热力学的研究角度去看待平衡状态，仍然试图从变化过程推断平衡结果，将动力学套用到热力学问题的解决中，从而导致科学性错误。主要也是三类，具体情况见表3-12。

由此可见，学生对于影响化学平衡因素的认识是孤立的，绝大多数学生仅仅简单记忆了各因素对平衡移动的影响结果，很少系统地考虑化学平衡移动与化学平衡常数的关系，表明学生认知中平衡常数K与浓度商Q的关系并没有建立。结合访谈发现，学生之所以出现错误的解释，是没有认识到平衡常数只与温度相关的背后原因。一定温度下，对化学反应$a\mathrm{A}+b\mathrm{B}=\!=\!=c\mathrm{C}+d\mathrm{D}$系统来说，反应的平衡态可用平衡常数来描述，用具体反应物和生成物之间的浓度或分压关系表达为：

$$K_{\mathrm{c}}=\frac{c^{c}(\mathrm{C})\times c^{d}(\mathrm{D})}{c^{a}(\mathrm{A})\times c^{b}(\mathrm{B})}\text{或 }K_{\mathrm{p}}=\frac{{P_C}^{c}\times {P_D}^{d}}{{P_A}^{a}\times {P_B}^{b}}$$

经典热力学的研究建立了反应系统的推动力与反应限度（平衡常数）之间的关

系为：$\Delta_r G_m^\theta = -RT\text{In}K$。从而确立了化学反应的能量变化与反应限度之间的关系。反应达到平衡时，$\Delta_r G_m^\theta$ 为定值，R 为常数，故平衡常数仅与温度有关①。

(二)对速率及其影响因素的理解：大部分学生忽视速率的定量特征

数据分析结果表明，82.9％的学生能够判断正确“速率大，现象并不一定越明显”，其中58.6％的学生认为“无明显现象的化学反应即使速率大现象也不显著”。总体中24.3％的学生在解释判断原因时出现了错误，主要错误有两种：一是认为速率是物质的量的变化，没有考虑单位时间。数据表明大部分学生对于化学反应速率的意义认识比较清晰，但绝大多数学生仅基于化学反应的某种现象来考虑化学反应速率的大小，忽视速率的定量特征。有研究者指出，“化学反应速率”的广义定义可以表达为“参与反应的物质的‘量’(如质量、物质的量、物质的量浓度等)随时间的变化量”，这一定义是“化学反应速率”普遍的表达方式②；二是学生错误地认为只有观测到宏观实验现象才能讨论速率，如果没有气泡或者颜色变化等则无法测量速率。事实上，眼见不一定为实，有时现象明显可能速率并不一定大。

高中阶段的化学反应速率用 $\upsilon=\dfrac{\Delta c}{\Delta t}$ 表示，表征的是平均反应速率，严格的反应过程描述可用速率的微分表达式：$\upsilon=-\dfrac{\mathrm{d}c}{\mathrm{d}t}$ 表示。分子碰撞理论模型指出，反应的发生受制于该反应的活化能垒，反应速率受反应物的浓度、温度和活化能的影响。反应速率 $\upsilon=k\cdot c^2$(n 指反应级数，由于一般的化学反应都不是基元反应，各反应物对总反应速率的影响贡献不同，其值称为反应级数 n)。反应速率常数与反应的活化能 E_a 有关，并受温度的影响：$k=A\cdot e^{\frac{Ea}{RT}}$，在一定的温度范围内，活化能 Ea 可以看作是与温度无关的常数，只与物质的性质有关③。

(三)对速率和平衡关系的理解：几乎没有学生理解“速率所属的动力学及平衡所属的热力学虽然两者相关，但并不互为因果关系”

有81.4％的学生正确判断“反应速率变化，平衡并不一定移动”，其中68.4％的学生能够举出反例如“催化剂可以改变化学反应速率，但并不能使平衡移动”来证伪该命题，3.5％的极少部分学生想到了“对于反应前后气体的物质的量相等的反应压强的改变同等程度的改变反应速率，平衡不移动”；总体有38.6％的学生不能正确清楚地表述原因。判断错误的学生原因主要有两点：其一是化学反应速率决定平衡；其二是认为加热等会使速率增大，但平衡有可能不移

---

① 傅献彩，等．物理化学(上册)[M]．5版．北京：高等教育出版社，2006：343－347.

② 吴晗清，等．化学教材中“通常”表述背后的意义[J]．中学化学教学参考，2015(3)：11.

③ 傅献彩，等．物理化学(下册)[M]．5版．北京：高等教育出版社，2006：192.

动。占50%的学生能正确判断“平衡正向移动，正反应速率可能变大、变小或者不变”，其中34.3%的学生表示出“正反应速率和逆反应速率有可能同时增大或减小，但只要正反应速率大于逆反应速率，平衡即向正反应方向移动”。判断错误的学生主要认为“只有正反应速率增大，且逆反应速率减小，平衡才能正向移动”。

速率是动力学概念，平衡是热力学的概念，属于不同的范畴，两者相关，但并不互为因果关系。因此，应基于能量的视角来理解化学平衡的本质，热力学中的平衡状态是一种体系中所包含的能做功的热量(焓)和分子功(熵)之间的特殊稳定状态。这种状态的存在用平衡常数 K 和 Q 的相对大小来衡量，而正逆反应速率相等是化学平衡建立后的一种外在表现形式，使用正逆反应速率的大小变化去推论平衡的相关问题存在科学性错误。

化学热力学认为对任意的封闭系统，当系统有微小变化时，$\Delta G=\Delta G_{纯态}+\Delta G_{混合影响}=[(1-\xi)\Delta G_{反应物}+\xi\Delta G_{生成物}]+RT[(1-\xi)\ln(1-\xi)+\xi\ln\xi]$($\xi$ 指反应进度)

对于在任意温度和压强下的反应 A+B = C+D 来说，纯态反应物的若 $\Delta G_{纯态(A+B)}>\Delta G_{纯态(C+D)}$，即$(\Delta_r G_m)_{T,p}<0$，则反应可以自发地向正反应方向进行，如图3-9中 R_1 所示。但这是建立在各物质不混合的纯态情况下，反应一经开始，一旦有产物生成，它就参与混合，产生了具有负值的混合 Gibbs 自由能，R_2 的最低点就是平衡点。反之，如果反应从生成物 C+D 开始，反应逆向进行，系统的 Gibbs 自由能也将降到同样的最低点，也就是说平衡的建立只与系统的始态、终态有关，而与过程无关[①]。

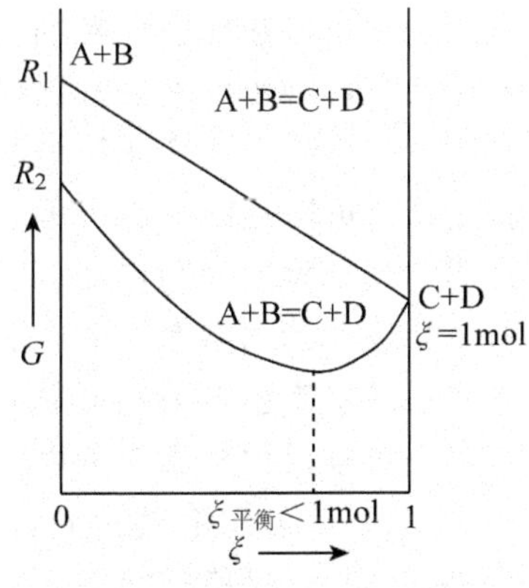

图3-9　反应过程中吉布斯自由能的变化

分别讨论影响平衡移动的因素温度和压强(不讨论浓度，因为浓度的改变仅相当于图3-9中 R_2 的起点改变，最终的平衡点仍为原位置)。温度对化学平衡的影响可以从 Gibbs-Helmholtz 方程得出：$\frac{d\ln K^\theta}{dT}=\frac{\Delta_r H_m^\theta}{RT^2}$，由此可见，反应的吸放、放热情况不同，则$\frac{d\ln K^\theta}{dT}$的取值也不同，温度的变化也就导致了平衡移动方向的区别。

压强对于化学平衡的影响仅需考虑存在气体组分的反应，对理想气体而言，

① 傅献彩，等．物理化学(上册)[M]．5版．北京：高等教育出版社，2006：348—349.

$\left(\frac{\partial \ln K^{\theta}}{\partial_{p}}\right)T=0$，即定温下 K^{θ} 与压力无关。但由 $\left(\frac{\partial \ln K^{\theta}}{\partial_{p}}\right)T=\frac{\sum_{B}v_{B}}{p}=-\frac{\Delta V_{m}}{RT}$ 可知 K_x 随压力的改变而改变，也就是说压力的变化会导致图 3-9 中 R_2 的平衡点移动[①]。

总之，通过上述讨论，无论是平衡的建立过程还是平衡的移动过程，热力学基础上建立的对化学反应问题的结论，与反应速率之间没有任何的联系。

三、"速率"和"平衡"教学误区澄清的建议

(一)教师要深刻把握热力学、动力学的本质差异

化学反应动力学与化学反应热力学是综合研究化学反应规律的两个不可缺少的重要组成部分。由于二者各自的研究任务不同、研究的侧重点不同，因而化学反应动力学与化学反应热力学既有显著的区别又互有联系。因此，教师要从源头上对它们作本质的区分。

化学反应热力学，特别是平衡态热力学，是从静态的角度出发研究过程的始态和终态，利用状态函数探讨化学反应从始态到终态的可能性及变化过程的方向和限度，而不涉及变化过程所经历的途径和中间步骤，所以化学反应热力学只回答反应的可能性问题，不考虑时间因素，不能回答反应的速率和历程。热力学方法不依赖于物质的结构和过程的细节，旨在预示和指出途径而不是解释，因此它只能处理平衡问题而不能说明这种平衡状态是怎么达到的，只需要知道体系的最初和最终状态就能得到可靠的结果[②]。

一般来说化学反应动力学的研究对象包括以下三个方面：化学反应进行的条件(温度、压力、浓度及介质等)对化学反应过程速率的影响；化学反应的历程(又称机理)；物质的结构与化学反应能力之间的关系。化学动力学最重要的是研究：化学反应的内因(反应物的结构和状态等)与外因(催化剂、辐射及反应器等的存在与否)对化学反应的速率及过程是如何影响的；揭示化学反应机理；建立总包反应与基元反应的定量理论等[③]。

在对化学反应进行动力学研究时总是从动态的观点出发，由宏观的研究进而到微观的分子水平的研究，因而将化学反应动力学区分为宏观动力学和微观动力学两个领域，但二者并非互不相关，而是相辅相成的。平衡是对过程结果的描述，速率变化则是对反应过程的描述。它们的解释机制是两个不同学科的不同问题，既非化学平衡移动决定反应速率的变化，也非反应速率的变化导致了化学平

① 傅献彩，等．物理化学(上册)[M]．5版．北京：高等教育出版社，2006：362－365.

② 傅献彩，等．物理化学(上册)[M]．5版．北京：高等教育出版社，2006：64.

③ 傅献彩，等．物理化学(下册)[M]．5版．北京：高等教育出版社，2006：154－155.

衡的移动，它们属于各自独立的学科体系问题。

(二)教学顺序可以尝试调整，比如鲁科版教材先讲平衡

我们发现，传统教学基本按照人教版教材顺序安排，先讲“化学反应速率”部分，然后通过速率的讨论来研究平衡的建立问题。笔者通过教师访谈发现，他们认为“速率”较为贴近学生的生活经验，且已有认知中的物理概念“速度”易于迁移，所以没有觉得这种教学顺序存在问题。但由于速率的影响因素和平衡的影响因素非常相似，这种教学安排导致前者对后者的学习产生了干扰，学生在后期平衡移动的判断过程中把正逆速率的改变看成平衡移动的本质原因。

教师应当对学生的认知障碍有一定的判断，认识到速率部分的学习对学生认知同化造成矛盾，因此合理调整教学顺序，选择比较合适的教学素材，可以克服这一困境。例如可以采取鲁科版《化学反应原理》中的编排顺序，将化学反应方向和限度放在化学反应速率之前教学。笔者对鲁科版教材编写专家进行访谈，发现该版本教材之所以将“平衡”置于“速率”之前，就是为了避免以往教学中先讲速率的弊端，让学生分清热力学和动力学这两个不同的问题。

(三)引导学生厘清平衡和速率，以热力学的角度解决平衡问题

为了使学生能从本质上理解反应速率的影响因素，教师要使学生将速率的宏观影响因素(浓度、温度、催化剂)和微观机理(碰撞理论和活化能理论)结合起来，只有让学生能从能量角度(活化分子数和活化分子百分数的改变)推理出浓度、温度、催化剂对速率的影响，学生才能不浮于表面的死记硬背。针对化学平衡移动这一学生认知困难的部分，教师应当深刻把握平衡的本质，即将影响平衡的因素归于化学平衡常数 K 与浓度商 Q 的不相等，温度改变了平衡常数 K 的数值，而压强或浓度改变的则是浓度商 Q 的数值，平衡会向使浓度商 Q 趋近于平衡常数 K 的方向移动。

另外需要注意的是，勒夏特列原理作为化学热力学研究早期的经验总结定律有其严格的适用条件。例如，当同时改变平衡状态的两个或两个以上条件时，有可能这两种条件的改变对平衡移动起到完全相反的效果，那么勒夏特列原理就难以有效地对平衡移动的方向进行判断。教师应当强调其适用条件，让学生准确理解其内涵和外延。

第七节　中学化学物质毒性的教学研究

中学化学中物质毒性教学的缺失，是公众对化学错误认知的重要原因之一。物质毒性的教学，能够让学生深入了解物质的结构和性质，增强其安全意识和自我保护意识，培养学生的社会责任感和唯物辩证观。对北京市高中生的调查发现，绝大部分学生不了解物质毒性的相关知识，不清楚物质毒性与剂量有关，不了解常见有毒物质中毒的机理，不清楚毒性物质的状态与入侵途径等，因此实践中亟待加强这方面的教学。

说到“化学物质”，人们往往会谈虎色变。2015 年央视播出的一则化妆品广告，因“我们恨化学”这一广告词而遭讨伐。事实上，化妆品中含有的保湿剂、防腐剂、抗氧化剂等成分都是常见的重要的化学物质。不仅是化妆品，我们生活中的衣食住行乃至呼吸的物质都是由化学物质组成的，可以说我们的生活须臾离不开化学。在中学阶段的化学学习中，物质毒性的教学就显得尤为重要。其一，通过物质性质的多样性可以提高学生的学习兴趣，增强其学习的主动性、积极性；其二，可以改变学生对化学毒物片面甚至错误的认知，正确认识毒物、中毒机理及剂量问题；其三，能够增强学生的安全意识和自我保护意识，在化学实验中懂得正确使用一些有毒物质的方法以及相关急救措施；其四，重视物质毒性教学也是重视生命健康安全教育的一种表现手段；其五，重视物质毒性教学也可以培养学生的社会责任感，做到对化学试剂的绿色排放，不随意丢弃化学废弃物，保护环境。

一、物质毒性教学及相关研究

(一)课程标准对物质毒性教学的规定不够明确

通过分析《普通高中化学课程标准(2017 版)》发现，课标中并没有对中学化学物质毒性教学提出明确要求，但是提出了一些与物质的毒性教学要求相关的要求与建议，揭示了物质毒性教学的重要性与必要性。具体内容见表 3-13。

表 3-13　课标相关要求与建议例举①

课标位置	相关描述
(一)必修课程 主题 1　化学科学是实验探究 1.4　科学态度与安全意识	树立安全意识和环保意识。熟悉化学品安全使用标识，知道常见废弃物的处理方法，知道实验室突发事件的应对措施，形成良好的实验工作习惯
(一)必修课程 主题 2　常见到的无机物及其应用 2.5　非金属及其化合物	结合真实情境中的应用实例或通过实验探究，了解氯、氮、硫及其重要化合物的主要性质，认识这些物质在生产中的应用和对生态环境的影响

① 中华人民共和国教育部．普通高中化学课程标准(2017 版)[M]．北京：人民教育出版社，2017.

续表

课标位置	相关描述
(二)选择性必修课程 模块三 有机化学基础 主题 2 烃及其衍生物的性质与应用 主题 3 情景素材建议	工业上乙醇合成乙酸的路线，人体内乙醇的代谢，生活中常见的醇类物质及其应用；甲醛中毒的原理……
(三)选修课程 系列 2 化学与社会 主题 1 化学与生活	知道主要的居室空气污染物，了解这些污染物对人体的危害及消除危害的思路和方法

课标中对于物质毒性的教学虽没有明确规定，但我们从上表可以看出，课标在必修阶段要求学生树立安全意识和环境保护意识：知道实验室突发事件的应对措施，能够认识到常见的“毒害”物质——氯、氮、硫及其重要化合物的性质以及在工业生产中的应用等；在选修阶段要求学生初步认识一些“毒害物质”——如甲醛的中毒机理、居室空气污染物的危害及消除危害的办法等。这些要求包含了工业生产、生活健康、环境保护等方方面面，无一不属于物质毒性教学的重要内容。

(二)物质毒性教学缺乏系统的实证研究

在中国知网以中学化学物质毒性教学等为主题词进行检索，同时相关性进行筛选，仅有不到十篇文献；若以毒物、中毒等为关键词扩大搜索范围，发现所搜索的文献均是针对某一特定的特殊物质中毒机理、临床案例、急救措施等进行研究，与中学教学关联不大。对有限的文献进行深入分析，发现主要分为两类：

第一类是单纯介绍有毒物质相关知识。这类文献都是对毒物进行分类介绍其概念、理化性质、中毒机理等相关内容。如通过对毒物存在形式，如金属离子、单质、化合物的分类研究，介绍毒物入侵人体的途径及使人体中毒的机理；[①] 又如介绍毒物的概念，并对毒物的理化性质、侵入、代谢、排出、积蓄和毒性机理等进行分类介绍；[②] 还有以固、液、气三相作为毒物的分类标准，选择其具有代表性的物质进行简单介绍。[③] 第二类主要是对化学有毒物质的教学进行探讨，如将社会热点议题与物质毒性相联系，如瘦肉精、尼古丁、毒品等学生熟悉的毒物，从此处入手设计相关的教学习题；[④] 也有通过对化学毒物教学的内容、课程

① 王润芳．毒物化学研究与中学化学教学[J]．新课程学习(综合)，2010(6)：77.

② 李俊生．对有毒物质毒性规律和毒性机理的分析[J]．化学教学，2004(5)：23－25.

③ 侯敬远．中学化学中有毒物质总结[J]．中学化学，2011(9)：11.

④ 刘镇锋．社会热点性有机毒物与毒品的情境习题教学探讨[J]．化学教育，2003(Z1)：73－77.

设置和教学方法等作理论探讨；[①] 还有基于 STSE 全新的教学视角设计某一具体的教学课题。[②] 但这些研究不足之处在于缺乏系统的物质毒性探讨。基于以上分析，我们发现相关研究很少，且均缺乏实证研究。

二、实证研究

本研究对北京市普通高中的 396 名学生进行了“中学化学物质毒性”的问卷调查和访谈，涉及物质毒性教学的基本现状、物质毒性与剂量的关系、中毒机理与毒害作用、物质状态与入侵途径、毒性物质的分类等维度。

(一)物质毒性教学的基本现状

调查结果显示，有 83%的学生表示对化学物质毒性的学习感兴趣，且有 95%的学生认为有必要学习化学物质的毒性及相关知识。然而在教学实践中，重视程度不够，只有 53%的学生表示课上老师有介绍过某些有毒物质，且仅有 9%的学生认为自己对物质毒性的相关知识有所了解，但在访谈中发现其实他们也并不清楚。

对于“有毒物质”，学生感到十分熟悉，但却不知道什么是有毒物质，评判物质有毒的标准以及影响因素是什么。有毒物质简称毒物，是指在一定条件下，少量的这类物质侵入机体内，能与机体相互发生物理与化学作用，从而引起正常生理机能的破坏，造成机体的一系列病理改变，甚至危及生命。人接触毒物要在一定条件下才能发生中毒，这种条件分为内因和外因两方面，内因主要指毒物的结构、活性、挥发性等所影响毒物的毒性问题；外因主要指接触毒物的剂量、时间以及个体差异性等影响毒物的毒性问题。[③] 毒性就是指这种物质引起机体损害的性质和能力大小。

(二)剂量与物质毒性

上面提到，物质毒性与其剂量有关。研究数据显示，学生对剂量与物质毒性的关系并没有一个清晰的认识。比如，关于 CO_2、乙醇、SO_2 这三种中学常见物质，有 49%的学生认为 CO_2 无毒，36%的学生选择了视情况而定；有 29%的学生认为乙醇无毒，49%的学生认为其毒性视情况而定；对于 SO_2，有 72%的学生认为其有毒，不可作为食品漂白剂，仅有 9%的学生选择了视情况而定。统观数据，发现仅有 4%的学生认为这三种物质是否有毒均需要视情况而定。这表明学生不能够辩证地看待化学物质，对剂量与物质毒性的关系认识不明确。

---

① 吴长增，田淑华．对化学毒物教学的理论探讨[J]．许昌师专学报，1997(S1)：103—104.

② 林桦，徐庆君，孙树萍．基于 STS 基本观念的化学物质风险教育[J]．化学教育，2015，36(13)：29—31.

③ 王世俊．毒理学基础(一)化学毒物的基本概念[J]．职业与健康，1989(2)：46.

谈到物质毒性，一定要与剂量关联起来。我们通常所说的毒物，仅指那些较小剂量就能表现出毒性的物质。根据 2015 年国家安监总局、公安部等十部委局联合发布的《剧毒化学品目录（2015 版）》对于剧毒物质的评判标准，笔者对中学化学教学中可能涉及的有毒物质进行了归类整理，按照其剧烈急性毒性判定界限分为剧毒物质和有毒物质。剧毒物质需要满足下列条件之一：大鼠实验，经口 $LD_{50} \leqslant 5mg/kg$，经皮 $LD_{50} \leqslant 50mg/kg$，吸入（4h）$LC_{50} \leqslant 100mL/m^3$（气体）或 0.5mg/L（蒸气）或 0.05mg/L（尘、雾）。[①] 如表 3-14 所示。

表 3-14　根据毒性大小分类

物质分类 / 毒性大小	物质		
	单质	有机化合物	无机化合物
剧毒物质	F_2、Cl_2	光气（$COCl_2$）	PH_3、氰化物、氯化汞、As_2O_3
有毒物质	Br_2、Hg、I_2、白磷、重金属（镉、锰、铅、铊等）	氯乙烯、CCl_4、$CHCl_3$、CH_2Cl_2、醇、醛、乙酸、乙醚、丙酮、苯、甲苯、萘、苯酚、聚氯乙烯、三聚氰胺	CO、HF、HCl、HBr、SO_2、SO_3、氮氧化物、H_2S、NH_3、硫酸、硝酸、氢氧化钠、氢氧化钙、硫酸铜、醋酸铅、氯化钡、$KMnO_4$、$K_2Cr_2O_7$、亚硝酸盐

（三）有毒物质中毒机理与毒害作用

在对有毒物质中毒机理的考察中发现，有 66％的学生认识到一氧化碳（CO）与甲醛（HCHO）使人体中毒的机理不相同，而只有 21％的学生认识到不同重金属使人体中毒的机理也不相同。但具体究竟有何不同，几乎所有学生都不能说出其原因。由于一氧化碳比氧气更容易与血红蛋白结合，从而导致机体缺氧而窒息，由于教材、习题中经常出现这一信息，所以大部分同学对此了解。而对于甲醛这一生活中“臭名昭著”的有毒物质，具有很高的水溶性，易被呼吸系统中表面的黏液吸收，并与黏液中的蛋白质、多糖等物质结合，破坏黏液的运输机制，[②]引起呼吸道疾病，还具有生殖发育毒性、神经毒性、免疫毒性、遗传毒性及致癌性等。[③]

不同种类的重金属使人体中毒的机理也不尽相同。例如，汞进入机体内可随血液循环转运至全身各器官，被细胞内的过氧化氢酶氧化成 Hg^{2+}，巯基在生物

① 国家安全生产监督管理局，公安部，环保部，等．剧毒化学品目录（2015 版）[Z]，2015.

② 陈玉兰．甲醛的来源及毒性作用研究进展[J]．职业与健康，2010，26(21)：2524－2526.

③ 张森．甲醛的遗传毒性及作用机制研究进展[J]．环境与健康杂志，2017，34(11)：1022－1028.

体内参与多种蛋白或酶类的合成，Hg^{2+} 与巯基有特殊的亲和力，影响一些酶和功能基团的活性，阻碍细胞代谢，从而引起各器官和系统的损伤。[①] 又如，Ⅰ价铊离子在生物体内与钾离子竞争，取代钾离子介入一系列酶类反应影响生物代谢；此外，铊和巯基也具有高度的亲和性，阻碍细胞代谢。[②]

又如亚硝酸盐将血液中正常携氧的低铁血红蛋白氧化成高铁血红蛋白，因而失去携氧能力引起组织缺氧，导致中毒；[③] 强酸、强碱具有强烈的腐蚀性，可使蛋白质变性；高锰酸钾具有强氧化性，也可以使蛋白质变性；氯气可通过呼吸道侵入人体并溶解在黏膜所含的水分里，生成次氯酸和盐酸，对上呼吸道黏膜造成损伤；二氧化硫由于溶解性高，在上呼吸道与水接触生成硫酸和亚硫酸，形成的酸有强腐蚀性，引起黏膜损伤，造成临床一系列症状；氨在人体组织内遇水生成氨水，可以溶解组织蛋白质，与脂肪起皂化作用，能破坏体内多种酶的活性，并且对中枢神经系统具有强烈刺激作用。[④] 笔者对中学化学教学中可能涉及的有毒物质对人体的毒害作用进行了归类整理，如表 3-15 所示。

表 3-15　根据对人体的毒害作用分类

毒害作用	物质
腐蚀性	HF、HCl、HBr、SO_3、Br_2、硫酸、硝酸、氢氧化钠、氢氧化钙、光气($COCl_2$)、CH_3COOH、I_2、白磷、氯化汞、$KMnO_4$、苯酚
刺激性	F_2、Cl_2、I_2、Br_2、HF、HCl、硝酸、氮氧化物、SO_2、SO_3、H_2S、PH_3、HCN、NH_3、氢氧化钠、氢氧化钙、甲醛、光气($COCl_2$)、CH_2Cl_2、CH_3-CH_2OH、CH_3CHO、CH_3CH_2CHO、CH_3COOH、白磷、乙醚、丙酮、苯、甲苯、镉、锰、硫酸铜、氯化汞、氯化钡、醋酸铅、$KMnO_4$、$K_2Cr_2O_7$、萘、$CHCl_3$
窒息性	CO、H_2S、氰化物、亚硝酸盐
神经性	H_2S、PH_3、CCl_4、CH_2Cl_2、CH_3CH_2OH、丙酮、苯、甲苯、锰、铅、铊、醋酸铅、氯化汞、As_2O_3、氯乙烯、$CHCl_3$、苯酚
致癌性	SO_2、氯乙烯、Hg、CCl_4、$CHCl_3$、CH_2Cl_2、甲醛、CH_3CHO、苯、甲苯、镉、铅、铊、醋酸铅、As_2O_3、$K_2Cr_2O_7$、亚硝酸盐、萘、苯酚、三聚氰胺、聚氯乙烯

① 石笑晴．儿童金属汞中毒的毒理及诊疗研究进展[J]．中国儿童保健杂志，2018，26(8)：865－868.

② 王姣，聂志勇，田甜，等．铊中毒机制的研究进展[J]．临床军医杂志，2015，43(09)：984－986.

③ 王卫明．亚硝酸盐中毒的临床预防治疗体会[J]．世界最新医学信息文摘，2017，17(28)：59－60.

④ 刘柳明．有毒气体中毒 53 例的临床分析[J]．广西医学，2012，34(10)：1426－1427，1431.

(四)毒性物质状态与入侵途径

调查显示，学生对于有毒物质的状态与入侵途径的判断不准确，这体现的是学生化学基础知识不扎实。如汞，有学生认为其在常温常压下为固相或气相。学生在判断出有毒物质的状态后，根据状态分析其入侵人体的途径就显得容易得多。例如就有学生表示以呼吸道为入侵途径的有毒物质，应该都是气体。笔者对中学化学教学中可能涉及的有毒物质的状态与入侵途径进行了归类整理，如表 3-16 和表 3-17 所示。

表 3-16　根据状态分类

状态	物质
气体	F_2、Cl_2、CO、HF、HCl、SO_2、氮氧化物、H_2S、PH_3、NH_3、甲醛、光气($COCl_2$)、氯乙烯
液体	Br_2、Hg、硫酸、硝酸、HBr、HCN、醇、醛、酸、乙醚、丙酮、卤代烃、苯、苯的同系物
固体	I_2、白磷、SO_3、氢氧化钠、氢氧化钙、重金属、重金属盐、氰化物、氧化物(As_2O_3、$KMnO_4$、$K_2Cr_2O_7$)、亚硝酸盐、萘、苯酚、三聚氰胺、聚氯乙烯

表 3-17　根据入侵途径分类

主要入侵途径	物质
皮肤	F_2、Hg、HF、HCl、HBr、Br_2、SO_3、硫酸、硝酸、氢氧化钠、氢氧化钙、氯化汞、醋酸铅、$KMnO_4$、$K_2Cr_2O_7$、CCl_4、CH_2Cl_2、CH_3CHO、CH_3CH_2CHO、CH_3COOH、乙醚、丙酮、苯、甲苯、萘、白磷、苯酚
消化道	HBr、CH_2Cl_2、醇、CH_3CHO、CH_3CH_2CHO、CH_3COOH、乙醚、丙酮、苯、甲苯、I_2、Cl_2、白磷、镉、锰、铅、铊、硫酸铜、醋酸铅、氯化汞、氯化钡、氰化物、SO_3、As_2O_3、$KMnO_4$、$K_2Cr_2O_7$、亚硝酸盐、萘、苯酚、三聚氰胺、聚氯乙烯
呼吸道	F_2、Cl_2、Hg、CO、HCl、HF、HBr、SO_2、SO_3、氮氧化物、H_2S、PH_3、HCN、NH_3、氯化汞、醋酸铅、$K_2Cr_2O_7$、甲醛、光气($COCl_2$)、氯乙烯、CCl_4、$CHCl_3$、CH_2Cl_2、CH_3CHO、CH_3CH_2CHO、CH_3COOH、乙醚、丙酮、苯、甲苯、萘、白磷、苯酚、镉、锰、铅、铊、As_2O_3

(五)毒性物质的分类

从不同角度对客观物质或事物进行系统而明确的分类，对于理解和掌握较为全面的知识是十分有益的[①]。分类法应用于中学化学的方方面面，如物质的分

① 王鸿飞．中学化学中的分类体系[J]．中学化学教学参考，1995(6)：14—16.

类、化学反应的分类、化学用语的分类、化学基础理论的分类，等等[①]。物质知识是高中化学核心知识内容之一，课标要求能够根据物质的组成和性质对物质进行分类。笔者对中学化学教学中可能涉及的毒性物质的类别进行了归类整理，如表3-18所示。

表3-18　根据物质类别分类

物质类别		物质
单质	金属单质	重金属(Hg、镉、铬、铜、锰、镍、铅、锌、铊等)
	非金属单质	F_2、Cl_2、Br_2、I_2、白磷
无机化合物	酸	HF、HCl、HBr、HCN、硫酸、硝酸
	碱	氢氧化钠、氢氧化钙
	盐	重金属盐、亚硝酸盐、$KMnO_4$、$K_2Cr_2O_7$、NaCN、KCN
	氧化物	CO、SO_2、SO_3、氮氧化物、As_2O_3
	其他无机化合物	H_2S、PH_3、NH_3
有机化合物	烃类(芳香烃)	苯、苯的同系物、萘
	卤代烃	氯乙烯、CCl_4、$CHCl_3$、CH_2Cl_2
	烃的含氧衍生物	醇、醛、酸、乙醚、丙酮、苯酚
	其他烃的衍生物	光气($COCl_2$)、三聚氰胺
	高分子	聚氯乙烯

三、教学建议

(一)重视生命教育，培养社会责任感

"在一定意义上，教育是直面人的生命。"[②]这里所谈到的生命教育，不仅包括学生个体的生命健康，也包括我们共同构建的安全的生命环境。在化学教学中注重物质毒性的教学，毫无疑问，是直接的、重要的生命教育的方式。化学实验，免不了要接触各种各样的化学试剂，有些实验也存在着一定的危险。在实验前教师应该强调安全操作要求，帮助学生制订出安全、科学、合理、有效的实验方案，引导学生分析产生危险的原因，并提出在危险产生的真实情景下相应的解决措施。同时，也要让学生了解废弃药品的随意排放对人类和环境造成影响，教会学生正确处理实验废弃药品的方法。例如在SO_2物质性质的实验教学中，应引导学生设计出SO_2制备与性质的绿色化实验改进方案，做到绿色排放，培养学生

① 王鹏．基于分类观的物质知识教学实证研究[J]．化学教育，2013，34(1)：32—34，41．

② 叶澜．"教育的生命基础"之内涵[J]．山西教育(教学版)，2004(6)：1．

的安全意识和社会责任感。由于化学鲜明的学科特征，对实施生命教育有着不可推卸、义不容辞的责任，也有着得天独厚的优越条件。从个体生命到生活环境，从生活环境到生态安全，物质毒性教学的意义，都贯穿于始终。有利于培养学生的社会责任感，构建人类共同栖居的绿色生态。

(二)培养系统思维，全面辩证地看待物质世界

在进行物质毒性教学过程中，要注重系统思维的培养，主要从两方面考虑：一是辩证观点，二是分类思想。辩证观方面，如剂量问题。如人体微量元素，尽管内含量极小，但与人的生存和健康息息相关；但如果摄入过多，同样也会引发疾病。还有，物质的价值也需辩证看待。例如在学习酯类化合物的时候，可以使用案例“夺命快递”：某家快递公司的运转中心发生了一起化学品泄漏事故，经调查发现罪魁祸首是氟乙酸甲酯。氟乙酸甲酯是重要的含氟化合物，具有高毒性，但其在工业领域有着广泛的用途和发展前景。[①] 教师要引导学生辩证地看待事物，不能因为其高毒性而否认它重要的工业价值及医学价值，只要合理利用，“毒物”便可变为“宝物”。分类思想也非常重要，按照不同的分类“标准”，对物质进行合理分类学习，建立分类观。如将毒性物质按照毒物的状态、入侵人体的途径、毒性大小、毒害作用、物质类别等不同的分类标准进行分类整理，以便理解和学习较为全面的物质毒性知识。

(三)紧密联系生活，感受化学学科价值

化学与生活休戚相关，随着社会的发展，人们对生活质量有了更高的要求。虽然化学教育可以让学生习得知识与技能、思想与方法等，但是学生认为化学教育的最大价值体现在提升个人生活品质方面。[②] 在教学中需紧密联系学生的生活实际，使学生能够以化学的专业眼光来审视生活中的问题，了解物质的性质，不再谈“化学品”色变，深度感受化学学科的魅力和价值，提升化学素养水平。如教师可以在适当时机介绍食品添加剂的种类与作用，以便学生能够选购健康且合适的食物；还可以让学生关注食品安全问题的资料，培养学生的社会责任感和使命感[③]；还可以开展以“是否应该禁止使用食品添加剂”为题的小组辩论，从辩证的角度去认识食品添加剂与我们生产生活的关系。

总之，由于课程标准对物质毒性教学的规定不够明确，加之相关研究的不充分，导致实践中对物质毒性的教学缺失。我们需要合理引导学生，构建对物质毒性的原本就非常必要的正确认知，使得学生在生活中能够关注到自身的生命安全，对环境安全保持足够的敏感度，从而为保护人类共同的家园而不断努力。

---

① 吴晗清，肖美超．联系生活的化学教学研究[J]．化学教学，2016(4)：3，7.

② 吴晗清，郑冬梅．化学教育价值及其实现[J]．教育理论与实践，2014，34(2)：53—55.

③ 艾国梅．高中化学生活化教学方式的几点思考[J]．中国校外教育，2018(21)：149.

第四章　化学实验研究

第一节　化学实验教学原则新探

化学是一门基于实验的自然科学，化学实验旨在培养学生的实践能力和创新精神，而教学实践中这一效果并不理想。从教育史中汲取思想资源，并通过大量的教学实践考察，结合化学学科特点，本节指出实验教学应遵循直观性原则、过程性原则、发展性原则和虔敬性原则，让学生在实验中感受化学的魅力、体验过程的创新并自主构建动态的认知结构，从而涵养科学精神和人文情怀。

众所周知，化学是一门以实验为基础的自然科学。化学理论教学与实验教学是一个统一的整体，二者相辅相成、相得益彰。《普通高中化学课程标准》指出：要让学生掌握基本的化学实验方法和技能；了解化学实验研究的一般过程，初步形成运用化学实验解决问题的能力；形成实事求是、严谨细致的科学态度，具有批判精神和创新意识等。然而调研发现，实际上学生远远没有达成这一目标，问题的症结在于实验教学中存在一些原则性问题。借夸美纽斯的眼光加以审视，化学实验教学应遵循直观性原则、过程性原则、发展性原则以及虔敬性原则。

一、直观性原则：让学生利用感官直接感受化学的魅力

在《大教学论》中夸美纽斯写道："教导应该尽可能通过感官去进行，使它能费较少的劳力被记住。"[①]在化学学习中确应如此，有许多物质的重要性质常常是需要学生掌握的，死记硬背不仅会使学生感到枯燥乏味，而且由于记忆内容繁复冗杂，又不谙性质背后的本质原因而容易混淆。但若将物质呈现在学生面前，则效果有着天壤之别。比如学习金属钠时，需要掌握钠是一种质软的金属、具有银白色金属光泽、密度比水小、化学性质活泼。教师指导学生亲自从煤油中取出一小块钠，切割、观察，然后放在滴有酚酞的水中。学生能亲眼看到钠浮游在水面

① 夸美纽斯．大教学论[M]．傅任敢，译．北京：人民教育出版社，1984：116.

上、溶液由无色变为红色，亲耳听到"嘶嘶"的声音，亲手摸到烧杯的温度变高。这些直观的感觉让学生印象深刻，巩固了对金属钠知识的多维建构。

直观性除了主角视觉之外，还强调多感官协同。"一切事物都应该尽量地放到感官跟前。一切看得见的东西都应该放到视观的跟前，一切听得见的东西都应该放到听观的跟前。气味应当放到嗅官的跟前，尝得出和触得着的东西应当分别放到味官和触官的跟前。"①比如学习浓硫酸的脱水性时，若只是单纯地讲解，学生难以理解且半信半疑；但是假以浓硫酸使蔗糖"炭化"的实验探究(如图 4-1)，学生就会综合性地认识这一重要性质：白色蔗糖脱水并迅速膨胀形成黑色柱状物质，并伴有较为剧烈的"嘶嘶"声；手接近烧杯壁时感受到很高的温度；生成的产物先后能使品红溶液褪色、澄清的石灰水变浑浊等。强烈的感官刺激，让学生对浓硫酸的脱水性、强氧化性和反应放出大量热量有了直观的感受，更重要的是让相关知识如 SO_2、CO_2、$KMnO_4$ 等得到了良好的整合，同时培养了学生一定的实验设计能力。

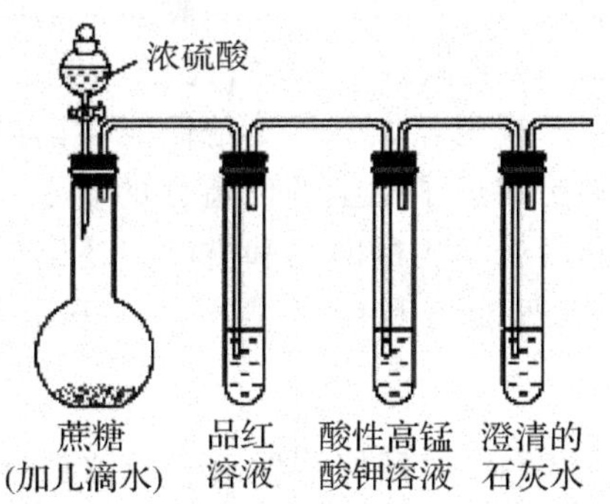

图 4-1　浓硫酸使蔗糖"炭化"的实验

正如夸美纽斯指出："假如能使孩子们先运用他们的感官(因为这最容易)，然后运用记忆，随后再运用理解，最后再运用判断，这样才会次第井然；因为一切知识都是从感官的感知开始的；然后才有想象的媒介进入记忆的领域；随后才由具体事物的探讨对普遍生出理解；最后才有对业已领会的事实的判断，这样，我们的知识才能牢实地确定。"②对于化学这门基于实验的学科，教学更应该如此。但遗憾的是，由于教师观念、升学压力、教学制度等导致化学实验没有得到应有的重视。比如教材上要求的许多实验教师往往以叙述的方式代替了真正的实验，以致于学生没见过仪器、药品，因此他们对反应现象的感知就仅限于书本上

① 夸美纽斯．大教学论[M]．傅任敢，译．北京：人民教育出版社，1984：156.

② 夸美纽斯．大教学论[M]．傅任敢，译．北京：人民教育出版社，1984：112.

的画面而已。“假如事物的本身不能得到，便可以利用它们的模型图象。”[①]在多媒体技术迅速发展的今天，化学实验教学也可以借助多媒体演示，比如讲到分子、原子等比较抽象的微观结构时，多媒体动画可以增进学生的理解。需要说明的是，视频中的实验操作不可以替代学生真实的实验过程。

二、过程性原则：让学生在过程中体验创新

夸美纽斯在提出改良学校教育时强调：“人类这个理性动物将不由别人的才智去领导，而由他自己的才智去领导，它不仅阅读别人的见解，掌握它们的意义，或把它们记下来、背下来，他要其亲自钻研事物的根源，获得一种真能理解且真能利用所学的东西的习惯。”[②]由此可见，亲自钻研不仅可以增进学习兴趣、开发才智，它所带来的最大的益处更在于让学生养成一种在实践中探索的学习习惯。

在化学教学方面，除了部分教师演示实验外，我们应该多给予学生亲自动手的机会，体验科学探究的过程，学习运用以实验为基础的实证研究方法。著名的教育家陶行知先生曾提出“教学做合一”，由此也可看出“做”在教学中的重要地位。演示实验解放了学生的视觉，做到了让他们能看；而让学生参与到实验过程中，亲自动手去实践，则是解放了学生的创造性的双手，做到了手脑并用。在化学教学中，我们要把原本属于学生的时间和空间归还给学生，引导他们积极主动地参与到学习中，培养实践能力和创新精神。以下是笔者访谈时的一个经典案例。

案例：“我(指学生T)居然能做出一个拉动小车的电池！”

……

学生T：有一次经历特别难忘，那就是我们化学老师桑老师让大家制作一个电池。

……

某学生：我们查了一些资料，进行比较，发现Al—空气电池最简易。我就尝试做了。

学生T：具体是这样的。拿一根圆柱形木棒，不太结实的那种，放到火上烧成木炭。木炭冷却后，用面巾纸将它包好，多包几层，然后把它们伸入到饱和的食盐水中浸泡一小会儿，让其充分吸收NaCl溶液，然后再用铝箔将它们卷起来。注意铝箔不要与木炭相接触。这就完成了一个原电池。用连接灯泡的两根电线，

① 夸美纽斯．大教学论[M]．傅任敢，译．北京：人民教育出版社，1984：156.

② 夸美纽斯．大教学论[M]．傅任敢，译．北京：人民教育出版社，1984：64.

分别与木炭和铝箔相连。灯泡居然亮了！感觉太不可思议了、太神奇了。我用力紧握灯泡就变得更亮一些。换掉灯泡，接上玩具小车，居然也能拖动！

……

学生 T：这个简易的电池完全符合一个原电池的三大要求。

(1)有正负极，铝箔是活泼的金属，容易失去电子，做负极，$Al-3e^-=\!=\!=Al^{3+}$；正极材料是碳，反应为 $O_2+2H_2O+4e^-=\!=\!=4OH^-$。

(2)面巾纸浸泡了 NaCl 溶液，提供了一个电解质环境。

(3)用导线连接灯泡或小车，就是一个完整的电路了。

……

学生 T：其实，这次动手制作的经历对我非常重要。因为原电池的原理我开始就不能理解，等我看到我做的电池居然能带动小车，就明白了很多；以前总是觉得学的东西很枯燥，跟生活没什么关系，比如学了那么多物理知识，可是一些电器我们连使用都不会。现在一看到电池，比如什么锂电池之类的，我就能猜想到它大概的原理；还有，就是觉得制作的小玩意儿挺有意思，动动手很好。

事实胜于雄辩。教师们一般认为动手操作导致教学的高耗低效，从案例中可以看出，这显然是不符合事实的。一次动手体验的经历就让学生印象深刻，这种直接经验要比课本知识呈现的效果深刻得多、真实得多、有效得多、持久得多。更重要的是让学生真切地感受到了“创造”，真切地体会到知识与人类生活实际的联系和实用价值。当然，动手的频率可以灵活控制，并不是要求每节课都要动手，而是需要教师发挥主体性给学生创造合适的动手机会。另外需要强调的是，学生在过程中体验不仅培养了学生的实践能力，还能增强应试能力。长期以来，我们往往将知识与能力、素质与应试二元对立起来，认为只要高考制度不变，就不可能让学生在实验过程中成长，这显然是偏激的。如关于原电池的知识是考试的重难点，学生往往望而生畏。而案例中学生 T 则通过制作一个电池，对原电池的原理及正负极反应有着本质的理解，他告诉笔者，“碰到电化学的题目都不怕”！

所以，我们应该提供让学生参与实验过程的机会，鼓励学生亲自动手探究。通过探究过程中的动手操作和动脑思维，不仅能将此部分知识彻底掌握，更重要的是让学生体会到实验的乐趣、化学的魅力。正如居里夫人指出的“科学的探索研究，其本身就含有至美”，正是这种内在的体验和追求，造就了学生可持续发展的长足动力。

三、发展性原则：让学生在探究中自主构建知识

夸美纽斯提出“青年的正确教育是使他们的悟性看到外面的世界”[①]，他还将学生的心灵比作“一道活流，如同树叶、花儿和果实从树上的蓓蕾生出来，到了第二年又生出一个新的蓓蕾，又从新的蓓蕾生出新的嫩枝和枝上的树叶、花儿和果实一样”[②]。正如生物重演律指出，生物的个体发育过程重演其祖先的系统发生过程。学生如同人类的童年，对世界充满了好奇，渴望通过自身的探索去解密而非知道现成的答案。夸美纽斯强调：“学生应当懂得，他所学的东西不是从某种乌托邦取来的，也不是从柏拉图式的观念借来的，而是我们身边的事实之一。这样一来，他的精力和精确性就可以得到长进。”[③]化学教学原应始于实验，因为学生不仅要通过实验获得知识，更应该从实验中学会基本的探究方法，学会迁移。然而当下教学实践中，学生实验主要还是以验证实验为主，也就是说，可以不用思考，只是按照书本上的操作步骤照单抓药即可。只要操作正确，一般都能得到和书本上相同的实验现象和结论，即使现象与书本描述的不符，多数教师和学生也不会去深究其原因。对于验证性实验，教师可以先不给出应有的实验现象，而是引导学生在实验时多思考几个为什么，比如：实验为什么要这样设计？每一种物质加入的作用是什么，量如何，顺序能否交换？能不能在原有基础上进一步优化？对于在实验现象中出现的“反常”现象，教师应当鼓励学生从中发现问题，不要让学生误以为“反常”就一定错误，就会遭受批评。恰恰相反，“反常”往往是问题的生长点，促进学生发展的极好契机。著名科学哲学家波普尔指出：科学只能从问题开始，并且“应当把科学设想为从问题到问题的不断进步——从问题到愈来愈深刻的问题”。正是由于问题，“才激励我们去学习，去发展我们的知识，去实验，去观察”[④]。

比如笔者调研发现，在学习“乙醛与新制氢氧化铜反应”时，学生产生了这样的疑问：既然银镜反应和与新制氢氧化铜反应是醛类物质的特征反应，那么甲醛、丙醛等含有醛基的物质也能发生这样的反应？教师没有直接回答，而是鼓励学生自行探究实验。实验现象：

(1)乙醛、丙醛与新制的氢氧化铜反应产生了砖红色沉淀 Cu_2O，反应后，加入了酸，发现有 Cu 单质和 Cu^{2+} 生成；

(2)甲醛反应速率较快，但没有期望中的砖红色沉淀生成，却在试管壁形成

① 夸美纽斯．大教学论[M]．傅任敢，译．北京：人民教育出版社，1984：124.

② 夸美纽斯．大教学论[M]．傅任敢，译．北京：人民教育出版社，1984：124.

③ 夸美纽斯．大教学论[M]．傅任敢，译．北京：人民教育出版社，1984：160.

④ 波普尔．猜想与反驳[M]．上海：上海译文出版社．1986：317—318.

了一层光亮的铜镜。

经探究学生发现：

(1)丙醛有类似乙醛的反应，产物 Cu_2O 在酸性条件下发生了歧化反应：

$CH_3CH_2CHO + 2Cu(OH)_2 + NaOH \longrightarrow Cu_2O\downarrow + 3H_2O + CH_3CH_2COONa$(条件：加热)

$Cu_2O + 2H^+ = Cu^{2+} + Cu + H_2O$

(2)甲醛尽管有醛基，但是醛基数目是乙醛的两倍，从而使得其还原性比乙醛强，因而产物不是砖红色沉淀，而是光亮的铜镜：

$HCHO + 2Cu(OH)_2 + 2NaOH \longrightarrow 2Cu\downarrow + Na_2CO_3 + 4H_2O$ (条件：加热)

学生通过自主提出问题，并进行实验探究，其知识建构过程是有意义的。学生不仅感受到同一类型的物质有相似的性质，而且还感受到有机化合物中基团与基团的相互作用，以及有机化合物的反应的复杂性。显然，这种教育价值绝非教材知识的简单传授所能及的。正如学生后来说："通过探究，我们敢于探索课本上没有涉及的知识，比如知道了本次实验中 RCHO 与新制 $Cu(OH)_2$ 溶液反应为什么需要碱性条件，意识到了反应条件对有机化学反应有多么重要，因为条件改变得到的产物就不同了。"教师也表示："自主探究可以发展学生多种能力，比如提出问题、设计能力、操作能力以及分析和综合能力，而且也很好地诠释了什么是真正的'教学相长'。"

四、虔敬性原则：让学生在实验中体悟科学和人文精神

教师应该怀有一颗对知识、对教育的敬畏之心，以一种虔敬的态度来培养学生的科学精神、态度以及人文情怀。《普通高中化学课程标准》明确提出：在人类文化背景下构建高中化学课程体系，充分体现化学课程的人文内涵，发挥化学课程对培养学生人文精神的积极作用。《大教学论》深刻地启示我们："对于国家的贡献哪里还有比教导青年和教育青年更好或更伟大的呢?"[①]"追求伟大的事情在过去是高贵的，在现在是高贵的，到将来永远也是高贵的。"[②]教师被誉为人类灵魂的工程师，教书育人是其光荣使命。但是如果不懂得教育促进人自由而健康地发展这一真谛的话，往往容易好心办坏事。夸美纽斯告诉我们"假如要形成一个人，就必须由教育去形成"[③]。如何"形成一个人"呢？在"教书"层面上，我们不仅要以便易、彻底、简明、迅速的方法教授给学生知识，还应该"授之以渔"，培养学生的自我教育能力。在"育人"方面，我们就需要将情感价值观教育落实到教

① 夸美纽斯．大教学论[M]．傅任敢，译．北京：人民教育出版社，1984：4.

② 夸美纽斯．大教学论[M]．傅任敢，译．北京：人民教育出版社，1984：8.

③ 夸美纽斯．大教学论[M]．傅任敢，译．北京：人民教育出版社，1984：39.

学实践中。

在化学实验教学中如何守持虔敬性？首先，要珍视学生“神圣的好奇心”。教育思想家洛克早就指出：“好奇心不过是一种追求知识的欲求，因此应该给予鼓励。给予鼓励，不仅因为它是一种良好的现象，而且因为它是自然赋予他们的一种绝好的工具，可以祛除他们生来的无知。”[①]然而实践中往往难以做到，笔者亲身经历了一次这样的情境：学生非常激动、急切地打断教师讲课，大声问道“催化剂为什么就能加快反应的速率”？教师制止一次两次学生依然，直至第三次生气地警告学生别捣乱时，学生才悲愤地耷拉下脑袋。

其次，要培养学生的怀疑精神。因为没有基于怀疑与批判的超越，就没有创造。爱因斯坦在一篇深刻而优美的《论教育》诗篇中说，“知识是死的，而学校却是在为活人服务”，学校“被放在首要位置的永远应该是独立思考和判断的总体能力的培养，而不是获取特定的知识”，“因为由一个没有个人独创性和个人目标的标准化的个人所组成的社会，将是毫无发展可能的、不幸的社会”[②]。比如教材中认为乙烯使酸性高锰酸钾褪色后，变成含有 Mn^{2+} 的浅红色溶液，然而实验中却发现出现了悬浮其中的黑色不溶物，因此认为教材处理问题过于简单化，从而展开探究，形成了关于高锰酸钾更加丰富和真实的知识体系。

要做到这些，教师要持有开放的自然观、知识观，自身一定要受过良好的科学探究的训练。教学中要有承认自己某些方面无知的胸怀，正如苏格拉底所说“我所知道的只是我什么都不知道”。比如实验中出现了异常现象，有些学生担心是自己的错误，在实验报告上不真实地记录实验现象，面对这种情形，教师即使自己不能解释，也不能敷衍了事或信口臆断，而要引导学生展开探究，培养学生实事求是的探索精神。著名科学哲学家库恩指出了脱离实验过程而只讲知识的弊病，他说“科学教学把对一种理论的讨论与对它的范例的应用的评论结合在一起的方式，有助于加强一种主要是从其他来源得出证实理论的印象。这样做的一个最简单的理由，读教科书的人轻易地把应用当作是支持理论的证据，当作是该理论应被信任的理由。但是，学科学的学生接受理论，是教师和教科书的权威造成的，而不是因为证据”[③]。也就是说，教学不应是现成科学知识、理论的灌输，它应让学生参与到探索的过程中，学会使用科学的方法，培养科学的态度和体验科学以及人文精神。

---

① 洛克．教育片论[M]．上海：上海人民出版社，2005：194.

② 爱因斯坦．论教育．爱因斯坦晚年文集[M]．北京：北京大学出版社，2008：26－29.

③ 库恩．科学革命的结构[M]．北京：北京大学出版社，2003：74.

第二节　化学探究性实验教学的困境与突围

化学探究性实验是培养学生实践能力和创新精神的重要渠道。然而实践中存在教师观念偏差、知识与能力二元对立，学生问题意识单薄、实验操作能力欠缺，以及相关教学制度阻滞等困境。基于实践问题的深度解剖，结合已有研究，本节指出可以从三个渠道实现瓶颈的突围：课内限定式探究性实验的挖掘、课内生成式探究性实验的利用以及课外体验式探究性实验的开发。

探究性教学的思想很早就有萌芽。孔子曾说“不愤不启，不悱不发。举一隅不以三隅反，则不复也”。苏格拉底也常常采用提问的方式，不断反诘学生，促使他们进行深度的思考，自己主动建构并获得知识。他强调教师应该“不以知识授予别人，而是使知识自己产生的产婆”。近代教育家杜威提出了“反思五步说”，即将人们探究过程分为五个步骤：情景、问题、假设、推理、检验，[①] 他进一步以此为基础创立了“问题教学法”。

所谓探究性教学，就是在教师的指导下，学生以类似或模拟科学家研究的方式进行的学习活动，具备以下几个特点：首先是开放性，教师不应该过于干预学生去发现问题，应给予他们更多的机会去确定自己的研究课题；其次是真实性，探究的问题应更多地聚焦在教学过程中遇到的真实困境上，这样有利于激发学生的兴趣，培养学生解决实际问题的能力。再次是过程性，学生要完整经历选定主题、制订计划到实施计划、撰写报告及交流成果的一系列过程。探究性教学的主要价值在于学生探究过程中的综合体验。

一、化学探究性实验教学的实践困境

我们的教学应当有利于学生体验科学探究的过程，学习科学探究的基本方法，加深对科学本质的认识，发展创新精神和实践能力；有利于学生形成科学的自然观和严谨求实的科学态度，更深刻地认识科学、技术和社会之间的相互关系，树立可持续发展的思想。因此需要激发学生学习化学的兴趣，强化科学探究意识，促进学习方式的转变，在实践中培养学生的创新精神和实践能力。然而化学探究性实验教学在实际的操作过程中，出现了很多的问题，主要体现在教师、学生及相关因素三个方面。

(一)教师：自身观念的偏差

笔者在调研时，被访教师主要有以下三类观点：第一类，排斥探究性教学。

① 约翰·杜威．民主主义与教育[M]．陶志琼，译．北京：中国轻工业出版社，2014：166.

认为“有高考压着，学生哪里有时间进行探究啊，没时间、也没精力”，缺乏探究性实验教学价值的认知。第二类，心有余而力不足。认为“课时太紧张了，我们只好在课堂授课中引导学生进行书本知识的探究，尽量避免一味灌输”。第三类，认知理解偏差。认为“为跟上新课改背景的潮流，学校有开展相关课程，但还是要以学业为主，它只是作为选修课，有兴趣的学生自行选择”。可以说，教师观念的偏差是化学探究性实验教学没有普遍开展的重要原因之一。基础教育长期以来理念与实践严重背离，大多数教师往往将知识与能力、素质与应试二元对立起来。① 能力培养与知识学习应该是相辅相成的，而非互相排斥，让学生在知识构建的过程中达成真实的科学素养。

(二)学生：问题意识淡薄，操作程序机械

爱因斯坦曾谦逊地说“我没什么特殊才能，不过喜欢寻根刨底地追究问题罢了”②。在学习过程中的不断质疑、提出问题，对于能力的培养至关重要。而学生的思维方式往往受到限制，寻求标准答案、走捷径成了大多数学生的一种惯性，从而阻碍了探究性教学的开展。以北京某中学的化学探究性实验“粉笔上绽放的奇葩”为例，它巧妙地利用粉笔作为反应容器，将“铝热反应”微型化、趣味化、节约化。在实验中要求学生自己动手在粉笔中央挖一个小槽，作为铝热剂反应发生的场所。在教师没有明确具体挖槽的要求时，看似简单的操作，然而大多数学生却无从下手。长期的“照单抓药”式的验证实验，已经让学生失去了问题意识及思考习惯。验证性实验，只强调学生对于书本知识的验证及实验操作技能，导致学生对于实验步骤的机械重复，完全没有独立思考的过程，阻碍了化学探究性教学的进行。

(三)相关因素：实验仪器及药品不足，课时安排紧张

探究性实验教学的开展还受一些其他相关因素的影响，例如实验仪器及药品、学校课程安排等。首先，实验素材及设备的不充分。笔者在调研过程中，经常会有教师提到因为实验药品不够，而造成课程开展的停滞。③ 有时也会遇到几个班级同时上实验课，由于仪器的紧缺，不得不两个小组共用一套实验器材，使得实验目的难以达到，效果较差。当然，访谈中也有专家型教师能够创造性地发掘相关资源，用一些替代品自制诸多实验器材。其次，课程安排得不合理。调研时发现很多学校将化学开放性实验作为选修课程，最终落实到上课的学生仅有十分之一左右，导致探究和应试两张皮，理念与实践分家。而必修课程的内容，在形式上又很少涉及明显的探究性教学，因而导致仅有极少部分的学生在中学期间

---

① 吴晗清．马薇．化学实验教学原则新探[J]．教学与管理，2013(7)：76－79.

② 陆绍闵．中外名人成功的启迪[M]．济南：山东科学技术出版社，1992：75.

③ 吴晗清．高中化学实验教学实践症结与对策探析[J]．中国教育学刊，2013(2)：68－72.

有系统探究性学习的体验。

二、化学探究性实验教学困境的突围路径

根据实际教学中的真实情况的反映，并结合探究性教学的应然价值。笔者认为，学生探究能力的形成与发展应该循序渐进，而不是突发式的。学生在没有接受基本理念与操作的训练之前，是不可能独立从事探究性学习的，因而仍需要教师的大力指导，它的开展应该遵循由“扶”到“放”的过程。我们认为走出当前探究性教学的实践困境主要有三个渠道：课内限定式探究性实验的挖掘、课内生成式探究性实验的利用以及课外体验式探究性实验的开发。

(一)课内限定式探究性实验的挖掘

课内限定式是指探究的内容及方法主要围绕教材知识进行，探究方式也往往在课堂中呈现，旨在让教师能充分利用教材与课堂，即不浪费时间与精力去单独开展探究性课程，也能让探究性教学更好地融入课堂中。主要有两种途径：一是在趣味教学的基础上，将验证性实验转化为探究性实验；二是深挖教材中的不充分内容，合理展开探究。

1. 在趣味教学的基础上，将验证性实验转化为探究性实验

当前人教版《高中化学》必修 1、必修 2 教材中的验证性实验共有 24 个。这些实验内容大多数都将详尽的实验步骤给出，学生只需根据设定好的实验内容，进行简单的操作，而后验证教材中给予的陈述性知识。缺少问题意识、缺少发现、没有激动、没有思考，只剩繁杂知识点的记忆。例如人教版九年级《化学》下册教材中，在学习酸碱中和反应时，设计了一个简单的氢氧化钠与盐酸的反应，并加入酚酞观察现象，这个实验可以充分验证出酸遇碱会发生中和反应，但是由于在反应之前就设定加入酚酞，导致所有的实验步骤都没有任何探究的意蕴，这样的实验教学如果可以加以改进，将会起到更好的效果。

案例：“秘密情报”?

H 教师设计一个“秘密情报”的故事情景。

“二战”期间，为了传递秘密信息，德国士兵在一张白纸上，用某种无色溶液写上所要传递的机密内容，然后将其送至目的地。接收密码的士兵在纸的表面喷上另一种无色溶液，纸上便会立刻出现红色字迹而显现出密码。(学生欢呼)当得到情报后，士兵需要毁掉字迹，便再喷上另一种无色溶液，红色字迹便即刻消失。(学生亢奋)

这样神奇震撼的情景设置，极大地调动了学生的好奇心。H 教师合理引导学生进行实验探究，不仅主动获得了酸碱中和反应、指示剂变色等科学知识，更重

要的是激发了学生的好奇心，对化学神秘感的高度兴趣，从而水到渠成地培养学生的科学思维、探究能力。

2. 深挖教材中不充分的内容，合理探究

在教材中，经常会出现很多知识点蜻蜓点水，仅仅点到为止不够深入，或者是解释较为模糊的情况，此时教师就应该抓住这些模棱两可的点，引导学生主动探究。例如学习高中化学必修一“过氧化钠的性质”时，人教版教材设计了这样的实验，把水滴到过氧化钠试管中，立即用带火星的木条放在试管口，检验生成的气体，并向反应后溶液中加入酚酞，问有什么现象发生，生成氢氧化钠，因此酚酞会变成红色，然而不久后，红色会立刻消失。对于突然出现的褪色现象，书中并未说明，教师就应该深挖教材中的不充分内容，引导学生及时探究。

案例：过氧化钠与水反应后，为何变红的酚酞会褪色？

学生假设：假设1：生成浓度较高的氢氧化钠，且反应放热，从而使其褪色。假设2：反应物过氧化钠具有漂白性。假设3：生成了具有漂白性物质过氧化氢。

方案设计：

针对假设1的实验方案：配制饱和的氢氧化钠溶液，即浓度最高。滴加酚酞，并改变温度，实验结果为过程中一直没有红色出现。因为酚酞的变色域pH：8.2～10.0，当pH＞10，即浓氢氧化钠时，超过变色域，酚酞不会变红。[①]

针对假设2的实验方案：通过观察，即可发现过氧化钠已经反应完全。

针对假设3的实验方案：(1)先检验溶液中是否含过氧化氢。加入二氧化锰，发现生成了氧气，表明含有。(2)检验过氧化氢是否具有漂白性。取少量氢氧化钠溶液于试管中，加入酚酞后变红，再加入过氧化氢，发现红色立即褪去。

实验结论：过氧化钠与水反应，生成的氢氧化钠遇酚酞变红；由于反应还生成了过氧化氢，溶解在溶液中，从而漂白了变红的酚酞，从而褪色。

反应方程式：$Na_2O_2 + 2H_2O = 2NaOH + H_2O_2$

$2H_2O_2 = 2H_2O + O_2\uparrow$

(二)课内生成式探究性实验的利用

课内生成式同样来源于课堂。在教学过程中往往会出现很多的异常事件，比如实际的实验现象与预设不相符。课内生成式探究就是以这些异常现象为培养学生探究能力的切入口，抓住学生的好奇心，将突发的状况转化成探究的问题。这种课内生成式的问题往往直接来源于课内基本知识，但是它的解决需要通过学生

① 北京师范大学无机化学教研室，等．无机化学(上册)[M]．北京：高等教育出版社，2002：332.

查阅相关资料，运用多重思维，设计实验方案，分析得出结论，等等，从而在这个复杂的系列探究中，形成综合的研究能力。

案例：为什么盐酸不能溶解氧化铝？

教学情境：讲解氧化铝的两性。演示实验，即在装有氧化铝粉末的试管中，滴加盐酸，然而却观察不到氧化铝有明显的溶解现象。教师重复实验几次都未成功。

问题提出：为什么盐酸没有溶解氧化铝呢？

探究1："是盐酸有问题吧？"教师引导学生检验，某学生拿起一瓶石蕊溶液，滴入几滴于盐酸试管中，出现了红色现象，表明盐酸没有问题。探究2："氧化铝是不是有问题？"教师思考片刻说："氧化铝是我昨天在试剂店买来的，今天第一次用哦，应该不会过期的。"

生成式探究问题："为什么盐酸不能溶解氧化铝，这就是今天的作业，请大家回去仔细查阅资料，分析原因。"最后发现，不能溶解的原因是氧化铝有多种变体，最常见的是 $\alpha-Al_2O_3$、$\gamma-Al_2O_3$。其中 $\alpha-Al_2O_3$ 的熔点高，它是通过高温烧制氢氧化铝得到的，一般不溶于酸或碱中；但 $\gamma-Al_2O_3$ 可溶于酸或碱。而市面上售的氧化铝往往为 $\alpha-Al_2O_3$，因此出现了课内的"异常"现象。

突发性事件恰恰为精彩的教学生成提供了可能。该教师利用这一生成式的问题，为学生创设了探究的情境，激发了学生强烈的好奇心，感受到了化学的神奇魅力。《学记》云："是故学然后知不足，教然后知困。知不足然后能自反也，知困然后能自强也。故曰教学相长也。"教师通过意料之外的问题解决，不仅促进了学生知识的获得、情感的满足以及和谐的成长，更重要的是自身得到了进一步的升华。

(三)课外体验式探究性实验的开发

课外体验式基于前两种形式，在学生已经具备基本的探究能力时，超越教材中的教学内容，根据学生感兴趣的主题、生活中有趣的问题，以及与社会紧密联系的话题等进行自主探究。从选题到探究过程都以开放的形式，由学生自行设计，教师主要起诊断、评价等作用。如人教版《高中化学》选修五，学习酯类物质化学性质时，其中一个重要的反应就是皂化反应。"皂"是我们生活中非常重要的物品，学生可以根据学过的知识进行尝试性的皂类生产。

案例：我们居然可以自制香皂！

学生在学习完皂化反应后，非常惊讶地发现居然可以自制生活中每天都接触到的香皂。根据自身的兴趣，以香皂的制作为探究课题，设计了一套完整的实验过程，经教师修订，实验方案如下。

(1)制皂基本原料：植物油、氢氧化钠、酒精、各种香料。

(2)皂化反应：植物油溶解到酒精里，然后再加一定量的氢氧化钠溶液。用玻璃棒搅拌，加热。

(3)检验皂化程度：取出几滴试样放入试管，在试管中加入蒸馏水。静置时，若有分层现象，则说明皂化不完全。

(4)盐析：将热的蒸馏水慢慢加到皂化完全的黏稠液中，搅拌使它们互溶。然后倒入热的饱和食盐溶液中，边加边搅拌。静置后，肥皂便盐析上浮，用纱布过滤。

(5)入模与成型：将过滤后的液态肥皂倒入各式各样的模具中，并根据自己的喜好，加入不同的香料。在通风的地方放置数周，然后脱模成型，供自用。

在课外体验式的探究中，学生进行大胆尝试，既建构了相应的学科知识，又锻炼了自己的实践能力，从而形成了良好的探究习惯。访谈时，有学生表示："第一次亲手制作生活中每天都会见到的肥皂，这种感觉真的很神奇，化学居然这么好玩、这么有用，自己制作的东西，使用起来也会更加放心。"有研究表明，绝大多数的学生对于生活中的化学问题感知还是较为肤浅的，虽然他们认同化学与生活息息相关，但当举出具体的生活案例时，却仅局限于一两个众人皆知的生活常识上，并且大多数学生也并不能运用已有的学科知识，分析解决真实的生活问题。① 因此，化学教学需要紧密联系生活实际，大力开发课外体验式的化学探究迫在眉睫。

一言以蔽之，探究性学习方式能够改善学生对于科学及学校的态度，相较于传统学习方式的学生，他们更加容易对科学产生兴趣、乐于探究，对学校持有更加积极的态度。② 由此看来，探究性学习关乎的不只是知识、能力，更多的是态度、精神。因此化学探究性实验教学应该融入每堂课中，让学生在探究中学会发现问题、解决问题、建构知识，形成扎实的综合性的科学素养。

第三节　高中化学实验教学的实践症结与对策探析

化学实验是培养学生实践能力与创新精神的主渠道，是影响学生科学素养形成的重要因素。利用自编的专家效度问卷，对来自我国 11 个省市的 341 名高中化学教师进行了调查，并辅以对部分教师的深度半结构性访谈。结果表明当前实

① 吴晗清．肖美超．联系生活的化学教学研究[J]．化学教学，2016(4)：3－6.

② Gibson H L, Chase C. Longitudinal impact of an inquiry-based science program on middle school students' attitudes toward science[J]. *Science Education*, 2002, 86(5): 693－705.

验教学的症结主要体现在：实验价值的认识问题、探究性实验的实质性开展问题、“定性”向“定量”的转变问题以及实验过程中学生的主体参与问题；大部分教师由于对实验价值缺乏足够的认知，加之高考升学压力、实验硬件条件等限制，导致仅有少量的教师能比较正常地开展实验教学；绝大部分教师理念上认同科学探究，然而实践中容易将其与高考应试二元对立起来，导致绝大部分实验均为验证性的简单实验；教师在理念和实践层面对“定量实验”都缺乏足够的重视；由于学生实验习惯、态度、课时、课堂管理以及教师自身素养等因素影响，在实验过程中学生积极性并不高，照单抓药、缺乏问题意识和持续探究的热情。

一、高中化学实验教学的困境

众所周知，化学是一门以实验为基础的中心自然科学。化学实验是学生实践能力和创新精神形成的良好载体。化学新课程强调，要让学生“学习实验研究的方法，能设计并完成一些化学实验。进一步理解科学探究的意义，学习科学探究的基本方法，提高科学探究能力”，还要培养学生的“问题意识，能够发现和提出有探究价值的化学问题，敢于质疑，勤于思索，逐步形成独立思考的能力，善于与人合作，具有团队精神”。然而，这是一种理想化的应然状态，实际上实验教学存在着种种困境。

首先，实验教学的价值没有正本清源。化学新课程开设了《实验化学》(选修)模块，无疑是历史性的突破。但教材审查专家提出一个具有根本性质的问题：“究竟是实验化学，还是化学实验?”[①]这个问题十分深刻同时也难以简单作答。实验本质功能的定位尚不明确，这导致教师对实验价值的认知存在偏差。其次，教学操作层面也就相应地问题频现。研究表明，尽管学生喜欢实验，但良好的实验习惯尚未养成，学生对化学实验与化学学习关系的认识不清。[②] 这与教师常常采用讲授与演示实验相结合的方式有关，体现的是教师中心、客观知识中心。有人指出，化学实验开设情况不容乐观，其主要原因是实验室资源和教学时间有限。[③] 化学实验改革是化学课程与教学改革的重要组成部分。化学教育的任务“不仅在于学习知识、操作技能，更重要的是核心化学基本观念的形成”；“化学学科本身教育的缺位，是很多教师黑板上‘做实验’的原因之一”。[④][⑤] 化学实验教学与理论知识的教学应是统一的有机整体，二者相辅相成，相得益彰。然而教学

---

① 冷燕平，等．关于中学化学教学实验改革问题的思考[J]．化学教学，2008(4)：1－4.

② 李广洲，等．关于高中生化学实验学习情况的调查研究[J]．化学教育，2008(8)：45－48.

③ 郑长龙，等．高中新课程“实验化学”教学状况的调查与分析[J]．化学教育，2010(10)：58－61.

④ 宋心琦，等．化学实验教学改革建议之一[J]．化学教学，2012(4)：3－7.

⑤ 宋心琦，等．化学实验教学改革建议之一[J]．化学教学，2012(4)：3－7.

实践中却并非如此，这亟须我们去探寻症结所在并寻求有效的解决路径。

二、研究方法

(一)文献法

笔者在调查问卷编制和访谈提纲拟定前，参阅大量文献资料，主要是20世纪中国百年化学课程标准或教学大纲，从而把握我国化学课程中实验的定位及其历史变迁；另外是改革开放三十余年，特别是新课改以来我国化学实验教学的文献，明晰了我们取得的成就和存在的问题，从而为本研究提供了一定的坐标参照。

(二)问卷调查法

本研究采用自编问卷。在历史文献把握的基础上，经课题组成员多次研讨和修改而完成问卷的基本编制，后经在部分教师中试测，发现一些问题后经专家和一线教师共同审查、修改，最终完成问卷编制。问卷由体现当前实验教学特点的四个维度构成，即“实验开设情况及对实验价值的认知”“验证性实验与探究性实验”“定性实验与定量实验”及“实验的主体性与过程性”等。问卷效度主要通过专家诊断和预测来保证，调查信度则依赖于回答问题的内部一致性来检验。

本研究主要借助于“国家社会科学基金教育学重大课题”《基础教育未来发展的新特征研究》的项目成员校，自2011年5月起，对各学校的高中化学教师发放问卷共360份，收回有效问卷341份，有效率为94.7%。教师样本概况见表4-1，可以看出抽样具有较好的代表性。

表4-1　高中化学教师样本(341人)分布概况

性别	男	181人(53.1%)
	女	160人(46.9%)
地区	华北(北京、石家庄、邢台)	107人(31.4%)
	华东(杭州、上海、南京、合肥)	88人(25.8%)
	华中(长沙、武汉、南阳)	61人(17.9%)
	西南(重庆、绵阳、成都、阿坝)	85人(24.9%)
学校类别	普通高中	102人(29.9%)
	区县重点	126人(37.0%)
	省市示范	113人(33.1%)
教师类别(自评结果)	新手型	101人(29.6%)
	成熟型	213人(62.5%)
	专家型	27人(7.9%)

(三)访谈法

本课题组自2011年5月起，历时一年有余，陆续对来自四大地区的60名高中化学教师进行了深度的半结构性访谈，涉及实验课开设、实验价值认知、实践困境、探究性实验、定量实验、实验与高考等主题，形成约15万字的访谈报告，为本研究提供了大量的实证素材。

三、调查结果与分析

(一)实验开设情况及教师对实验价值的认知

实验是研究化学的基本路径，其价值不言而喻，但实现的前提是要“做”实验而非“讲”实验。关于实验课开设及对其价值认识的情况如表4-2所示。

表4-2　实验开设情况及对实验价值的认知

课标及教材中要求的演示实验	基本都做	114人(33.4%)
	部分做	121人(35.5%)
	几乎不做	106人(31.1%)
课标及教材中要求的学生实验	基本都做	93人(27.3%)
	部分做	99人(29.0%)
	几乎不做	149人(43.7%)
影响您实验教学的主要因素是	实验硬件条件限制、没有设备或不齐全	155人(45.5%)
	课时紧、没有时间，要应对高考	92人(27.0%)
	难以达到实验效果	94人(27.5%)
您觉得实验教学的价值	非常大	293人(86.0%)
	一般	42人(12.3%)
	没什么价值	6人(1.7%)
实验教学的价值体现在	加深印象，引发学生兴趣	57人(16.7%)
	便于记忆和理解知识	171人(50.0%)
	实验是化学的基本属性	113人(33.3%)

我们知道，学生如果不经历实验过程，那么实践能力与创新精神的培养无异于纸上谈兵。统计结果表明，实验课开设严重不足，演示实验基本都做的仅占33.4%，更有43.7%的教师表示几乎从来不做学生实验。那么影响实验教学的主要因素有哪些？45.5%的教师认为实验硬件不够，27.0%的教师认为应试压力不容许，还有27.5%的教师认为实验难以达到预期效果。访谈时，农村、普通

中学的教师往往将硬件视为首要因素，“实验，我们没有实验，没有药品，现在其实都是从课本到练习，等于都是以说讲代替实验了”！而城市、重点学校的教师则主要归因于升学压力，“我们学校实验的硬件条件很好，但形同虚设，真正落实实验课还远远不够，教学时间不够。带领学生做的实验并没有多少，老师也很矛盾”。更有偏激的观点：“可以毫不夸张地说，中国高考模式不改革，新课标理念只能是空中楼阁。”

尽管有86.0%的教师认为化学实验对于学生的发展有重要价值，但只有33.3%的教师能认识到实验是化学学科的基本属性，“实验是化学研究的重要手段”；高达66.7%的教师将实验功能仅仅定位于增加学生的感官印象，便于记住化学知识，“提高高考成绩”。还有教师表示，“实验的效果是看不见的，而抓分数会立竿见影。准备实验太费时费力，即使硬件设施再好，也不可能花很多时间去做”。可见，实验教学没有得到相应的重视。

(二)验证性实验与探究性实验

考察我国百年化学课程标准或教学大纲，发现新课改之前，文件中更多的注重培养实验的基本知识、基本能力，而新课改以来更多地强调实验探究，“学习科学探究的基本方法，提高科学探究能”。那么教学实践中的情形如何呢，见表4-3。

表 4-3 验证性实验与探究性实验

您认同化学教学不仅仅是传授知识，更重要的是掌握科学探究方法吗	赞同	252 人(74.0%)
	一般	56 人(16.4%)
	不赞同	33 人(9.6%)
您觉得实验教学的本质功能是	验证教材上的知识	325 人(95.3%)
	证伪某种假设或猜想	14 人(4.1%)
	没仔细思考过	2 人(0.6%)
您实验教学涉及的实验主要是	验证性实验	270 人(79.2%)
	探究性实验	44 人(12.9%)
	综合性实验	27 人(7.9%)
您教学中，鼓励学生主动探究一些问题，如发现问题、查阅资料、家庭小实验等	符合	117 人(34.3%)
	一般	169 人(49.6%)
	不符合	55 人(16.1%)
您教学中，鼓励学生以开放的思维去设计实验，并让学生亲历真实的科学过程	符合	113 人(33.1%)
	一般	155 人(45.5%)
	不符合	73 人(21.4%)

上表显示，尽管有高达74.0%的教师认同掌握科学探究方法更为重要，但是95.3%的教师却将实验教学的本质定位在“验证”上，79.2%的实验主要是验证性实验，这体现的是一种固态的、静止的知识观，没有深刻理解探究实验的本质价值，导致教学中涉及的探究性和综合性实验很少。访谈时，教师表示“可以让学生亲眼见证一些科学事实，从而使学生更好地理解课本上的知识”；“我校实验教学主要停留在验证层次，原因有很多：主要是没有时间，迫于升学压力，教师要花大量的时间去选题、做题、训练、批阅，根本不可能花很多时间去准备探究性实验”。即使认识到探究性实验是培养学生能力的重要途径，也往往由于“条件有限”而“忍痛割爱”了。

在教学中，只有34.3%的教师鼓励学生主动探究一些问题和33.1%的教师鼓励学生以开放的思维去设计实验。比如某教师引发“菠菜”话题，学生自主凝练出三个问题：(1)菠菜是否能补铁？(2)菠菜是否可以与豆腐同食？(3)菠菜根比菠菜更有营养？通过探究，发现菠菜中含有亚铁离子、草酸类物质等。这大大激发了学生的兴趣，让其真实地体验了探究的基本方法，感受了化学与生活、生命健康息息相关。然而“学生实验主要还是以验证实验为主，也就是说，可以不用思考，只是按照书本上的操作步骤照单抓药即可”，“即使现象与书本描述的不符，往往也不会去深究其原因”，“学生在实验过程中也很少提出有价值的问题”。爱因斯坦指出：“提出一个问题往往比解决一个问题更重要……因为提出新的问题……需要有创造性的想象力，而且标志着科学的真正进步。”因此，亟须改变学生很少提出问题，缺乏探究性的实验体验这一危险现状。

(三)定性实验与定量实验

“定性”与“定量”是一对重要的概念，其中定量是一种重要的科学研究方法，也是学生学习化学需要掌握的重要内容。在化学实验教学中，关于定量实验的情况如表4-4所示。

表4-4 定性实验与定量实验

您在教学中刻意强调“定量”和“定性”的差别吗	注意	94人(27.5%)
	一般	154人(45.2%)
	没注意	93人(27.3%)
您认为“定量”实验的价值	非常大	187人(55.0%)
	一般	95人(27.8)%
	没什么价值	59人(17.2%)

续表

“定量”实验的价值体现在（多选）	节约药品	280 人（累计 82.1%）
	减少环境污染	280 人（累计 82.1%）
	体现化学反应的本质	85 人（累计 24.9%）
在实验前，您是否强调了药品用量的问题	非常强调	187 人（55.0%）
	一般	82 人（24.0%）
	没有强调	72 人（21.0%）
在学生实验时，学生中有没有药品浪费的现象	有浪费现象	167 人（49.0%）
	没注意过	123 人（36.1%）
	没有浪费现象	51 人（14.9%）

由表 4-4 可以看出，55.0%的教师认识到了“定量”实验的价值，以及在实验前强调药品的用量。但仅有 27.5%的教师在实验教学中强调“定性”和“定量”的差别，这与笔者在化学课堂观察及文献研究过程中发现的问题一致，即更多地重视化学实验的“定性”功能，忽视化学实验的“定量”功能。导致学生没有“定量”的概念，实验中加入试剂的量很随意，甚至“多多益善”。恰如 49.0%的教师指出，实验中时常出现药品的浪费问题。

在定量价值认知方面，82.1%的教师认为体现在节约药品和减少环境污染上，而仅 24.9%的教师意识到实验中的定量反映出化学反应的本质。正是由于没有理解这一本质功能，才导致他们在教学中忽视对“定量”的强调，从而更多的只是让学生记住现象、背诵方程式去应对考试。比如“配制一定物质的量浓度的溶液”实验中，教师往往只是按照实验步骤讲解，然后学生操作一遍就算结束，而做其他实验时需要一定浓度的溶液往往由教师直接提供，以致学生为了实验而实验，无法体验实验过程中的定量操作，感受不到实验现象变化背后“量”的本质。

（四）实验的主体性与过程性

实验教学应引导学生积极主动地参与到实验过程中，亲自动手去实践，解放学生创造性的双手，做到手脑并用。我们要把原本属于学生的时间和空间归还给学生，从而在过程中培养他们问题解决的能力和创新精神。那么实际上，学生的主体参与情况如何呢，见表 4-5。

表 4-5　实验的主体性与过程性

问题	选项	人数
在实验教学时，您尊重学生的好奇心并激发其自主探究	符合	164 人(48.1%)
	一般	154 人(45.2%)
	不符合	23 人(6.7%)
在实验过程中，学生表现得积极、主动	符合	40 人(11.7%)
	一般	240 人(70.4%)
	不符合	61 人(17.9%)
在学生实验过程中，您的要求是(多选)	按照已知步骤完成实验	321 人(累计 94.1%)
	要求学生修正或自行设计方案	84 人(累计 24.6%)
	基于实验出现的问题，持续探究	18 人(累计)5.3%
您在实验教学中，强调学生之间的合作，并取得实效	符合	87 人(25.5%)
	一般	226 人(66.3%)
	不符合	28 人(8.2%)
您对学生的评价，看重学生的实验过程吗	看重	217 人(63.6%)
	无所谓	105 人(30.8%)
	不看重	19 人(5.6%)
您认为教学视频可以替代真实的实验过程吗	可以替代	71 人(20.8%)
	无所谓	155 人(45.5%)
	不可以替代	115 人(33.7%)

从表 4-5 可以看出，只有 11.7%的教师认为学生在实验过程中表现得积极、主动，访谈时有教师表示："学生的态度一般，只是为了好玩，而没有真正探索的渴望，而且学生普遍动手能力较差，管理起来比较困难。"因此，94.1%的教师只要求学生按照已知步骤完成实验即可，仅仅 5.3%的教师要求学生持续探究实验中出现的问题。另外，只有 48.1%的教师认为他们能尊重学生的好奇心，事实上扼杀学生好奇心的案例比比皆是。学生主体性不强，教师有不可推卸的责任。

在实验过程中，25.5%的教师强调学生之间的合作并有一定的实效，63.6%的教师表示关注学生的实验过程而不只是看重结果，可见学生的主体参与、合作学习还没有得到很好的体现。特别需要指出的是，仅有 33.7%的教师认为教学视频不可以替代真实的实验。我们知道，信息技术的发达给教学带来很多便利，极大地丰富了我们的教学媒介，但它仅仅只能是辅助工具，实验教学是绝不能用虚假的呈现来替代的。部分教师认为“多媒体演示简便且现象准确、明显”，这是一种极其危险的倾向。正如访谈时有教师提到：“真正的动手操作，它能让学生自己思考，这样对知识的理解、掌握都有好处，咱们现在顶多弄个 PPT，弄个录像，学生自己坐在一旁，没有思考，只是干巴巴地看着，过眼云烟，一下课就什么都不知道了！做实验还是很有用的！自己做一遍和老师讲一遍是不一样的!”

四、结论与对策探析

(一)主要结论

针对来自我国华北、华东、华中和西南地区的 341 名高中化学教师的调查研究，以及对 60 名教师的访谈，我们发现，新课改以来实验教学取得了很大的成就。然而还存在很多问题，体现在以下的研究结论中。

(1)当前实验教学的症结主要体现在：实验价值的认识问题，探究性实验的实质性开展问题、“定性”向“定量”的转变问题以及学生的主体性等问题。

(2)约 2/3 的教师由于对实验价值缺乏足够的认知，加上高考升学的压力、实验硬件条件的限制等，导致仅有 1/3 左右的教师能比较正常地开展实验教学。

(3)约占 4/5 的教师理念上认同科学探究，知道化学探究性实验有重要价值；然而实践中容易将科学探究与高考应试二元对立起来，导致学生缺乏问题意识和探究体验。绝大部分被验证性实验占据，只有 1/3 左右的教师曾实质性地开展过探究性实验，即教师的观念与行为存在严重的背离。

(4)约 1/2 的教师认为“定量实验”非常重要，1/4 左右的教师能将“量”的价值定位在体现化学反应的本质。在实验教学中对“定量”操作强调得不够，导致药品浪费、污染环境等问题，最重要的是学生对“定量”缺乏感知，感受不到实验现象变化背后的本质——“量”。

(5)约 1/2 的教师认为他们能激发学生的兴趣、强调学生参与实验过程。但由于学生实验习惯、态度不理想，课时不足，管理有难度及教师自身素养有限等因素，导致学生在实验过程积极性并不高，照单抓药，缺乏问题意识和持续探究的热情。还有部分教师认为视频可以替代学生实验过程，表明对实验主体性和过程性的认识不够。

(二)实验教学改革的对策探析

1. 教学行为要与教育理念相匹配

新课改以来，教师的教学观念在“显性观念”层面有着巨大的变革，比如以学生为本、科学探究、合作学习、因材施教等，教师均能侃侃而谈；但潜伏在行为背后的“隐性观念”——学科知识中心则没有太大的改变。比如问卷调查显示 100.0%的教师喜欢听到学生有不同的观点，但在访谈和课堂观察中发现，只有略大于10.0%的教师能欣赏求异思维的学生。当学生提出的问题与教学内容联系不是很紧密时，大部分教师会将问题搁浅甚至斥责学生。因此，对实验的重视不能只停留在口号上，而要体现在教学行为中。如果固执地责备高考而不进行变革性实践的话，实验教学不会有新的突破；如若学生在实验过程中思考、发现问题，师生共同探究并加以解决，则能很好地培养学生的实验能力、探究能力，并能理解知识发生、发展的过程。更为重要的是，在这"教学相长"的过程中，能让教师摒弃二元对立的偏执观点，在实践中深刻体验实验的价值，不断提升自己的实验素养，做到理念与行为相统一。

2. 要尊重学生的好奇心，鼓励学生自主探究

教育思想家洛克早就指出，"好奇心不过是一种追求知识的欲求，因此应该给予鼓励。给予鼓励，不仅因为它是一种良好的现象，而且因为它是自然赋予他们的一种绝好的工具，可以祛除他们生来的无知。"[①]没有好奇心，学生就没有探究的欲望，从而导致实验照单抓药、积极性不高。要从好奇心出发，培养学生的怀疑精神与批判意识。比如教材中认为乙烯使酸性高锰酸钾褪色后，变成含有Mn^{2+}的浅红色溶液，然而实验中却发现出现了悬浮其中的黑色不溶物，因此认为教材处理问题过于简单化，从而展开探究，形成了关于高锰酸钾更加丰富和真实的知识体系。诚如著名科学哲学家波普尔所说：科学只能从问题开始，并且"应当把科学设想为从问题到问题的不断进步——从问题到愈来愈深刻的问题"。正是由于问题，"才激励我们去学习，去发展我们的知识，去实验，去观察"。[②]

3. 要由传统的定性实验向定量实验转变

传统的中学化学实验侧重定性，定量的较少，这给学生从量的角度认识化学变化的本质造成了一定的困难。因此，教学中应渐渐增加定量实验的比重。通过在定性实验中渗透定量知识、积极开展定量的探究性实验等，为学生搭建"定量"学习的平台，让学生在实践活动中发现"定量"对于实验及学科本质的重要性，主动建构"定量"概念，逐渐形成"定量"的科学思维和习惯。例如，利用惠普图形计算器和MCL数据采集平台进行酸碱平衡的相关探究和采集绘制酸碱滴定实验中溶液PH变化曲线图的实验中，从前期不同浓度的酸碱溶液的配制到后期的滴定测绘，学生全程主体参与、独立思考。实验中出现种种只看书本难以看到的特殊现象、数值变化，极大地激发了学生的学习热情，深刻地感受到实验中奇妙的量变关系，升华了学生对化学学科本质的理解。

---

① 洛克．教育片论[M]．上海：上海人民出版社，2005：194.

② 波普尔．猜想与反驳[M]．上海：上海译文出版社，1986：317—318.

第四节　化学实验中学生“定量”概念的建构

笔者在化学课堂观察及文献研究过程中，发现大部分学生在实验中对“定量”概念缺乏感知。结合调查研究发现，学生“定量”概念建构的意义主要体现在，避免药品的浪费、环境的污染和危险的发生，更重要的是理解“量”是化学变化背后的本质原因之一。

“量”是化学实验教学中的重要概念，如“少量”“适量”“定量”“过量”“大量”等。定量研究是一种重要的科学研究方法，也是学生学习化学需要掌握的最基本的方法之一。因此，教学中让学生建构“定量”的概念至关重要，教师必须强调“定量”的重要性。通过“定量”概念的建构，学生可以对化学反应原理以及数据的分析有更好的把握，有助于培养学生严谨的科学态度、规范的操作习惯以及良好的实验素养。

然而，笔者在北京市多所中学的化学课堂观察及文献研究过程中发现往往存在如下问题：教学中更多地重视化学实验的“定性”功能，很少强调化学实验的“定量”功能。部分学生虽然知道要控制量，但不能具体情况具体分析，只是机械地按教材上的实验方案进行，照单抓药，盲目地验证；还有部分学生完全没有“定量”的概念，实验中加入试剂的量很随意，甚至“多多益善”，误认为过量加入试剂就会使现象更明显一些，漏检、错检或鉴定反应现象不明显等情况时有发生。由此可见，学生“定量”概念的建构是当前教学实践中亟须探讨的一个重要问题。

一、对学生实然“定量”概念的问卷调查

笔者选取北京市110名高二年级学生作为研究对象，调查高中生化学“定量”实验能力的现状。从6个维度设计了一份学生问卷，共发放110份，收到有效问卷107份，有效率为97.3%。笔者还与部分学生和高中化学教师进行了半结构式访谈。其中，学生问卷见表4-6。

表 4-6　调查问卷及结果

序号	项目	各项占比(%)					
1	你了解“定量”和“定性”的差别吗	了解	27	不确定	45	不了解	26
2	你同意任何化学现象或事实背后都存在数量关系吗	同意	55	不知道	28	不同意	14
3	你认为在化学实验中的“定量”有助于节约药品吗	有	82	一般	14	没有	4
4	你认为在化学实验中的“定量”有助于减少环境污染吗	有	82	一般	11	没有	5
5	你认为在化学实验中的“定量”对实验效果的影响大吗	影响很大	47	几乎没影响	34	不确定	18
6	你认为在化学实验中的“定量”是否揭示了化学实验的本质	是	25	不知道	54	不是	20
7	实验前，老师是否对药品用量进行强调	有	91	不确定	6	没有	3
8	你在实验过程中取药品时是随意的吗	是	3	不确定	7	不是	85
9	你觉得化学实验中加入药品的量越多实验现象越明显吗	是	4	不确定	13	不是	82
10	其他同学在做实验的过程中有没有浪费药品的现象	有	49	没注意	36	没有	12
11	用量筒量取一定体积的液体，若仰视，则读数	偏高	38	无影响	3	偏低	58
12	酸碱中和滴定前，锥形瓶用水洗涤后未经干燥处理，直接盛装待测溶液，则测得的浓度	偏高	18	无影响	24	偏低	51
13	酸碱滴定实验中，如果滴定管中滴入锥形瓶中的试剂稍微过量，如何处理	重新实验	70	估读过量的体积，修改数据	16	不处理，无影响	12

二、现状分析及案例探讨

(一)对“定量”概念的认知

由题1、2、5、9可知：了解“定量”和“定性”差别的学生仅占27%，大部分学生都处于不确定和不了解的状态。其中，同意任何化学现象或事实背后都存在数量关系的学生仅占55%，认为化学实验的“定量”对实验效果有影响的学生占47%，认为在化学实验中并不是加入药品的量越多实验现象越明显的学生占82%。显然，大部分学生对“定量”仅有模糊的认识，没有准确的认知，不了解化学实验的本质规律，不清楚“定量”的重要性。而“定量”的概念在化学学习乃至整个科学研究中的作用都不容忽视，基于此，笔者认为对中学生进行“定量”概念的建构是十分必要的。

例如：把CO_2气体通入澄清的石灰水中，澄清的石灰水变浑浊，此实验可以定性地检验CO_2气体的存在，但是在实验过程中往往会出现以下现象：(1)溶液变浑浊。(2)溶液变浑浊后，继续通入CO_2气体，溶液由浑浊变为澄清。这是由于CO_2与$Ca(OH)_2$水溶液反应，生成难溶的白色沉淀$CaCO_3$，若继续通入CO_2，则生成的$CaCO_3$继续与过量的CO_2反应，生成了易溶于水的$Ca(HCO_3)_2$而沉淀消失。由此可以看出在实验中，定量不仅仅影响实验的现象，更重要的是“量”还决定着不同反应的本质原因。

(二)对“定量”价值的认知

由题3、4可知：认为在化学实验中的“定量”有助于节约药品和减少环境污染的学生均占82%，仍有不少学生对此持怀疑或否定态度；在检验试样中是否含有某种物质时，每次应取少量进行检验，只有5%的学生提到了实验安全问题，22%的学生提到为了节约药品，10%的学生认为便于多次实验，竟有52%的学生完全不知道这样做的价值所在。

在化学实验教学中强调“定量”的价值，具有重要的意义。安全方面，有些实验虽然剧烈，但试剂量小并无危险，用药量稍大便会发生危险。如：红磷在氧气里燃烧时，反应很剧烈，但药量少时并无危险。因此在做红磷在氧气里燃烧的实验时，放入的药品一定要适量，否则会发生意外事故；节约药品方面，有些实验只需要很少量的药品就能够观察到明显现象，用量过多不但会造成实验药品的浪费而且会产生过多的污染物，造成严重的环境污染。如：关于SO_2的性质实验，要验证SO_2的氧化性、还原性和漂白性，教师一般设置SO_2分别与氢硫酸、溴水、酸性$KMnO_4$溶液、品红溶液等反应。常规实验药品用量多、实验时间长，同时有关物质多数是有挥发性、毒性较强的物质，在实验过程中往往因为SO_2、H_2S的强烈刺激性气味影响正常实验进程。如将这个实验改成微型实验，把SO_2

配制成饱和溶液，利用井穴板作反应容器，这样本来需要10～15分钟完成的整套实验，在2～3分钟就足可完成，并且效果明显，药品用量和实验过程中产生的污染物都大为减少。

(三)实验操作习惯中的“定量”意识

由题7、8、10可知：尽管91%的学生指出，教师在实验前会对药品的用量进行强调，有85%的学生能够基本按照实验前要求的用量取用药品；而在测谎题10中，49%的学生指出，其他同学在实验过程中有浪费药品的现象；对于没有明确指出具体药品用量的实验，只有3%的学生知道固体应盖满试管底、液体取1～2ml，而80%的学生都不知道应该取用多少。由此可见，大部分学生在实验操作习惯中并没有“定量”的意识，教师对药品用量的强调并没有内化为学生的意识，归根结底，是缺乏对“定量”概念的建构。

由于在中学化学实验教学中，定性实验较多，教师又疏于对定量的强调，导致学生没有形成良好的实验操作习惯。因此，实验教学应注意增加定量仪器的使用频率，如托盘天平、量筒、滴定管、移液管、温度计和容量瓶等，增强学生实验操作中的“定量”意识。例如：滴定管分为酸式滴定管和碱式滴定管，用于量取一定体积的已知浓度的标准试剂，来测定未知溶液的浓度。使用前应至少润洗三次，装入试剂后需排出尖端气泡，在滴定的过程中逐滴放出，不要形成细流，接近滴定终点时，应改为加入半滴，摇动锥形瓶，半分钟后观察颜色变化，以准确判断滴定终点，为保证测定的准确性，要重复上述操作2～3次，取平均值。容量瓶用于配置一定浓度的溶液，使用时需注意不能加热或烘烤，磨口塞必须与瓶口密合，配制溶液的过程应在烧杯中进行，静置冷却后再转移至容量瓶中定容。学生操作习惯中“定量”意识的形成，离不开教师的悉心指导。

(四)对“定量”揭示了化学学科本质的认识

由题6、11、12、13可知：用量筒量取一定体积的液体，若仰视则读数偏低，该题回答正确的学生占58%；酸碱中和滴定前，锥形瓶用水洗涤后未经干燥处理，直接盛装待测溶液，则测得的浓度无影响，该题回答正确的学生仅占24%；酸碱滴定实验中，如果滴定管中滴入锥形瓶中的试剂稍微过量，有70%的学生选择重新试验，16%的学生选择估读过量的体积、修改实验数据，另有12%的学生认为对实验结果不会产生影响。而题6中，仅有25%的学生认为在化学实验中的“定量”揭示了化学实验的本质。由此可见，大部分学生没有认识到“定量”是对化学实验本质的揭示，从而难以形成良好的化学学科意识。

如：向$AlCl_3$溶液中滴加NaOH，反应开始时，生成了白色沉淀，继续滴加NaOH至过量，白色沉淀逐渐消失。这是由于生成的$Al(OH)_3$与过量的强碱继续反应，生成了易溶于水的$NaAlO_2$。又如，乙醛与新制的氢氧化铜反应时，

NaOH必须过量，因为生成的Cu_2O在碱性环境中才能稳定存在。恰如康德名言所说："在自然科学的各门分支中，只有那些能以数学表达的分支才是真正的科学。"从这个意义上讲，定量实验是对定性实验的扬弃，化学实验从定性走向定量是化学教育改革与发展的必然。

三、教学策略与建议

(一)由传统的定性实验向定量实验转变

传统的中学化学实验侧重定性、定量的较少，这给学生从量的角度认识化学变化的本质造成了一定的困难。因此，实验教学需由定性向定量转变，增加定量实验的比重。

定量实验是利用专用仪器和化学反应计量关系来认识客观世界的一种化学方法，定量实验的教学应包括对实验的设计、药品用量、化学计量关系及误差分析等内容，实验的设计应围绕"定什么量""如何定量""如何精确定量"展开。高中化学定量实验教学设计是将实验原理、操作原理和仪器原理进行整合，使学生形成科学的实验思维。在日常教学中逐渐渗透，让学生能直观地感受"定量"的价值所在，不仅需要教师扎实的专业素养，也需要学校的技术支持。通过在定性实验中渗透定量知识、积极开展定量的探究性实验，为学生搭建"定量"学习的平台，让学生在实践活动中发现"定量"对于实验及学科本质的重要性，主动建构"定量"概念，逐渐形成"定量"的科学思维和习惯。

(二)教师在认知上、操作上和考评上强调"定量"

在认知上进行强调：为了保证教学效果，在开始实验之前，利用专门的时间，专题讲解常规的实验基础知识，使学生对"定量"有最基本的认知，对定量实验有比较系统的理性认识。

在实验操作上进行强调主要包括以下几方面：(1)实验仪器的正确使用。(2)实验试剂的加入。为了引起学生对"定量"操作的把握，可以进行演示实验，如以连续滴加法、逐滴加入法和半滴加入法进行滴定分析实验。(3)实验数据的处理。强调实验记录是初始数据，准确保留有效数字，且无论实验现象是否与教材上的一致，都要尊重实验事实，培养严谨的科学态度。

在考评上进行强调：为了确保"定量"概念的建构积极有效，必须建立一套科学的实验考评体系。实验课成绩考核除考核学生的实验报告外，还应该将课前预习情况、课中提问、实验操作技能、实验数据处理等列入考核内容，对实验进行全程考核。

(三)大力推行微型实验，树立绿色化学意识

要大力推行微型实验，对常见实验仪器进行微缩，例如有些颜色变化明显的

定性实验可放在点滴板中进行。教学过程中教师除传授知识和培养技能外，还要着重引导学生对污染环境的化学实验或存在安全隐患的实验装置进行改革、创新，树立绿色化学意识。如在“氧气的性质实验”中，用燃烧匙盛硫或红磷进行实验，存在用量过大的问题，燃烧时间长，做完实验后仍有剩余物质，不易熄灭，因而产生大量的 SO_2、P_2O_5 等物质污染环境。对这个实验可将燃烧匙进行改进，取细玻璃棒的一端烧至半熔后用镊子压出一个小凹槽，微型燃烧匙就制成了。又如用青霉素瓶子作微型反应容器，也是很好的选择。

综上所述，“定量”概念在化学学习、日常生活以至科学研究中具有十分重要的价值，然而在中学化学实验教学中并没有引起足够的重视。若能精心设计“定量”教学，让学生树立正确的“定量”观念，积极建构“定量”的认知，则能很好地提升学生的实验能力和化学学科素养。

第五节　“二氧化碳灭烛实验”的改进

“二氧化碳灭烛实验”是初中化学重要实验之一，然而教材呈现的实验方案存在诸多不足。本研究对此进行了改进，优点体现在：不仅有利于学生认识二氧化碳不能燃烧且不支持燃烧，密度比空气大等性质，而且提高了实验的成功率，便于多班级轮流使用，减少了污染，发展了学生的科学探究思维。本节从改进目的、改进方法、课后反思三方面进行了阐述。

“二氧化碳灭烛实验”是二氧化碳性质的重要实验之一。人教版九年级化学教材实验如图 4-2 所示①，向烧杯中倾倒二氧化碳，两支蜡烛自下而上熄灭，帮助学生认识二氧化碳不能燃烧，也不支持燃烧，且密度比空气大的性质。目前，对本实验的改进主要集中在改变二氧化碳的倾倒方法上②③④，这些改进措施依然存在不足之处。

图 4-2　倾倒二氧化碳

一、实验中出现的问题

(1)实验成功率低。若重复实验需要准备足够多的二

① 义务教育教科书九年级化学[M]．1版．北京：人民教育出版社，2012.

② 郑莹．二氧化碳灭烛实验改进的商榷[J]．新课程(上)，2014(3)：19.

③ 戴荣泽．两个实验的巧妙组合——二氧化碳熄灭蜡烛火焰的实验的改进[J]．中学化学，2014(9)：21.

④ 李德前．例谈初中化学实验创新的思维方法[J]．化学教学，2013(3)：65—66.

氧化碳气体。

(2)蜡烛高度差改变。一套实验装置多班轮流使用，总是下方的蜡烛先熄灭，上方的蜡烛后熄灭，导致蜡烛高度差越来越小，以至后做实验的班级难以看出蜡烛熄灭的先后顺序，若要保证高度差，需要提前准备足够多的蜡烛以备更换。

(3)火焰变小随后又复燃。主要原因是多次实验后烛芯太长，火焰太大，其次是二氧化碳浓度不足。

(4)污染。蜡烛熄灭时有异味，更换蜡烛时会有很多石蜡碎屑。

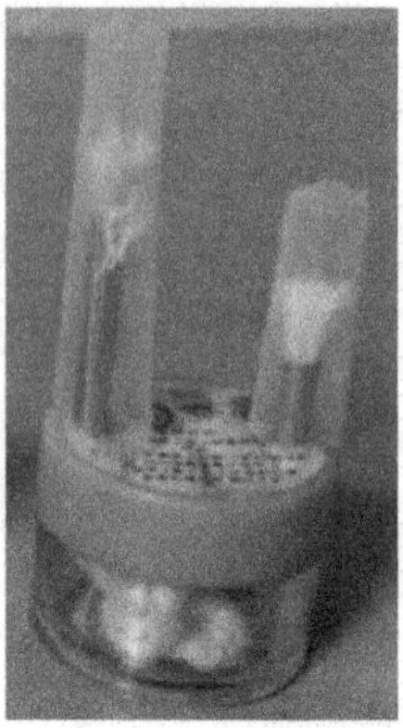

图 4-3　双头酒精灯

二、改进方法

(一) 实验用品

大理石、稀盐酸、酒精、化妆品盒(直径约 3.3cm，高度约 2.8cm)、金属管(收音机废天线)、酒精灯芯棉线、铁丝、250mL 烧杯(2 个)、锥形瓶、长颈漏斗、导管、双孔塞等。

(二) 实验装置

(1)将高低蜡烛换成自制双头酒精灯(见图 4-4)。在化妆品盒盖上打两个孔(孔距 2.5cm)，插入长短不同的金属管(长度分别为 3.5cm 和 4.5cm)，在管内塞入酒精灯芯棉线，调整棉线，使其稍稍露出金属管。向化妆品盒内加入酒精备用。

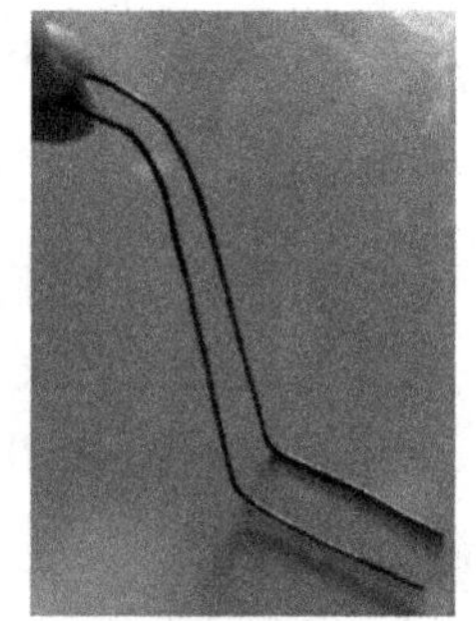

图 4-4　铁丝提手

用自制铁丝提手(如图 4-4)将双头酒精灯从烧杯取出或放入。

(2)为保证充足的二氧化碳，连接二氧化碳制气装置，用导管将气体导入烧杯。

(三)实验步骤

(1)如图 4-5 所示，将导管口放在烧杯底部，点燃双头酒精灯，用自制铁丝提手将其放入烧杯中。

(2)打开弹簧夹，向已加入大理石的锥形瓶中倒入稀盐酸，观察现象。两只“蜡烛”自下而上依次熄灭，证明二氧化碳不能燃烧，也不能支持燃烧。

(3)关闭弹簧夹，取出双头酒精灯，重新点燃，放入另一个大小相同的烧杯中。

(4)如图 4-6 所示，将导管口放在烧杯中上部，打开弹簧夹，观察现象。两只“蜡烛”仍然自下而上依次熄灭，强调二氧化碳的密度比空气大。

(四)实验说明

(1)重新点燃双头酒精灯，放入另一个大小相同的烧杯中，提供与前面相同

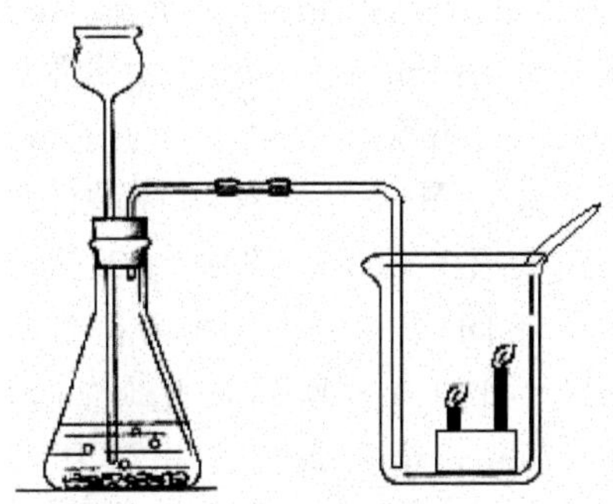

图 4-5　将导管口放在烧杯底部

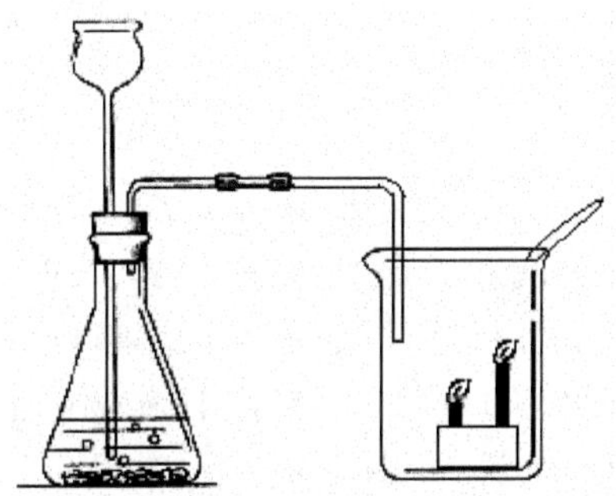

图 4-6　将导管口放在烧杯中上部

的实验环境，避免第一个烧杯中存留的二氧化碳使火焰立即熄灭。

(2)两次实验对比，让学生深刻认识二氧化碳不能燃烧，也不支持燃烧，且密度比空气大的性质。

(3)自制铁丝提手，既方便双头酒精的放入和取出，又可以利用铁丝拨动棉芯，调整火焰大小。

(4)保证高度差始终不变。添加酒精方便，利于多班轮流使用。

(5)连接二氧化碳制气装置，以保证充足的二氧化碳。及时巩固二氧化碳制气装置的选择。

(6)无污染：熄灭时无异味，不会产生石蜡碎屑。

三、课后反思

(1)实验时可以只将高低蜡烛换成双头酒精灯，按照课本上的操作倾倒二氧化碳，即使倾倒现象明显，也无法满足学生的好奇心，学生强烈要求老师再做一遍。(2)于是将双头酒精灯改为三头酒精灯[①](如图 4-7 所示，化妆品盒直径 5.3cm，高 1.8cm，孔距 2.0cm，金属管长度分别为 2.5cm、3.5cm、4.5cm)，再次实验时，学生欢呼雀跃。由于班容量较大，学生人数多，最前排靠较高“蜡烛”一侧的同学仍看不清低处“蜡烛”先熄灭的现象。(3)继续改进实验装置，将直线排列的三支高低不同的“蜡烛”，改为按等边三角形排列高低不同的“蜡烛”(如图 4-8 所示，化妆品盒直径 4.5cm，高 2.5cm，孔距 2.6cm，金属管长度分别为 2.5cm、3.5cm、4.5cm)。改进后实验现象十分明显。这样既满足了学生的好奇心，又保证了所有同学都能看到准确的实验现象。

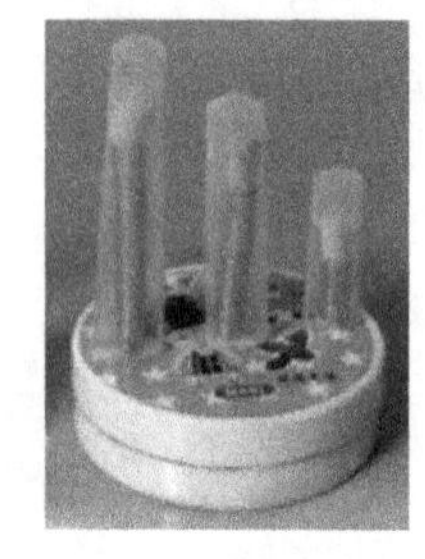

图 4-7　直线排列的三头酒精灯

若用将气体导入烧杯的方法，如果一根导管现象不明显，可在二氧化碳制气装置后连接一支 Y 形管，将气体分两股，同时导入烧杯中。

通过对“二氧化碳灭烛”实验的不断探究，深入挖掘教材内涵，解决实际教学中的问题，不仅发展了学生的科学探究思维，还极大地促进了教师个人专业成长。教师以身作则，为学生树立了探究学习的榜样，有利于培养学生的实践能力和创新精神。很好地诠释了《学记》中“学然后知不足，教然后知困。知不足然后能自反也，知困然后能自强也”的教学相长的完美境界。

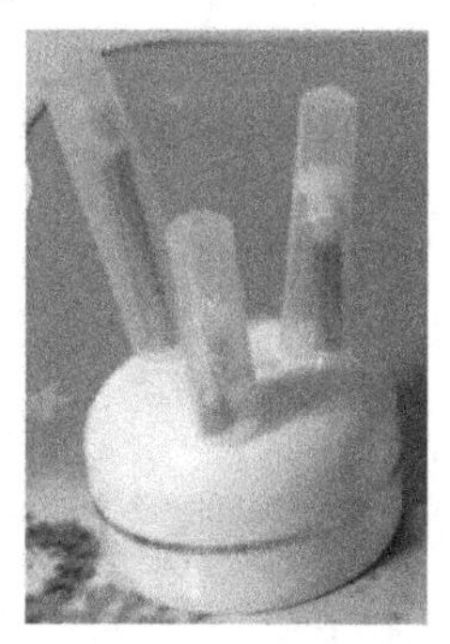

图 4-8　等边三角形排列的三头酒精灯

第六节　三支注射器探究稀硝酸的强氧化性

采用 3 个注射器和 1 段 20cm 左右的输液管，对教材上铜与稀硝酸反应的装置进行改进，组装成一套密闭性好、价格便宜且抗摔的实验装置。改进后的实验操作简单，实验现象明显，能够更直观地观察到稀硝酸与铜反应的现象，更容易理解稀硝酸的强氧化性，且对尾气进行了吸收，绿色环保。

以实验为基础是化学学科的重要特征之一。化学实验有助于激发学生学习化学的兴趣，创设生动活泼的教学情景，帮助学生理解和掌握化学知识和技能，启迪学生的科学思维，训练学生的科学方法，培养学生的科学态度和价值观。[②] 在人教版《高中化学》必修 1 第四章第四节有关硝酸的教学中，稀硝酸的强氧化性是

① 李娜. 倾倒二氧化碳熄灭阶梯蜡烛实验的改进[J]. 化学教育，2014(5)：70—72.

② 教育部. 普通高中化学课程标准[M]. 北京：人民教育出版社，2007：33.

硝酸重要的化学性质，也是课堂教学的重要内容。而稀硝酸的强氧化性通过它与铜的反应进行探究，学生通过观察铜与稀硝酸反应的实验现象，可以更直观地了解稀硝酸的强氧化性；但由于反应器中空气难以除尽或难以保证实验装置的密闭性，Cu 与稀 HNO_3反应生成的 NO 会立即被 O_2氧化为 NO_2，难以迅速而准确地观察到无色的 NO 气体。

课堂实践考查和文献查阅表明，不少教师在讲解铜与稀 HNO_3的反应时，依然沿用旧教材上的装置进行演示实验，结果不仅产生的有毒气体容易外泄，严重影响了师生的身体健康，同时又难以控制反应及时地停止，造成药品的浪费和环境的污染。也有一些地区和学校对装置进行改进，如北京某中学采用不等长的 U 形管来进行实验，如图 4-9 所示。

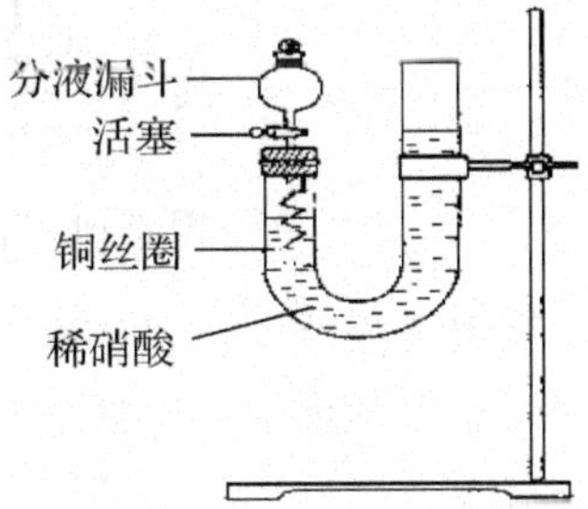

分液漏斗
活塞
铜丝圈
稀硝酸

图 4-9　北京某中学设计的稀硝酸与铜反应的实验装置

但该装置也显示了以下几处不足：(1)稀硝酸的用量比较大，15mm 的 U 形管一次实验大约消耗 40mL 稀硝酸，虽然有未反应的硝酸，但由于无色的稀硝酸中混杂着蓝色的 $Cu(NO_3)_2$而呈现蓝色。在中学，一个演示实验往往需要在多个班连续进行，若继续使用，则学生观察不到稀硝酸由无色变成蓝色；若丢弃此溶液，则造成药品的浪费和环境污染。(2)NO_x的处理，打开分液漏斗的活塞，产生的 NO 与漏斗中的空气接触变成红棕色的 NO_2，同时 U 形管中的气压降低，U 形管左侧稀 HNO_3液面升高，稀 HNO_3再次与 Cu 反应，继续生成 NO。反应对尾气进行收集，但并未进行处理，且若对该装置添加其他仪器进行尾气处理也显得复杂。(3)硝酸具有腐蚀性，必须经常更换胶塞，且装置的气密性不能保证，影响实验的效果和成功率。

在文献中也有许多关于稀硝酸与铜反应的改进实验研究，例如有用四个烧杯和四个试管的实验装置，但是实验中并不能保证实验装置的密闭性，且操作较复杂；也有设计将浓稀硝酸与铜的反应集为一体的实验装置，如图 4-10 所示。①

实验利用浓硝酸与铜反应生成 NO_2，NO_2与 H_2O 反应生成稀硝酸，用生成的稀硝酸再与铜片发生反应。实验设计确实能减少药品的浪费，但忽视了反应产生的 NO 气体既来源于 NO_2与 H_2O 的反应，也来源于稀硝酸和铜的反应，影响了学生对稀硝酸强氧化性的学习，显示出该实验的不严谨。

在查阅文献的过程中，我们发现由于注射器独特的优点：气密性好，有活

① 施秀杰，马学敏，衷明华．铜与浓、稀硝酸反应实验的微型化改进[J]．中学教学参考，2014(9)：106.

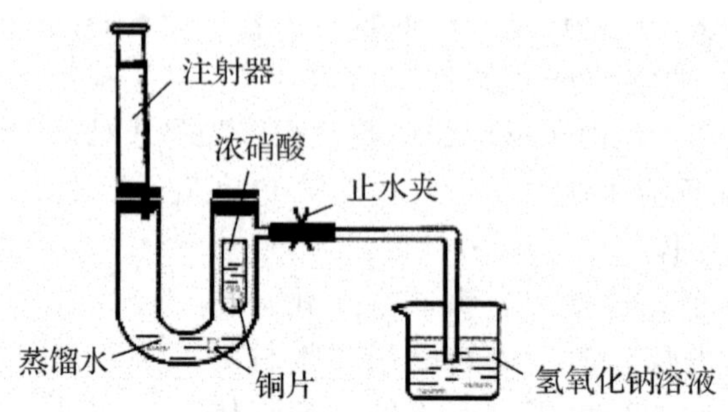

图 4-10　浓、稀硝酸与铜反应一体化的实验装置

塞，容积有弹性，有可随时与外界相连接的小通道等，它越来越多地被研究者关注并用于中学实验，《在注射器中进行铜和硝酸反应实验》[①]一文，用到了注射器，实验虽然达到了节省试剂、绿色环保的目的，但装置不够简单，没有充分利用注射器的优点。

本文采用 3 个注射器和 1 段 20cm 左右的输液管组装一套密闭性好，操作简单，价格便宜且抗摔的稀硝酸与铜反应的实验装置。由于 NO_x 不仅是有毒气体，并且是大气污染物，酸雨的主要引发物之一，所以该实验对反应产物 NO 及其氧化产物 NO_2 进行了尾气处理。实验具体设计如下。

一、实验原理

$3Cu+8HNO_3(稀)=\!=\!=3Cu(NO_3)_2+2NO\uparrow+2H_2O$

$2NO+O_2=\!=\!=2NO_2$

$NO_2+NO+2NaOH=\!=\!=2NaNO_2+H_2O$

二、实验仪器及实验药品

(1)药品：铜片、稀硝酸(按照体积比浓硝酸∶水＝1∶2 配制)、浓 NaOH 溶液(较浓为好)。

(2)仪器：铁架台、烧瓶夹(2 个)、60mL 注射器(3 个)、止水夹、输液管(15～20cm)。

① 王玉芬．在注射器中进行铜和稀硝酸反应实验[J]．化学教学，2013(7)：41－42.

三、实验装置图

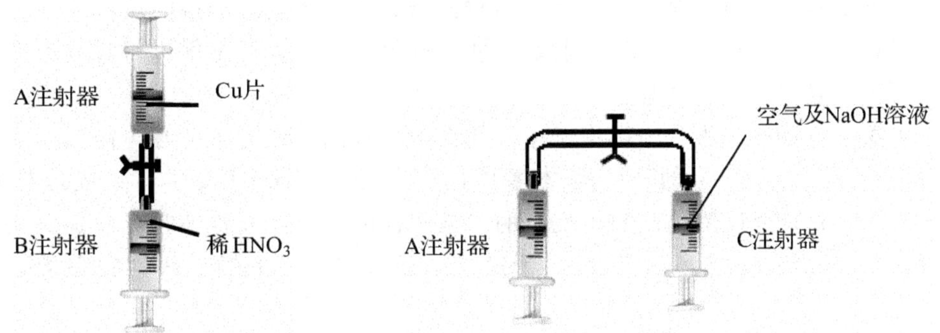

图 4-11　稀硝酸与铜反应装置
（略去微型操作台装置部分）

图 4-12　NO 鉴别及尾气吸收装置

四、实验步骤及现象

(1)在 A 注射器中装 2 片小铜片(约 $1cm^2$)，推动 A 注射器活塞并压实，排尽 A 注射器中的空气(尽可能不采用铜粉，虽然铜粉反应更快但反应开始铜粉与少量的溶液混合，容易导致反应最初观察溶液颜色变化时出现视觉错误)。将带有磨平针头的 B 注射器与输液管连接，并在输液管上夹一止水夹，用该装置吸取 5mL 左右稀硝酸，并排尽 B 注射器及输液管中的空气。将输液管的另一端与 A 注射器相连。通过铁架台和两个烧瓶夹固定注射器(如图 4-11 所示)。

(2)推动 B 注射器活塞，B 注射器中的稀硝酸全部注入到 A 注射器中，关闭止水夹，使稀硝酸与铜充分接触。此时，A 注射器中的铜片上不断有气泡冒出，溶液逐渐由无色变成蓝色，铜片不断消失，随着气体不断生成 A 注射器的活塞不断上升，得到无色气体和蓝色溶液。

(3)用 C 注射器吸取 15～20mL 浓 NaOH 及 15～20mL 空气，将 B 注射器换成 C 注射器。此时，倒置 A 注射器，打开止水夹，推动 A 注射器，将 A 中的无色气体全部推入至 C 注射器中(如图 4-12 所示)。此时观察到，气体由无色变成红棕色，不断振动 C 注射器，红棕色气体逐渐消失。

五、实验结论

(1)当稀硝酸与铜充分接触，有气泡冒出，并且溶液由无色变成蓝色，说明稀硝酸能与不活泼金属 Cu 发生反应，具有强氧化性。

(2)将 A 注射器中的气体推入至 C 注射器中，观察到气体由无色变成红棕色，说明稀硝酸与铜反应生成的无色气体为 NO。

六、改进实验的优点及反思

本实验仅通过三个注射器和一段输液管完成了稀硝酸与铜的反应实验，在实验过程中操作简单，“两推一倒置”；实验环境密闭，且对尾气进行吸收处理，绿色环保，且实验现象明显。

关于浓硝酸与铜反应，有学生可能会产生疑问，认为浓硝酸与铜反应可能也生成 NO，反应产生的 NO 与体系中的氧气迅速接触并反应，生成红棕色的 NO_2，对此，建议浓硝酸与铜反应的实验装置也可由该装置来完成，确保反应体系是一个隔绝氧气的密闭体系，帮助学生通过实验掌握铜与浓硝酸和稀硝酸的反应。

第七节　化学探究性实验经历与问题解决能力关联的实证研究

学生探究性实验经历对化学探究性实验问题解决能力的培养有何关系，这是一个重要的问题，然而缺乏相关研究。本研究将北京市某示范高中高一年级学业水平层次相同的学生分成两个数目相同的样本，即参加了一学期化学探究性实验选修课(有经历)的和没有参加(无经历)的学生共 96 人。利用自编量表和测试题，测试结果显示：有经历的学生解决问题的能力高于无经历的学生；两类学生在问题解决前的表现相差不大，而在问题解决的中、后期，有经历的学生平均分逐渐明显高于无经历的学生；两类学生在设计解决问题的过程中，有经历的学生在整体思维、过程调控、能力表现等方面明显优于无经历的学生。表明化学探究性实验经历对学生的问题解决能力具有重要作用，大大地驳斥了探究性实验费时费力没有效果的“探究无用论”。基于此，本书从学校、教师、学生三个方面提出了相应的策略与建议。

一、问题的提出

高中化学新课标在“科学探究与创新意识”这一学科核心素养中提到“认识科学探究是进行科学解释和发现、创造和应用的科学实践活动；能发现和提出有探究价值的问题；能从问题和假设出发，依据探究目的，设计探究方案，运用化学实验、调查等方法进行实验探究；勤于实践，善于合作，敢于质疑，勇于创新”。然而调查发现，在教学实践中由于对实验价值缺乏深度的认识，加上高考升学压力、学校实验硬件条件等因素的限制，仅有约 1/3 的教师能够正常开展实验教学，更遑论探究性实验。虽然教师都知道，实验是化学学科的基本属性，是学习和研究化学的重要手段和方法。然而他们却将化学实验的价值简单地定位于加深学生的感官印象，从而记住化学知识，以便提高考试分数。

化学探究性实验，本质上就是凭借实验探究来解决一个化学相关的问题，可以分为问题解决前、中、后三个阶段。首先是问题解决前，就是要善于从生活或教学情境中发现和提出问题。提出一个问题常常比解决一个问题更为重要，因为从新的角度看问题，往往需要创造性的思维能力。其次是问题解决中，主要问题解决方案的设计、调控，如基于证问题的据的猜想与假设，制订计划、实验操作、方案调整等。再次是问题解决后，对实验结果进行合理的分析与阐释，与同伴进行讨论与交流，从多角度反思研究方案，从而获得实践能力与创新精神的发展。

显而易见，没有真实的探究性实验经历，学生就只会纸上谈兵，培养目标就会成为空中楼阁。应该来说，学生经历真实的探究性实验，学会查阅资料，设计实验方案，调控实验过程，最终解决问题，汇报结论与反思，提高了学生的综合能力，"应试"高分也水到渠成，这是不言自明的道理。然而困境在于两点：一是实践方面，明明是合理有效的方式，实践中总是有充足的理由拒绝，如访谈中不少教师表示"做实验对于成绩效果不明显，而多练题分数却会立竿见影"，"准备实验太费时费力，即学校实验条件再好，也不可能花很多时间去做"。二是研究方面，缺乏清晰的研究证明实验经历，对于学生分数提高、能力培养是极其重要的。

二、化学探究性实验经历与问题解决能力关联的定量探析

(一)研究方法与工具

本研究将研究对象分为两个样本，即 48 名参加了一学期化学探究性实验选修课的学生，称为有探究性实验经历的学生(简称有经历，下同)；48 名没有参加化学探究性实验选修课的学生，称为无探究性实验经历的学生(简称无经历，下同)，共计 96 名，覆盖该校高一年级学生总体的一半。

本研究在量表编制过程中参考了问题解决能力和化学探究性实验的相关研究。问题解决能力以问题解决前、问题解决中、问题解决后三个维度来制作量表。量表的计分标准是里克特 5 点量表，"1"非常不符合，"2"比较不符合，"3"一般，"4"比较符合，"5"非常符合。采用 SPSS 20.0 统计软件对数据进行分析，见表 4-7。

表 4-7　化学探究性实验中学生问题解决能力现状量表

维度	项目
A 问题解决前	A1 能从生活、自然现象或实验过程中提出一些化学相关的问题。 A2 能主动完成化学学习任务。 A3 在化学学习中我能虚心听取他人意见。 A4 能敏锐观察和发现生活中的化学相关问题。 A5 解决问题时遇到困难能独立思考解决。 A6 解决问题时遇到困难能查阅有关参考资料。
B 问题解决中	B1 化学探究课小组成员有很好的分工和合作情况。 B2 做化学实验会先搞清原理，再设计实验步骤。 B3 课题小组能认真完成实践活动记录。 B4 化学探究课中能运用观察、实验、调查等多种研究方法。 B5 问题解决过程中能通过各种途径收集并分析处理资料。 B6 如实验设计不合理等问题时自己会主动改进方案。
C 问题解决后	C1 能与成员合作完成课题研究报告。 C2 小组汇报中能大方得体地展示与交流。 C3 通过化学探究性实验能获得新的学习方法。 C4 通过化学探究性实验能提高主动发现问题的能力。 C5 通过化学探究性实验能提高与伙伴的交流与合作。 C6 通过化学探究性实验能提高对学习过程评价与调控的能力。

量表的信效度分析。问卷信度分析 cronbach's alpha 值为 0.888，这表明该量表具有较好的信度。通过因子分析计算出结构效度 Kaiser-meyer-olkin 值为 0.761，可知各项指标均达到模型与数据拟合的标准，量表具有较好的结构效度。

结合问卷的三个维度，编制三道测试题，第一题考查学生提出化学探究性问题能力，对应问题解决前；第二题考查学生设计化学实验解决问题的能力，对应问题解决中；第三题考查学生对化学实验问题分析与再设计，侧重问题解决后的反思，见表 4-8。

表 4-8　化学探究性实验中问题解决能力测试题

序号	题目与要求	考查维度
1	为了防止酸雨，工业上常将生石灰和含硫煤混合使用，国际上最新采用饱和亚硫酸钠溶液吸收法。请尽可能地提出你想探究的问题。	考查化学探究性问题提出的价值和质量，主要包括：①数量差异性，即提出问题的种类和个数；②创新性，指问题是否新颖；③可行性，指所提问题的现实操作性。

续表

序号	题目与要求	考查维度
2	请简单设计一个实验方案来检验碘盐在开封后，碘含量的变化。	化学实验设计分析维度包括：①实验目标；②提出假设；③变量操纵；④试验指标；⑤实验步骤。
3	第一次向5%的H_2O_2溶液中加入MnO_2，反应速度快，现象明显，但随着后面几次H_2O_2的加入，反应速率不同。请设计实验探究原因，使实验现象易于观察和能直观反应MnO_2的质量变化。	化学实验问题分析与再设计的分析包括：①知识维度；②建构问题解释与再设计维度。

本研究还对化学探究性实验过程中问题解决能力表现为优、良、中、差的28名学生进行了深度的半结构性访谈。28名学生中，男生占64.29%，女生占35.71%。主要是了解学生在经历化学探究性实验课问题解决前后自身的综合能力和问题解决能力的改变等。以便对量化的数据进行深入的解释。

(二)化学探究性实验问题解决能力量化分析

如表4-9所示，在问题解决前、中、后三个阶段，有探究经历的学生得分均值都高于无经历的学生；尤其体现在问题解决中、后两个阶段，且三个阶段中，有经历的学生和无经历的学生均存在显著性差异。

表4-9　两类学生各维度下的均值和标准差

	总分		问题解决前		问题解决中		问题解决后	
	M	SD	M	SD	M	SD	M	SD
有经历	26.04	15.77	25.17	2.98	26.21	2.36	26.75	2.65
无经历	24.19	11.03	24.21	2.21	24.89	1.89	23.47	3.07

问题解决前，有经历者在发现问题、主动性及学习能力方面，明显高于无经历者。如46%有经历者能发现或提出生活中有关的化学问题，无经历者则只有21%；38%有经历者能主动完成学习任务，无经历者只有16%；25%有经历者能很好地查阅资料，无经历者只有11%。表明化学探究性实验课促进了学生学习方式的改变，且明显增强了学生的问题意识。问题解决中，两者的能力差异明显大于问题解决前这一阶段。如54%有经历者能很好记录实验活动中的信息，而无经历者只有26%；38%有经历者能主动改进方案，而无经历者仅仅占10%。表明化学探究性实验的经历，提升了学生在方案实施、实验操作、记录、调控等方面的能力。问题解决后，两类学生表现的差异最大。如50%有经历者能与成

员合作完成课题研究报告，而无经历者仅有26%；在大方得体展示与交流方面，两者分别为54%与16%；在获得新的学习方法方面，两者分别为50%和16%；在提高学习过程调控和评价方面，两者分别为46%和16%。可以看出，在问题解决后这一阶段，有经历的学生的综合能力明显强于无经历的学生。比如信息的检索、处理，资料的整理，研究报告的撰写，等等。

(三)问题解决前：两类学生在问题提出方面的差异分析

如上所述，第一道测试题主要考查学生提出化学探究性问题能力，即对应问题解决前这一阶段。可以看出：(1)两类学生提问的数量差异不大明显，但是提出两个以上的问题人数中有经历者高于无经历者。(2)创新性方面，有经历者提出问题的创新性明显高于无经历者，如问题创新为良好及优秀水平的，有经历者为23人，而无经历者为18人，且无经历者没有一人达到优秀。(3)可行性方面，有经历者提出的问题在化学实验室的可行性主要集中在良好和优秀水平，达到36人；而无经历者为21人，且提出问题的可行性无优秀。

(四)问题解决中：两类学生在化学实验设计方面的差异分析

第二题测试题主要考查学生设计化学实验解决问题的能力，对应问题解决中这一阶段。从实验设计维度来分析可知：(1)实验目标方面，两类学生均有涉及量化分析、质性分析两方面，但有经历者倾向于量化和质性结合的综合性化学实验思维。(2)两类学生均未涉及提出假设。(3)变量操纵方面，有经历者考虑的自变量、因变量比无经历者多，并提及无关变量的控制。(4)试验指标方面，有经历者比未经历者考虑的试验指标，不仅数量多而且更具可操作性。(5)实验步骤方面，有经历者大部分实验步骤可操作性强，药品仪器表达清晰，部分还能提出图像分析实验现象的方法。未经历者大部分停留在实验资料查找阶段，具体药品选择与用量涉及较少。

(五)问题解决后：两类学生在化学实验问题解释方面的差异分析

第三题测试题主要考查学生对问题的相关解释能力，对应问题解决后这一阶段。从知识维度分析，可知：(1)实验原理方面，两类学生在分析化学实验现象时，有经历者除了提到H_2O_2分解原理、MnO_2催化前后质量变化，还提及化学反应物浓度对化学反应速率的影响等。而无经历者仅仅蜻蜓点水。(2)物质性质方面，未经历者没有涉及物质性质，有经历者描述了实验药品性质，如液态H_2O_2，固体MnO_2。(3)药品仪器方面，有经历者不仅提到具体的药品名称而且指明药品用量，无经历者只提及药品。从问题解释和实验再设计的角度来分析，发现两类学生存在差异。比如在装有MnO_2的试管中，先后滴加同样的H_2O_2，发现氧气生成速率先快后慢，对于这一问题，有经历者倾向于从实验过程来系统分析，得出H_2O_2浓度被稀释从而变慢；无经历者从催化剂概念机械分析，错误地认为催化剂越多反应越快。表明有经历者更能理论紧密联系实际，从现实的角度综合分析。从实验操作过程各要素分析来看，有经历者更倾向于通过实验步骤分析，步步为营，结合每一化学反应生成物来综合考虑问题。而无经历者更多的是将已学知识与题干信息肤浅勾连，甚至望文生义。总之，有经历者在实验设计中的变量操纵、试验指标、实验步骤三方面均强于无经历者。

三、提高学生探究性实验问题解决能力的教学对策

从上面的分析可知，探究性实验经历对于学生问题解决能力的培养是行之有效、不可或缺的。化学探究性实验经历不仅有利于学生提出更多的问题、更有价值的问题及更具有可操作性的问题；还有利于学生学以致用，理论结合实际，综合考虑实验原理、目标、方案设计各要素，以合理解决问题，从而培养学生的实践能力和创新精神。因此，大大地驳斥了实验费时费力没有效果的“探究无用论”。然而有效的探究性实验经历需要多方面的通力合作才能实现。下面从学校、教师、学生三个方面简单阐述。

（一）学校层面：建议学校开展化学探究性实验选修课

新课改以来，学生作为一个生命体的自主性、主动性和创造性得到了很大程度上的彰显，但是学校之间的差异也显而易见。低层次的学校把重心放在了考试方面，功利取向非常严重；一般的学校热衷于教学模式的提炼、特色活动的建构等，有一定的个性色彩；而卓越的名校，往往在考量学校历史文化以及未来人才核心品质的基础上，构建顶层的课程设计。基于学生核心素养形成的课程顶层设计，实践能力和创新精神一定是重中之重。作为自然科学的中心学科，化学课程有着独特而重要的意义。化学探究性实验的开设，不仅是课程顶层设计的需要，也是激发学生探究热情、理论联系实践的需要，从而达成创新性人才的培养。化学探究性实验课程，强调学生的独立思考，同时关注合作和交往，关注孩子的个性培养和社会性生成。引导学生以化学教学知识和生活中的问题为切入点，确定研究问题。问题解决的过程中，教给学生新的学习方法和策略、查资料方法、研究方法。引导学生自主设计实验步骤，且在实验进行过程中，根据化学实验现象指导学生随时调整实验步骤。在活动结束时，指导学生分析解释实验现象和结果，并书写研究报告，展示研究成果。在整个探究过程中，学生先通过兴趣提出待解决的问题，小组以头脑风暴的形式合作交流问题，教师在其中不断激发并维持学生的兴趣和自主性，引导学生在问题解决过程进行调控，成功解决问题。学生自我效能感得到提高，进而增强了学生解决真实情景问题的综合能力。

（二）教师层面：再识探究性实验的价值，迭变常规实验教学方式

教师要改变已有的“化学实验是为了加深学生记忆，提高成绩”这一陈旧且不

符实际的观念，要充分认识到探究性实验对学生综合能力培养的实践价值。化学探究性实验，提升了学生对化学学习、化学实验的兴趣，通过解决问题提升自己专注、耐心的品质，执行、调整计划的能力变强。通过亲自实验，培养了学生的动手操作能力，实践意识得到增强。同时，小组合作模式培养了学生交往与沟通能力，使其意识到团队在问题解决中的重要意义。这些经历，水到渠成地提高了学生的综合能力，从而获得很好的学业成就的同时，实践能力和创新精神得到涵养。访谈表明，教师们更加愿意用传统讲授、指导的方式进行实验教学，其核心因素就是除了理念之外，探究性教学需要教师具有更高更强的驾驭能力。如教学情境的创设，良好教学资源的开发，有价值问题的提出，预设之外的学生各种提问，实验的设计、实施及改进等，都需要教师具有更高的化学学科素养和教育教学素养。以探究问题这一点为例，学生难以将化学学科知识与生活实际建立联系，导致在提出有相关化学探究性问题有较大困难，提出问题缺乏真实性、可操作性。化学教学应从生活中来到社会中去，学以致用，教师要关注化学与社会、经济、环境等的密切联系，并将其优化带入日常教学中培养学生将化学知识与社会相联系的意识，进而提高学生发现生活中的化学问题的能力。如“水”这一专题，可引导学生利用思维导图进行发散性的思考，提出水源污染到净化饮用等一系列问题。然后根据问题的创新性和可行性原则，初步筛选所提出的问题，最后进行探究。学习不只是为了考试，也不只是为了生活，更多的是为了一生的发展。学习不只是为了个人，还为社会的发展、人类文明的进步。因此，探究性实验的理论价值和现实意义不容置疑。

(三)学生层面：增强学生的安全意识、实践能力和创新精神

实验能力的第一重要属性就是实践性，因此没有实验经历，实验能力的培养就是纸上谈兵、空中楼阁。只有经历了实验的全部过程，才能体验问题的提出、实验设计、过程实施与结论反思等。如上述分析，有探究性实验经历者大部分在设计化学实验步骤时会提到反应条件，而无经历者很少关注到这一点。因此在教学中，应让学生直接经历化学反应条件改变所引起现象变化，进而体会实验条件控制对完成科学实验和探究活动的作用。学生答题中所涉及的化学实验研究方法较多，如控制变量法、对比实验法、差量法、化学实验量化分析、化学实验质性分析等，但学生对研究方法的使用往往不当。比如，控制变量法中变量选择错误，变量区间控制不合理，因变量、自变量选择不清晰等。在考试中也离不开这些化学实验方法，若缺乏实践经历，学生就会难以作答。又如在设计实验方案的药品仪器一项中，无经历者大部分都没有关注具体的仪器和药品，更谈不上仪器的甄选和药品的用量。另外，特别需要提及的是安全问题。我们要让学生树立安全意识和环保意识。熟悉化学品安全使用标识，知道常见废弃物的处理方法。知道实验室突发事件的应对措施，形成良好的实验工作习惯。

第五章　化学试题研究

第一节　北京市高考化学实验探究题探析

以陈述性、程序性及策略性三类知识分类为切入点，重点对近十年北京市高考化学实验探究题进行分析，发现2010年及以前主要考查程序性知识，而后三类知识考查的频次趋于平均化。基于试题内容分析，笔者认为化学教学和试题编制均应注重基础知识的内在结构，强调程序性和策略性知识，关注化学科技前沿的发展，激发学习兴趣和培养新情境中的问题解决能力，从而提高学生的科学素养。

在国内外基础教育课程改革的背景下，教育部于2003年颁布《普通高中化学课程标准(实验)》(以下称“课标”)，至今约十年时间。期间化学教育工作者从理论和实践等诸多方面做出了重大变革，如强调激发学生的兴趣，培养学生自主学习的习惯，关注学习的过程，倡导学生主体参与、乐于探究、手脑并用、重视交流与合作等。高考，在某种程度上作为教学的指挥棒，在教学改革的深化过程中扮演着重要的角色。这一重要的评价方式只有发挥促进学生真实发展的功能，它才能有效地改进教学实践，才能培养学生的实践能力和创新意识。基于此，本节对北京市近十年高考化学试题中实验探究题进行研究，指出其特点和需要进一步完善之处，从而落实真正以学生为本的教学变革。

一、相关概念的界定

(一) 何为“化学实验探究”

科学探究在化学实验教学中的具体化就是实验探究，实验探究是指通过实验来进行的一种探究活动[①]。2003年课标首次以文件的形式将实验探究正式编入了高中化学实验体系，标志着我国高中化学实验在增强探究性方面翻开了历史性的

① 郑长龙．化学实验教学新视野[M]．北京：高等教育出版社，2003：137.

一页。化学实验是科学探究的构成要素，实验探究是科学探究的重要方式，它促进了学习方式的多样化转变[①]。高中化学课程应有利于学生体验科学探究的过程，学习科学探究的基本方法，加深对科学本质的认识，增强创新精神和实践能力[②]。

化学实验探究，首先就是在探究过程中要善于发现和提出问题。正如爱因斯坦所说："提出一个问题往往比解决一个问题更为重要，因为解决一个问题也许只是一个数学上或实验上的技巧问题。而提出新的问题、新的可能性、从新的角度看旧问题，却需要创造性的想象力，而且标志着科学的真正进步。"比如，按照教材上的方法检验食盐中是否含有碘元素，发现无论含碘食盐还是纯氯化钠都出现相同的现象。因此提出这种方法的质疑。其次，是问题解决方案的设计，包括基于证据的猜想与假设，然后制订计划与设计实验。科学哲学家汉森提出"观察渗透理论"这一著名命题，他认为人们任何观察都不是纯粹客观的，具有不同知识背景的观察者观察同一事物，会得出不同的观察结果。在化学探究中则表征了学生不同的知识水平，如发现 Na_2O_2 与水反应除有气体生成外，在反应后的溶液中滴加酚酞试液，溶液呈现红色，但红色很快褪色。学生提出的假设有：试管温度升高，生成的 NaOH 溶液浓度变大；Na_2O_2 与水反应生成物可能含有酸性的 H_2O_2；生成具有强氧化性的 H_2O_2 漂白了红色物质等。再次，是通过实验得出合理结论，包括实验的操作、数据的采集、分析论证，需要学生的综合能力如形象思维、逻辑思维、抽象思维甚至创造性思维。最后，是对方案的评估。实质就是对探究过程的反思，讨论科学探究中所存在的问题、获得的发现和改进建议等。如猜想与探究结果有何关系、实验过程中是否发现了新问题、是否有更好的实验方案等。这是一种系统性思维的训练。另外值得注意的是，在探究过程中除了自身的思考外，交流与合作显得非常重要。这不仅仅因为头脑风暴带来智力成果，更是由于合作与交往是学生社会性生成的重要基础。

(二) 实验探究题

相关文献中并没有"实验探究题"的明确界定。顾名思义，就是考查学生实验探究能力的试题。笔者认为，高考"化学实验探究题"主要有两大类：一是明确标有"实验探究"字样的，如"对××和××的反应进行实验探究""给定史料记载，某同学进行如下验证和对比实验""探究××的组成"等。二是虽然没有明确的"实验探究"字眼，但考查的内容却是化学实验的相关探究，诸如题目中出现实验装置图，并由此考查学生化学知识的运用能力等。两种类型试题的核心主旨是一致

① 王磊，等．试析《普通高中化学课程标准(实验)》中的实验体系[J]．化学教育，2004，24(9)：11．

② 中华人民共和国教育部．普通高中化学课程标准(实验)[M]．北京：人民教育出版社，2003：1—30．

的，即在新的情境中，考查学生发现问题、解决问题、评价方案等方面的综合能力。

(三) 陈述性知识、程序性知识及策略性知识

由于高考作为纸笔测验的一种类型，暂时没有考查学生的实际操作能力，因此笔者借用心理学上的知识分类对试题所考查的内容进行分析。认知心理学认为，知识是主体通过与其环境相互作用而获得的信息及其组织，把广义的知识分为三大类：陈述性知识、程序性知识、策略性知识①。

陈述性知识，是个人具有有意识地提取线索，能直接加以回忆和陈述的静态知识，主要以命题、图式表征、表象和线性序列为特征。程序性知识则没有有意识提取线索，是一套关于“怎么办”的操作性知识。策略性知识，是指在新情境中对任务的认识、对方法的选择和对过程的调控，是由学习方法、学习调控和元认知等要素构成的监控系统。策略性知识在一定程度上也可以看作是高级的程序性知识的，它影响着人们的学习、记忆和思维活动。

二、研究的过程

(一)研究内容

本研究选取北京市2004—2013年高考化学试卷中的实验探究试题，旨在对其所考查的化学内容进行研究。

(二) 研究方法

探究性实验题的编制强调以实验为载体，从中考查学生的探究能力及综合性的化学知识。为保证研究的客观性和严谨性，本研究采用试题分析的方法，以2004—2013年实验探究题的每一空为研究个体。所考查内容的知识分类均是在试题情境前提下进行的分类，具体作如下说明：(1)陈述性知识：元素化合物及其性质、已知反应物的化学反应方程式；(2)程序性知识：物质检验、物质推断、物质制备、原理及应用、基本实验操作、未知反应物的化学方程式、化学计算等；(3)策略性知识：实验思路创新设计，新情境下的实验操作，实验装置的重组或设计等。

(三) 研究结果

1. 三类化学知识考查的整体分布

在所研究的十年的高考化学实验探究题中，需要考生作答的共有67个空，其中14个空所考查的是陈述性知识，占总体空数的21.9%；43个空所考查的是程序性知识，占总体空数的64.2%；10个空所考查的是策略性知识，占总体空

① 邵瑞珍. 教育心理学[M]. 上海：上海教育出版社，1997：58.

数的 14.9%。具体情况如表 5-1 所示。

表 5-1 三类知识总体考查情况表

年份	陈述性知识	程序性知识	策略性知识	合计
2013	2	4	1	7
2012	3	2	3	8
2011	2	3	3	8
2010	0	6	0	6
2009	1	5	1	7
2008	0	6	0	6
2007	1	5	0	6
2006	1	4	0	5
2005	1	5	0	6
2004	3	3	2	8
总计	14	43	10	67
所占百分比	21.9%	64.2%	14.9%	100%

转化成直观的折线图如图 5-2 所示。

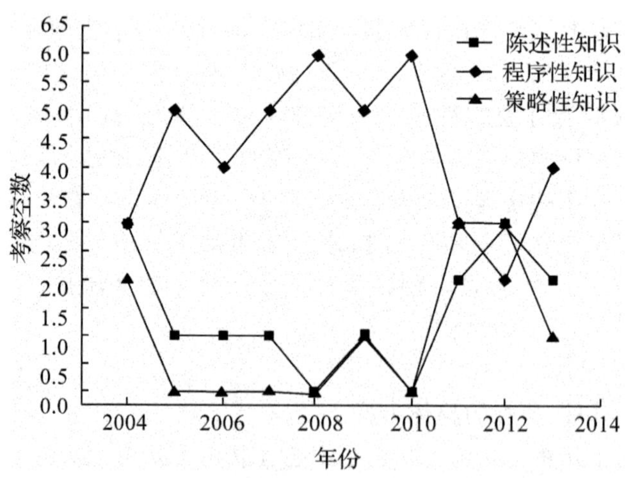

图 5-1 三种答案形式每年考查情况分布图

北京市高中于 2007 年进入新课改，2010 年是进入新课改后的第一次高考。由以上分析可看出：(1)从 2010 年后，三类知识的考查逐渐趋于平均化，不像之前的几年三种知识趋于极端化。(2)从2010年起的三年，试题均是在给定的实验步骤及对应的现象情境下设置的，实验步骤及对应的实验现象均以表格的形式给出，下设的问题一般是基础性知识、运用基本原理解释实验现象、根据实验现象得出结论等。

2. 探究性试题折射出来的化学知识结构

陈述性知识：主要集中在考查Cu、Fe、Al、Ag_2O、SO_2、H_2SO_4、HNO_3、漂白精等元素化合物的性质，中间穿插着氧化还原反应等。具体分布情况如表5-2所示。

表5-2　陈述性知识分布情况表

年份—题号	具体知识点
2013—28	漂白精的性质及制取；Ag_2O溶于氨水；HNO_3清洗试管壁上的Ag
2012—27	$AgNO_3$溶液和氨水(配制银氨溶液)
2011—27	SO_2的还原性(氧化还原反应)；Cu与H_2SO_4(浓)(方程式书写)
2009—27	Cu与HNO_3(浓)(方程式书写)
2007—27	MnO_2与Al(方程式书写)
2005—28	Fe与H_2O(方程式书写)
2004—28	碱石灰的性质及用途、氨的催化氧化、氨气燃烧

从上表可以看出，元素化合物知识的考查主要以方程式的书写呈现，这些方程式也是日常教学的重要内容。并且可以看出，2011年后更重视了对陈述性知识的考查，强化了化学基础知识的掌握。

程序性知识：主要集中在考查常见无机物质(Cl_2、SO_2、NH_3、CO_2等)的检验、推断及制备上，中间穿插着化学基本原理及应用和基本实验操作等。具体分布情况如表5-3所示。

表5-3　程序性知识分布情况

年份—题号	具体知识点
2013—28	Cl_2的检验(湿润的碘化钾淀粉试纸检验)；SO_2的检验(SO_2与酸化的$AgNO_3$溶液反应)；$CaSO_4$的推断(加入稀HCl，无明显变化，取上层清液，加入$BaCl_2$溶液，产生白色沉淀)；$Cl_2+SO_2+H_2O$(方程式书写)
2012—27	NH_3的检验(湿润的红色石蕊试纸检验现象)；$Ag(NH_3)_2{}^+$的水解平衡
2011—27	$BaSO_4$的推断(NO_3^-在酸性条件下能将SO_2氧化为SO_4^{2-})；$NO+O_2$、$Ba^{2+}+SO_4^{2-}$、$Ba^{2+}+SO_2+O_2+H_2O$(方程式书写)

续表

年份一题号	具体知识点
2010—25	CO_2的推断(可使澄清石灰水变浑浊);Na 的检验(焰色反应);Si 的检验(硅酸盐中加入过量盐酸,会产生硅酸沉淀);$Al^{3+}+NH_3+H_2O$、$Al(OH)_3+OH^-$(方程式书写);$Mg(OH)_2$的推断(结合材料在某酸碱度范围内 Mg^{2+} 沉淀完全);化学计算
2009—27	尾气处理;气密性检验;NO_2+H_2O(方程式书写);得出结论所依据的实验现象
2008—28	Al 的检验(Al^{3+} 加入过量 OH^- 后再通入 CO_2生成 $Al(OH)_3$);NO 和 CO_2 的推断(综合推断:C 与浓 HNO_3的反应及 NO_2与 H_2O 的反应);Cu^{2+}、Fe^{3+}、H^+、CuO、C、Fe_2O_3(综合推断);$C+H_2SO_4$(浓)、$Fe^{2+}+H_2O_2+I^-$(方程式书写,结合氧化还原反应)
2007—27	电解原理(石墨做电极,电解 $AlCl_3$溶液);$Al+H^+$、$Al+Cu^{2+}$、$Cu+O_2+H_2O+CO_2$、$Al+OH^-$、$Al(OH)_3+OH^-$(方程式书写,结合电解);$MnO_2+H_2O_2+H^+$(方程式书写,结合氧化还原反应)
2006—26	Na_2O_2的推断(与 CO_2反应);H_2O_2的推断(制取 O_2);$Na_2CO_3+H_2SO_4$、$Na_2CO_3+Cl_2+H_2O$(方程式书写)
2005—28	题设条件下实验现象的描述(H_2与 CuO 的反应)、Fe^{3+} 的检验、Cl_2与 Fe^{2+} 的反应、$FeCl_3 \cdot 6H_2O$ 晶体的制备、Fe^{3+} 水解平衡的应用
2004—28	氨气的制备、NO_2+H_2O、NO_2与 N_2O_4的可逆反应

针对以上程序性知识的分布情况,总结出其对应的知识结构图,如图 5-2 所示。

元素化合物知识
- 金属元素:Na、Mg、Al、Fe、Cu、Ag
- 金属化合物:Na_2O_2、$Mg(OH)_2$、$Al(OH)_2$、CuO、Fe_2O_3、$BaSO_4$、$Ag(NH_3)_2^+$
- 非金属元素:C、N、O、S、Cl
- 非金属化合物:CO_2、CO、NO、NO_2、N_2O_4、HNO_3、NH_3、H_2O、H_2O_2、SO_2、SO_3、H_2SO_4、HClO
- 离子:$Ag(NH_3)_2^+$、SO_4^{2-}、Ba^{2+}、Al^{3+}、Mg^{2+}、Cu^{2+}、H^+、Fe^{3+}、Fe^{2+}、OH^-

原理及理论⟶离子反应、氧化还原反应、盐类的水解、化学平衡、电解原理

基本实验操作⟶典型无机物的检验、尾气处理、气密性检验、除杂

图 5-2 程序性知识分布结构图

我们知道，钠镁铝、碳硅、氮磷、硫、氯溴碘以及铁、铜、银等元素及化合物是重要的化学基础知识，它是学生能力发展的载体。从表 5-3 和图 5-2 可以看出，这部分的化学基础知识在实验探究题中还是得到了相应体现。只不过在这些试题中，考查的不是单项知识点而是知识点之间的联合及原理的综合。

策略性知识：主要集中在对验证性实验设计及验证假设所依据的实验现象等方面的考查，以及新情境下的实验操作等。具体分布情况如表 5-4 所示。

表 5-4　策略性知识分布情况

年份一题号	具体知识点
2013—28	设计实验验证“随溶液酸性的增强，漂粉精的有效成分和 Cl^- 发生反应”
2012—27	验证假设“银镜的产生原因可能是 NaOH 还原 Ag_2O”所依据的实验现象；“生石灰和浓氨水制取 NH_3 的装置简图”；验证假设“$Ag(NH_3)_2OH$ 也参与了 NH_3 还原 Ag_2O”所依据的实验现象
2011—27	验证题设“空气参与了反应”考查操作“通一段时间 N_2，排除装置内空气”、排除干扰因素“除 SO_3”的实验药品选取
2009—27	设计实验验证为何“铜与浓硝酸反应后溶液呈绿色而不呈蓝色”
2006—26	“制备并收集氧气”的实验装置重组
2004—28	新情境下“氨气和氧气燃烧反应”的实验操作

从上表可以看出，从 2011 年对策略性知识的考查逐渐向“验证假设”靠拢，这恰恰也体现了培养科学素养所需的“对待科学的批判性思维”的重要性。能对别人的观点给予解释和评价，这是科学素养的重要组成部分，同时也是化学教学的努力方向。

三、几点思考：教学与评价的共同努力方向

(一)注重源头活水：奠定扎实的基础知识

考查知识点有三大部分：无机元素化合物知识、化学实验、化学原理。无机元素化合物知识主要集中在卤族、氧族、氮族、碳族、碱金属、镁、铝、铁、铜；化学实验主要集中在化学实验基本实验操作、物质的检验、推算及制备；化学理论及原理主要集中在氧化还原反应、离子反应、离子共存、化学平衡、水解、电化学。从高考的趋势看，基础知识的掌握在实验探究中也是越来越重要。

鉴于化学学科本身内容繁杂、知识点分散等特点，我们需要将科学探究作为化学教学的突破口，让学生形成良好的知识结构。结构的重要性不言而喻，诚如布鲁纳所强调的“不论我们选择教什么学科，务必使学生理解该学科的结构”。其原因主要有以下三个方面：一是懂得基本原理可以使得学科更加容易理解；二是

具体的知识只有放进构造得很好的知识模式中才能被牢固地记忆；三是领会基本的原理和观念就可以通向训练迁移的大道，知识模式有助于理解可能遇见的其他类似的事物。[①] 然而良好的知识结构并非知识的简单堆积，而是由习得的技能、知识等有机形成的一种高度概括、有序和开放的体系，它是创造性的主要来源。在素质教育的前提下，通过科学探究培养高中生的科学素养，应该注重源头活水，扎实的基础知识、良好的知识结构及原理概念就显得尤为重要。

（二）提升综合能力：以探究为载体强化程序性和策略性知识

总体考查的实验探究是以课标建议为基础展开的，所考查的知识点也都在课程标准中有相关说明。例如：根据生产、生活中的应用实例或通过实验探究，了解钠、铝、铁、铜等金属及其重要氧化物的主要性质；知道酸、碱、盐在溶液中能发生电离，通过实验事实认识离子反应及其发生的条件；了解常见离子的检验方法；通过实验了解氯、氮、硫、硅等非金属及其重要化合物的主要性质。实验化学部分相关内容标准如下：了解常见物质的制备和合成方法；能根据具体情况设计解决化学问题的实验方案，并予以评价和优化；能对实验现象做出合理的解释。所考查的实验探究也多数依托于课标里的实验探究建议。例如：溶液中 Ag^+、CO_3^{2-}、Cl^-、SO_4^{2-} 等离子的检验；氢氧化铁胶体的制备；氯气的漂白性；制备硫酸亚铁的条件；硫酸铜溶液与镁、铝、锌等活泼金属反应的产物[②]。所以，无论学生学习还是教师教学，都要充分研究课标，看透课标。

从年份的考查脉络看，探究题的考查基本上以程序性知识考查为主，探究题综合考查了学生相关知识点的掌握、探究的综合能力、新情境下的观察及处理问题能力。教师传递给学生的不应该只是知识本身，更不应该是大量的题海战术，而应是思维品质、探究方法。除了强调显性的陈述性知识外，更注重“教不会”的程序性和策略性知识。例如常考的 Cl_2、SO_2、Na、Si、Al、$BaSO_4$、CO_2 等物质的检验及推断，在教师的指导下可以让学生自主完成，而不要直接告诉学生如何操作。在自主实验的过程中，学生会提出一系列问题，并合作解决，这样收获的就不只是“可以用湿润的碘化钾淀粉试纸检验 Cl_2”等机械的知识，而是大大提升了实验操作能力、突发状况的应急处理能力等，如此，面对这样的考题就不再目瞪口呆而是游刃有余了：“某同学认为存在某可能，由此提出某假设，进而进行某实验”，其“目的是”“原因是”“依据的现象”“得到的结论是”，等等。

（三）增强现实意义：关注化学与社会进步的新发展

结合试题可以看出，基本的探究还是以书本上的实验为情境展开，例如“探

① ［美］布鲁纳．教育过程［M］．邵瑞珍，译．北京：文化教育出版社，1982：31，41—42.

② 中华人民共和国教育部．普通高中化学课程标准（实验）［M］．北京：人民教育出版社，2003：1—30.

究 SO_2 与漂粉精的反应”“加热银氨溶液可能析出银镜”“探究 SO_2 能否与可溶性钡的强酸盐”“探究浓、稀硝酸氧化性强弱”等。北京市高考化学实验探究题，基本是无机部分，不涉及有机，有机基本以合成题出现。多数省市高考实验探究基本也是以无机部分为载体考查，涉及有机部分的很少。

化学教学应强调从生活中来到社会中去，学以致用，关注化学与社会、经济、环境等的紧密联系。学习不只是为了考试，评价不能与教学脱节，教学与评价都要增强化学学习的现实意义。为此我们需要：一是打破传统无机和有机的界限，实验探究不能只在无机部分，尤其加强与生活紧密相连的有机部分。例如：“自制肥皂与肥皂的洗涤作用”“区别聚乙烯、聚氯乙烯、聚苯乙烯”等实验。二是关注化学与社会发展，诸如新型无机非金属材料、有机高分子、聚酯纤维、塑料橡胶、新药物合成、航天领域的化学等新材料。具体如：从有机玻璃内嵌羽毛、金属流苏等有趣的情境开始，探究有机玻璃的成分(聚甲基丙烯酸甲酯)，进而探讨其单体，引出酯类、羧酸和醇，可以设置一个综合程度极高的实验探究题。学生利用已学的知识来解决与社会生活相关的化学问题，极大地增强了化学学习的现实价值感。

第二节　北京市高考化学图表类试题的分析与探讨

图表信息题能够考查学生的综合能力，是近年来高考试题中的重要题型。主要关涉四类内容：STSE 教育、反应原理、物质转化及化学实验。学生解题困境主要在于问题表征能力欠缺、信息获取及解读能力不足、化学语言表达能力薄弱等。基于此，本节提出的对策为，在化学教学中要培养学生的形象思维及其转化的能力、将大量信息进行有效结构化的能力以及问题解决中循序渐进的意志力。

图表信息题是指通过图形、表格等形式呈现试题信息及问题情境的一类试题。纵观近 6 年来北京市化学高考试题不难发现，图表信息题已经成为一种重要的题型(见图 5-3)。《2016 年普通高等学校招生全国统一考试北京卷考试说明(理科)》提出将“接受、吸收、整合化学信息的能力”作为化学能力考查的首要目标，并明确要求学生“能够通过对实际事物、实验现象、实物、模型、图形、图标的观察，获取有关感性知识和印象，并进行初步加工、吸收有序存储的能力；能够从试题提供的新信息中准确地提取实质性内容，并将有关知识块整合，重组为新知识块的能力”[①]。因此，研究化学图表信息题及其在教学中的应用是高中化学

① 2016 年普通高等学校招生全国统一考试北京卷考试说明(理科)[M]. 北京：开明出版社，2016：234－241.

教学中值得探讨的课题。

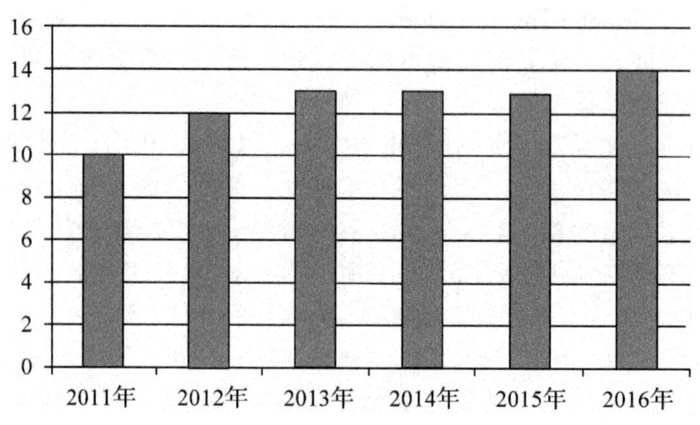

图 5-3　近 6 年北京高考化学图表题统计柱状图

一、高考化学图表信息题的命题知识点现状及趋势

从统计数据分析发现：高考化学图表信息题(特别是图类信息题)的数量逐年增多。其中，STSE、速率平衡、电化学、实验探究、有机合成是目前使用最多的图形和表类，2016 年实验记录类表格大幅增加，而化学反应热、物质的转化(即工艺流程)有所减少。

二、各类高考化学图表信息题的特点和推测分析

高考命题过程中，命题者以“能力立意”为原则，因此，高考试题不仅注重考查基础知识的掌握程度，而且开始重视从多个维度测量考生综合能力，图表信息题是从知识向能力转换的一类重要题型。本部分内容将结合 2011—2016 年北京高考化学试题分析这几类常见的化学图表信息题的特点及对策。

(一)STSE(科学—技术—社会—环境)

例 1　(2015 年第 6 题)下列我国古代的技术应用中，其工作原理不涉及化学反应的是

A. 火药使用	B. 粮食酿酒	C. 转轮排字	D. 铁的冶炼

【规律分析】STSE图表主要考察学生对于化学知识在生产生活中重要应用的掌握情况，从近几年的试题变化来看，情境新颖，在考查学科的主干知识的同时开始渗透社会主义核心价值观，有意识地考查中华传统文化，侧重对学生整个学习阶段，尤其是近12年的学习积累情况的考查。这类题目学生能抓住问题的核心，错误率很低。在教学过程中要求教师们一定要重视化学史（尤其是中华民族在化学发展中的重要作用）的渗透和化学在生活中的重要应用，引导学生从化学角度思考问题。

（二）化学反应原理

1. 化学反应热图

例2　（2014年第26题Ⅲ）降低温度，将 $NO_2(g)$ 转化为 $N_2O_4(l)$，再制备浓硝酸。已知：$2NO_2(g) \rightleftharpoons N_2O_4(g)\Delta H_1$　　$2NO_2(g) \rightleftharpoons N_2O_4(l)\Delta H_2$

在能量变化示意图中，正确的是（选填字母）____。

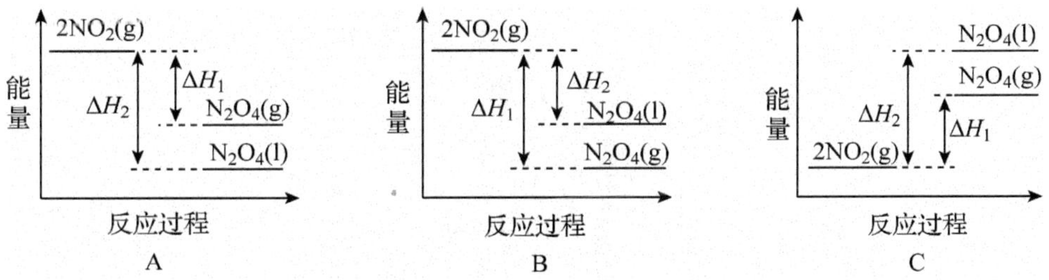

【规律分析】化学反应的实质是旧化学键的断裂和新化学键的形成，表现为化学能与热能之间的转化，体现了能量守恒关系，纵观6年高考中只考了3次，基本上都是反应热的计算。本题考查的是物质的能量变化，难度较小。这种类型的图像能够形象地展示出能量的高低与变化情况，要求教师在教学过程中应重视利用数形结合展示反应过程中的能量变化，引导学生理解盖斯定律。

2. 速率平衡表

例3　（2014年第12题）一定温度下，10mL 0.40mol/L H_2O_2 溶液发生催化分解。不同时刻测得生成 O_2 的体积（已折算为标准状况）如下表。

t/min	0	2	4	6	8	10
$V(O_2)$/mL	0.0	9.9	17.2	22.4	26.5	29.9

下列叙述不正确的是（溶液体积变化忽略不计）（　　）

A. 0～6min 的平均反应速率：$v(H_2O_2) \approx 3.3 \times 10^{-2}$ mol/(L·min)

B. 6～10min 的平均反应速率：$v(H_2O_2) < 3.3 \times 10^{-2}$ mol/(L·min)

C. 反应至6min时，$c(H_2O_2) = 0.30$ mol/L

D. 反应至 6min 时，H_2O_2 分解了 50%

【规律分析】速率平衡表是化学中最能体现数学知识是解决化学问题重要工具的例子，有两种呈现方式：一种是表格形式，主要说明化学反应速率问题；另一种是图形形式，主要说明化学平衡的移动过程中因变量与自变量之间的关系。两种图表都渗透了“定性与定量”“分类与比较”的学科方法。例 3 学生常错选 D，原因是未写方程式，将氧气的物质的量当作分解的双氧水的物质的量来计算，反映出学生化学计算能力薄弱。这个知识点的考查要求教师在教学过程中应重视化学知识的不同展现形式，同时要求学生能充分利用数学知识解决化学问题。

3. 电化学图

例 4 (2014 年第 26 题Ⅳ)电解 NO 制备 NH_4NO_3，其工作原理如下图所示，为使电解产物全部转化为 NH_4NO_3，需补充物质 A，A 是____，说明理由：____。

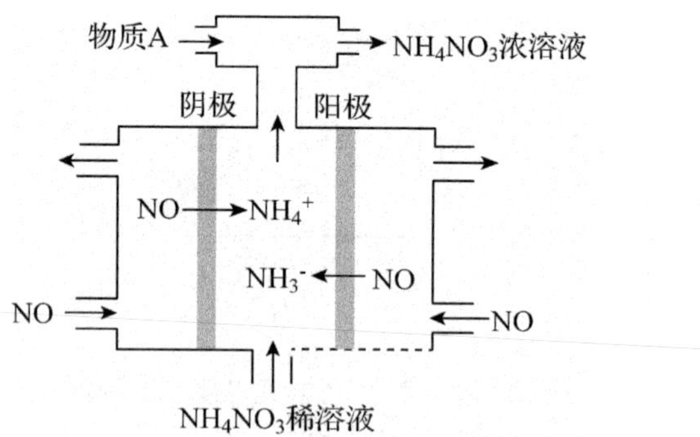

【规律分析】电化学一直是北京高考考查的重点。试题素材陌生度高，情境呈现方式新颖，选择题中侧重原电池的考查，在非选择题中侧重电解池中电极反应式的书写，近来有增加运用反应原理解释和计算的趋势。本题学生从 $NH_4{}^+$ 水解角度分析，常错答 HNO_3，其根本原因分析是学生对于电化学的原理(氧化还原的本质)理解不透。因此，对于电化学的教学，要求教师能够系统地将原电池与电解池统一起来，充分利用锌铜原电池和电解氯化铜的两个典型实例让学生理解化学微粒观的应用，电子、离子运动的方向与电极判断的关系，不断强化氧化还原知识和“化学变化是有条件的”准确书写电极反应式，避免学生忽视电极所处的环境，进而错误地书写氧化产物或还原产物。

(三) 物质转化

1. 无机物质转化图

例 5 (2015 年第 26 题)氢能是一种极具发展潜力的清洁能源。以太阳能为热源，热化学硫碘循环分解水是一种高效、无污染的制氢方法。其反应过程如下图所示：

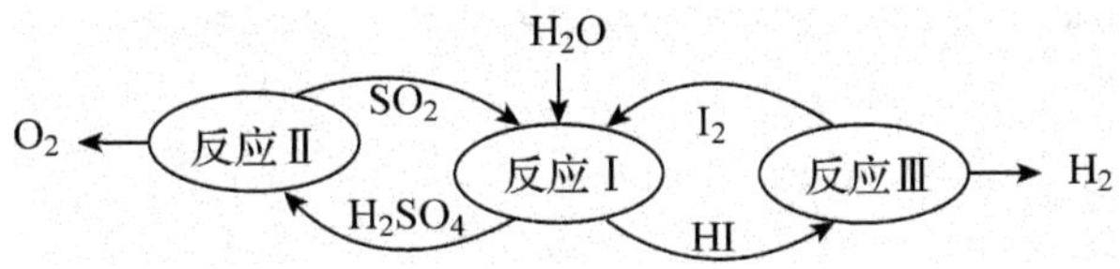

反应Ⅰ的化学方程式是____________。

【规律分析】物质转化图往往也被称为化工流程图，它能够清晰地将物质的变化过程展现出来，这类图形联系生产实际，旨在考查考生的观察、分析、推断能力以及对知识的应用和迁移能力。不同于其他省市的考查物质的分离提纯，北京高考题侧重化学学科方法的考查，流程很小，重点考查学生运用物质分类的思想和氧化还原的观点来分析物质的变化过程。反应Ⅰ、Ⅱ、Ⅲ可以理解为反应的三个场所，进入的为反应物，出去的为产物，比较反应物和产物的化合价，可以发现三个变化均为氧化还原变化，找到氧化剂、还原剂和对应的产物即可写出对应的化学方程式。对于这类问题的解决要求教师在教学过程中一定要落实化学学科方法和化学的学科思想，对于学生来说要不断地运用分类观、氧化还原观来分析物质的性质。

2. 有机合成图

例 6　(2015 年第 25 题)“张一烯炔环异构化反应”被《Name Reactions》收录。该反应可高效构筑五元环状化合物：

$$R-C\equiv C-\overset{O}{\overset{\|}{C}}-O-CH_2-\overset{}{CH}=\overset{R'}{C}-CH_2-R'' \xrightarrow{\text{铑催化剂}} \text{(R-CH=C-CH(C(R')=CH-R'')-CH}_2\text{-O-C(=O)- 五元环)}$$

(R、R′、R″表示氢、烷基或芳基)

合成五元环有机化合物 J 的路线如下：

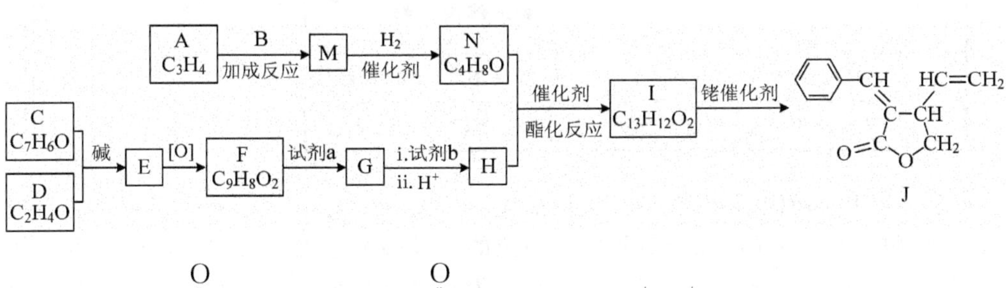

$$\text{已知：}\quad -\overset{O}{\overset{\|}{C}}-H + -CH_2-\overset{O}{\overset{\|}{C}}-H \xrightarrow{\text{碱}} H-\overset{|}{C}=\overset{|}{C}-CHO + H_2O$$

(1) A 属于炔烃，其结构简式是______。

(2)B由碳、氢、氧三种元素组成，相对分子质量是30。B的结构简式是______。

(3)C、D含有与B相同的官能团，C是芳香族化合物。E中含有的官能团是______。

(4)F与试剂a反应生成G的化学方程式是______；试剂b是______。

(5)M和N均为不饱和醇。M的结构简式是______。

(6)N为顺式结构，写出N和H生成I(顺式结构)的化学方程式：______。

【规律分析】有机合成图是物质转化图中的一种特殊形式，不同之处在于无机物质转化图侧重分类观和氧化还原的考查，而有机合成侧重官能团的变化和化学键的变化，同时重点考查学生获取、吸收、整合信息的能力，尤其是比较能力和从化学键的角度分析化学变化的能力。通过反应条件的类比找出前后物质的物质类别(即官能团)和反应类型，通过未知物与已知结构简式物质的对比书写出未知物的结构简式。学生的典型错误是简单的"等量代换"，没有分析反应的实质，因此类比过程中一定要从"断键成键"的角度来分析变化。就像上题中的已知信息本质是：α—C上有氢的醛可以与其他的醛进行加成，然后消去成烯，α—C上的氢加在了另一个醛基的氧原子上，余下部分加在了另一个醛基的碳原子上生成了醇羟基，进而消去成烯。从微观角度思考问题是化学区别于其他学科的重要特征，而有机合成恰恰体现了这一点。

(四) 化学实验

1. 现象记录图表

例7 (2014年第11题)用右图装置(夹持、加热装置已略)进行实验，由②中现象不能证实①中反应发生的是

	①中实验	②中现象
A	铁粉与水蒸气加热	肥皂水冒泡
B	加热 NH_4Cl 和 $Ca(OH)_2$ 的混合物	酚酞溶液变红
C	$NaHCO_3$ 固体受热分解	澄清石灰水变浑浊
D	石蜡油在碎瓷片上受热分解	Br_2 的 CCl_4 溶液褪色

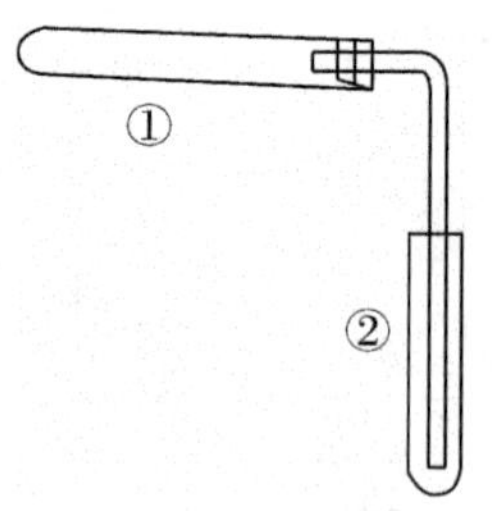

【规律分析】现象记录表经历了从描述实验现象的对错，到分析实验目的与现象是否对应，再到通过几个对照实验现象的比较归纳结论的层层递进的过程。侧重运用一套装置进行不同的实验，考查学生思维的系统性、全面性和有序性。根据反应原理来分析实验现象，实验现象的描述主要是物质状态的变化和颜色的变化，但更重要的是要在平时的学习过程中亲手做实验，真正体会探究的过程。

2. 实验探究图

例 8　(2015 年第 28 题)为探讨化学平衡移动原理与氧化还原反应规律的联系，某同学通过改变浓度研究“$2Fe^{3+}+2I^- \rightleftharpoons 2Fe^{2+}+I_2$”反应中 Fe^{3+} 和 Fe^{2+} 的相互转化。实验如下：

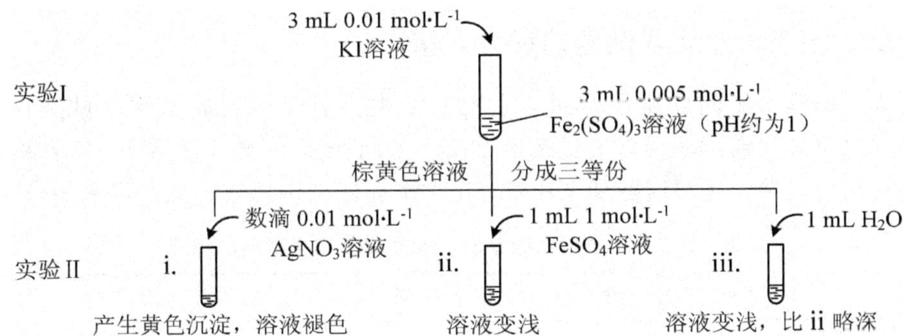

(1)待实验Ⅰ溶液颜色不再改变时，再进行实验Ⅱ，目的是使实验Ⅰ的反应达到______。

(2)ⅲ是ⅱ的对比实验，目的是排除ⅱ中______造成的影响。

(3)ⅰ和ⅱ的颜色变化表明平衡逆向移动，Fe^{2+} 向 Fe^{3+} 转化。用化学平衡移动原理解释原因：______。

(4)根据氧化还原反应的规律，该同学推测ⅰ中 Fe^{2+} 向 Fe^{3+} 转化的原因：外加 Ag^+ 使 $c(I^-)$ 降低，导致 I^- 的还原性弱于 Fe^{2+}。用右图装置(a、b 均为石墨电极)进行实验验证。

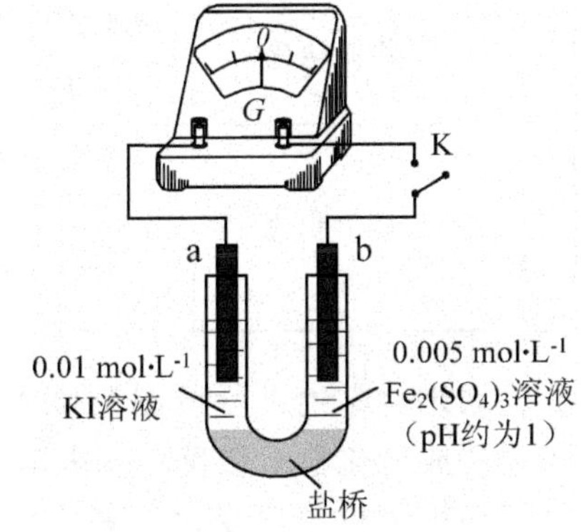

① K 闭合时，指针向右偏转。b 作______极。

② 当指针归零(反应达到平衡)后，向 U 形管左管中滴加 $0.01\ mol \cdot L^{-1}$ $AgNO_3$ 溶液。产生的现象证实了其推测。该现象是______。

(5)按照(4)的原理，该同学用上图装置进行实验，证实了ⅱ中 Fe^{2+} 向 Fe^{3+} 转化的原因。

① 转化原因是____。

② 与(4)实验对比，不同的操作是____________。

(6)实验Ⅰ中，还原性：$I^- > Fe^{2+}$；而实验Ⅱ中，还原性：$Fe^{2+} > I^-$。将(3)和(4)、(5)作对比，得出的结论是__________。

【规律分析】纵观北京高考 2006—2016 年间的实验探究试题，都是氧化还原反应的实验，实验探究通过提出由易到难、层层递进的假设，引导学生运用控制变量的方法，强调探究过程的思路和方法，并不单纯追求结论的完整性。从探究某一个实验上升到在这个实验中对意外现象的再探究的新的阶段。2015 年试题通过运用电化学手段探究实验并表征实验现象，重点考查学生对“物质的变化是与条件的”“模型与实验”等学科思想的理解。

三、图表信息化学试题的教学对策

为明确学生的问题所在，向北京密云二中高三学生发放试题测试共计 263 份，回收有效问卷 234 份，有效率为 89%。除了试题测试，还对 18 名学生进行了半结构性访谈，主要问题如下：你对化学图表题的困惑在哪里？请举例说明。

表 5-5　各种类型图标题学生得分率和学生困惑的统计

序号	图表信息题类型		得分率	学生困惑
1	STSE 教育		98%	无法提取情境信息、抓不住本质
2	化学反应原理	化学反应热	95%	
3		速率和平衡	90%	速率(动力学)平衡(热力学)分不清
4		电化学	60%	难以书写电极反应式，不知添加什么物质
5	物质转化	无机物质转化	85%	配平方程式有困难
6		有机合成	80%	信息读不懂，不能理清关系
7	化学实验	现象记录	75%	现象描述不准，口语化表达
8		实验探究	56%	信息太多读不懂、对题意理解有偏差，凭感觉，心理紧张，缺乏意志力

通过对学生进行试题测试可以发现，学生对于氧化还原反应的理解不够深入，造成电化学电极反应式书写困难和无机物质转化过程中方程式书写困难；从微观角度分析化学变化的意识不强，造成有机合成过程中对所给信息把握不准确，甚至错误；对于化学实验的探究过程缺少系统化分析，使得遇到实验题就紧张，错误百出。从学生访谈过程中发现，仍有部分学生的学习停留在初中的死记硬背水平，缺少有序思考和程序作答。简言之，化学学习方法缺少系统性的养成训练。因此，解决图表信息试题的一般程序如下。

(1)识图，对试卷中出现的图形、表格要认真分析，从类别和氧化还原角度对物质的性质进行判断，从微粒角度对物质的变化进行探究。

(2)译图，要能比较熟练地把图像信息转化为文字或数据信息，或把数据、文字信息转化为图像信息，从而得出正确结论。

(3)挖掘图表中的隐含条件，如变化的条件、反应的限度、变量的多样性等。有些错误信息的获得，就是因为不能做到这一点，造成了解题的失误。只有捕捉到信息，才能处理信息，从而运用正确的信息解决实际问题。

(一)培养学生形象思维及其转化的能力

在日常的教学中教师应充分利用课本中的图表插图，深刻理解图表的学科应用价值，培养学生的图表认知习惯，提高学生的化学图表认知能力和形象思维能力。在人教版《高中化学》必修 2 元素周期表中，将第三周期元素原子半径表格转换为二维坐标图(见图 5-4)，更能展示元素之间的递变性，增强学生的形象理解；又如在做铝和盐酸反应感受反应热的实验中，在试管中加入数字温度计，现象更加真实直观；再如人教版《高中化学》选修 4 电解氯化铜溶液的图示中已经将离子运动方向、电极反应类型等电解原理清楚呈现，因此只要我们能够从多维度理性地进行挖掘素材所要说明的综合问题，分析其中的基础原理，不断训练学生在熟悉的情境下，将知识形象地理解掌握，就能够提高学生分析解决实际问题的能力。

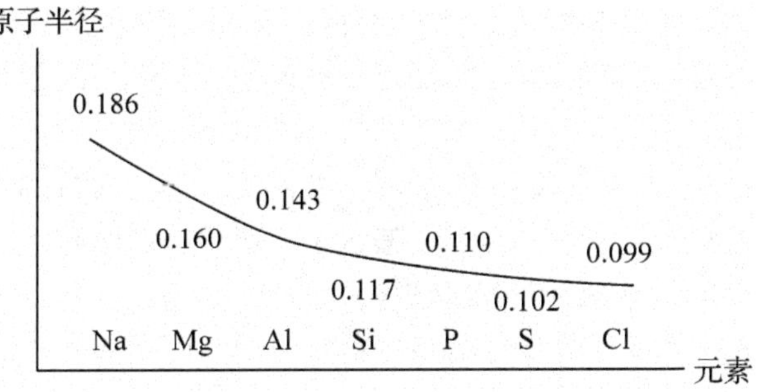

图 5-4　同周期原子半径变化图

(二)培养学生抽象思维及其转化的能力

化学是一门以实验为基础的学科。化学中许多概念、定律、原理以及物质的变化等都是建立在实验的基础上的，因此教师应尽可能地组织学生进行分组实验，运用手持技术和现代教育手段，使学生通过对实验现象的观察、比较、分析及概括，得出正确的结论，以验证、巩固和运用所学的知识。经过抽象思维，把大量的感性知识上升为理性知识，加深对学过的知识的理解，逐渐形成科学的问题解决思路。在形象思维与抽象思维的有机结合的指导下，促使学生学会从不同角度、不同层次去探索化学奥秘，并结合实例剖析化学发现、化学问题。提高课堂实效，优化课堂教学。

(三)培养学生将大量信息进行有效结构化的能力

很多对化学学习产生困难的学生对化学知识的感觉就是一个字“散”，究其原因就是这部分学生缺乏信息结构化能力，即学习过程中缺少系统分析、有序思考、程序作答。例如，在对 Na 元素及其化合物进行总结时，有如图 5-5 所示两种形式：

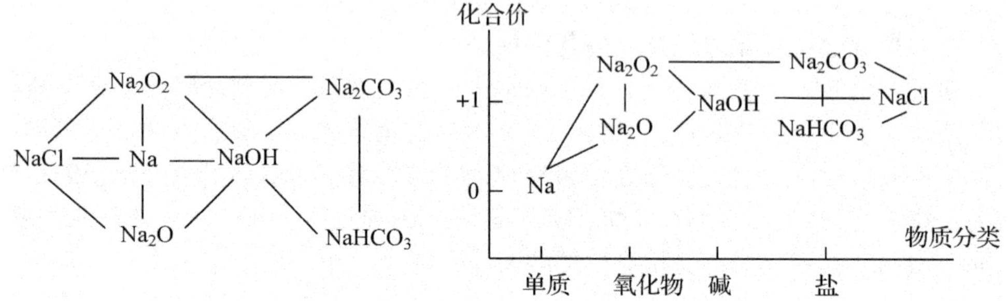

图 5-5 物质变化关系图

左图对称美观，能够展示物之间的转化关系，但是缺少化学学科方法的体现；而右图虽然对称性稍差，但是更能体现化学的学科方法，便于学生从氧化还原和物质分类角度对于物质性质的理解掌握。又如在实验探究的方面，学生往往记装置、背操作和现象，缺少实验目的分析和原理理解，而实验的目的性、原理性恰恰是解决问题的关键，正确的分析过程应该是这样：一看目的，目的即结论；二看原理，原理决定装置和操作；三看现象，方程式体现现象，现象即证据。只有这样才能梳理清楚"干什么、怎么干、干怎样"的问题。

(四)培养学生问题解决中循序渐进的意志力

高中化学的教学过程中，要控制好教学进度，不能操之过急，要按照循序渐进的原则逐步地深化。例如化学能与电能的学习，化学能与电能的教学大致可分为三个阶段：①高一必修 2：化学能转化为电能(单液电池)；②高二选修 4：化学能转化为电能(双液电池)，电能转化为化学能(电解池)；③高三复习：原电池和电解池装置维度组成相同(得失电子的场所——电极、电子导体——导线、离子导体——电解质溶液)，原理维度相同(氧化还原反应)。又如对物质转化关系的总结，高一阶段铜能转化为硫酸铜，硫酸铜无法转化为铜，高二阶段硫酸铜通过电解可以转化为铜，进而理解化学反应是有条件的。通过循序渐进的学习，将学生的学科思想逐渐上升到哲学思想。

第三节 化学计算问题解决困难的成因与教学对策

化学计算在高中化学教学中占有重要地位，但学生往往望而生畏。本节统计了近六年化学计算题在全国高考新课标卷Ⅱ中的分值比例和内容分布情况，并对某示范性高中的 265 名学生进行问卷调查和部分学生访谈，结果表明学生问题解决困难的类型主要有：茫然不知所措——基础知识薄弱型、数据处理困难——精细计算能力欠缺型、思维单一线性——综合运用能力欠佳型、信息提取困难——心理素质脆弱型等。基于此，本节提出了化学计算教学的相应对策。

问题解决是个人应用一系列的认知操作从问题的起始状态到达目标状态的过程，是在问题情境下，经由思维和推理而达到目的的心理过程。[①] 教育的主要目标之一是帮助学生成为更有效的问题解决者，即在遇到新异问题时，能够生成有用的、独到的解法。我国的中学学科教学大纲、学科课程标准也都明确规定，要培养学生的分析和解决实际问题的能力。但是，如何培养问题解决的能力？对此，教学实践似乎很难走出问题解决难学难教的阴影，于是“素质教育轰轰烈烈，应试教育扎扎实实”，“题海战术”屡批屡用，师生苦不堪言。这种状况亟待改变。[②] 高中化学计算是化学中的重点和难点，它从定量角度帮助学生理解化学概念、理论并解决实际问题，能有效提高学生的逻辑思维能力和创新能力，是学生在化学学科中问题解决困难的主要组成部分，因此也是培养学生问题解决能力的重要方面。新一轮高考改革在如火如荼地进行，考试内容、方向及权重一直牵动着师生的目光，化学计算作为考试内容的一部分，对学生具有很好的选拔功能。但现状是很多学生掌握情况堪忧，甚至畏惧化学计算。本节通过统计分析全国新课标卷Ⅱ中化学计算题的分值比例及内容分布情况，结合问卷调查与学生访谈，反思化学计算问题解决困难的成因，并提出相应的教学策略，以期能抛砖引玉。

一、对近六年化学计算在全国新课标卷Ⅱ中的分值及知识分布的统计分析

全国课标卷Ⅱ近六年高考计算题分值的统计结果如图 5-6 所示。

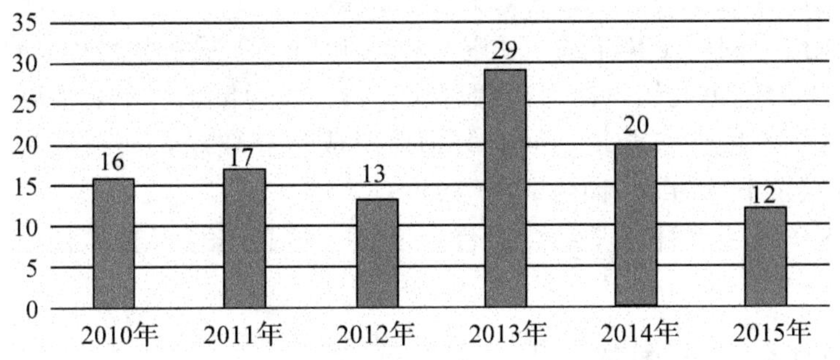

图 5-6　2010—2015 年全国课标卷Ⅱ计算题分值(未统计选考题)

① 陈琦，刘儒德．当代教育心理学[M]．2 版，北京：北京师范大学出版社，2007：326－331.

② 梁平．论问题解决的教学设计[J]．华东师范大学学报(教育科学版)，2000，18(2)：50－57.

对于高考计算题内容的分布，通过研究笔者发现，六年来考查几率较高的内容是：盖斯定律、化学反应速率与平衡常数、物质组成及 K_{SP} 相关计算。这四方面内容的计算题占据了每年高考计算题的大多数分值。另外，有机化学中产率的计算、中和滴定相关计算、pH 的计算等也在近六年全国课标卷Ⅱ中以一定分值出现过。笔者对全国课标卷Ⅱ的计算题主要内容及分值分布的统计结果如图 5-7 所示。

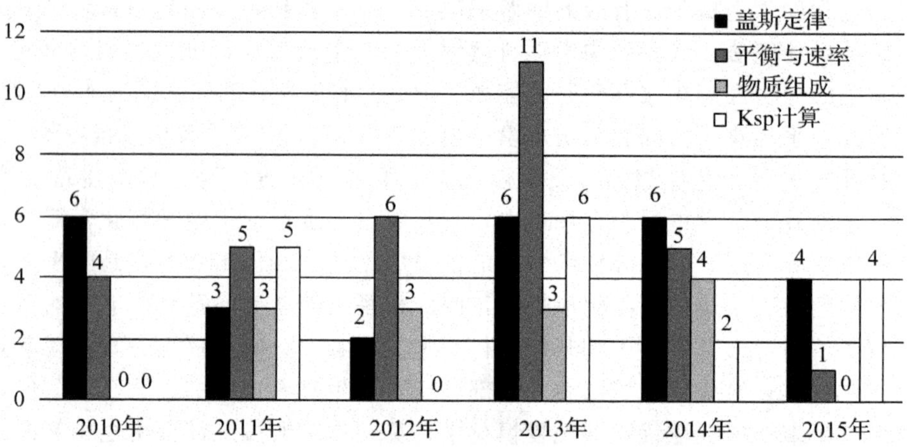

图 5-7　2010—2015 年全国课标卷Ⅱ计算题考察内容及分值分布(未统计选考题)

针对以上统计结果，结合笔者对近几年化学计算题的研究，简略分析如下：

(1)计算题占分比例较高，近五年平均每年占近 18 分，约为 18%，且笔者还未统计选考内容中的计算，若加上选考的《化工》或《物质结构》板块，每年还应增加约 4 分的分值；

(2)考试内容及方向稳中有变，并不断创新；

(3)考试内容回归学科本质，重基本概念和理论，紧密联系化学计算在科研、生产、生活中的实际运用，回避刻意追求技巧、人为繁化、不切实际的计算。

(4)计算题难度分布合理，如有关物质组成计算较难，而盖斯定律、平衡常数、中和滴定及 Ksp 相关计算属中等难度；

(5)计算题形式多样，常结合图像、表格、信息进行考查，且阅读量大，情境和角度新颖。

二、学生计算题困难成因的调查研究

本研究向西南大学附属中学高二、高三学生发放调查问卷共计 280 份，回收有效问卷 265 份，有效率为 94.6%。除了问卷调查，本研究还对 15 名学生进行了半结构性访谈。问卷和访谈主要围绕如下几个问题：你对化学计算题感兴趣吗？请说明原因；你认为化学计算为什么难以掌握？你认为教师和学生如何进行教与学，才能更好地突破化学计算？经过调查研究和统计分析，得出以下几个结论。

(一)非智力因素的影响

非智力因素是指智力以外的对学习活动起着起动、导向、维持和强化作用的个性心理，包括兴趣与爱好，对挫折的忍受性与意志力，自信心与好强心等。非智力因素在学生对待化学计算题方面影响显著。调查中笔者发现，超过 60% 的学生对化学计算题有畏难情绪，考试中 42% 的学生采取最后做化学计算题的策略，没有多余时间就放弃，只有部分对化学非常热爱的同学，对化学计算表示喜欢。

(二) 困难的主要原因及类型分析

为了明确学生化学计算困难的原因，笔者设计了简单的问卷对学生进行调查，问卷内容如下：

你感觉化学计算难吗？难＿＿＿＿＿＿　　不难＿＿＿＿＿＿

如果难，主要的原因有(可以多选)＿＿＿＿＿＿

A. 茫然不知所措——基础知识不扎实

B. 数据处理困难——计算能力差

C. 思维单一线性——综合运用能力欠佳

D. 信息提取困难——心理素质欠佳

通过统计分析，笔者发现学生感觉计算题难的主要原因有以下四类：

(1)茫然不知所措——基础知识薄弱型(约占 27.9%)

具体表现为：学生不知道发生哪些反应、化学方程式不会写、忘记公式或者不知根据什么知识来建立等式等。

例 1　(2015 年全国理综 II 卷第 28 题改编)在锥形瓶中加入足量的碘化钾，用 50 mL 水溶解后，再加入 3 mL 稀硫酸，将一定量的 ClO_2 与 NH_3 混合气体通入锥形瓶中，被溶液完全吸收；用 0.1000 mol·L^{-1} 硫代硫酸钠标准溶液滴定锥形瓶中的溶液($I_2+2S_2O_3{}^{2-}$ ══ $2I^-+S_4O_6{}^{2-}$)，指示剂显示终点时共用去 20.00 mL 硫代硫酸钠溶液，则混合气中 ClO_2 的质量为＿＿＿＿＿ g。(答案：0.02700 g)

对于此题，学生需要知道反应：$2ClO_2+10I^-+8H^+$ ══ $2Cl^-+5I_2+4H_2O$，然后结合反应 $I_2+2S_2O_3^{2-}$ ══ $2I^-+S_4O_6^{2-}$，找到 ClO_2 与 $S_2O_3^{2-}$ 之间的比例关系，才可下手计算，而且还需知道 NH_3 的存在对 ClO_2 质量的测定并无影响，以及有效数字的处理。可见基础知识的重要性。

(2)数据处理困难——精细计算能力欠缺型(约占 20.0%)

具体表现为：数据繁杂，学生计算过程耗时多，最终得出的结果错误率也较高。

例 2 （2015 年全国理综 2 卷第 26 题）酸性锌锰干电池是一种一次电池，外壳为金属锌，维持电流强度为 0.5A，电池工作 5 分钟，理论消耗 Zn 多少克？（已知 $F=96500C/mol$，部分条件略）（答案：0.05 克）

该题若设 Zn 的质量为 m，可列等式：$m/(65g/mol)\times2\times96500C/mol=0.5A\times5\times60s$，题目并不难，但数据繁杂，极易出错。

(3)思维单一线性——综合运用能力欠佳型(约占 31.7%)

有的计算题要综合考虑诸多知识，运用多种方法，且将各种结果有机地结合起来方能得出正确答案，部分学生容易顾此失彼。

例 3 （2012 年全国高考理综课标卷 2 卷 26 题）要确定铁的某氯化物 $FeCl_x$ 的化学式。可用离子交换和滴定的方法。实验中称取 0.54g 的 $FeCl_x$ 样品，溶解后先进行阳离子交换预防处理，再通过含有饱和 OH^- 的阴离子交换柱，使 Cl^- 和 OH^- 发生交换。交换完成后，流出溶液的 OH^- 用 $0.40mol\cdot L^{-1}$ 的盐酸滴定，滴至终点时消耗盐酸 25.0mL。计算该样品中氯的物质的量，并求出 $FeCl_x$ 中 X 的值。（答案为：$x=3$）

本题综合了离子交换、平均分子式、中和滴定等知识，学生不仅要理解各部分知识，还要将不同知识得出的结论进行逻辑严密的分析计算，综合运用，直至解出答案。

(4)信息提取困难——心理素质脆弱型(约占 20.4%)

若题目新颖、信息陌生、阅读量大，学生从中获取有用信息困难，部分学生便立即产生畏惧心理甚至选择放弃。

例 4 （2014 年全国高考理综课标卷 2 卷第 27 题）：PbO_2 在加热过程发生分解的失重曲线如下图所示，已知失重曲线上的 a 点为样品失重 4.0%（即 $\dfrac{\text{样品起始质量}-a\text{点固体质量}}{\text{样品起始质量}}\times100\%$）的残留固体，若 a 点固体组成表示为 PbO_x 或 $mPbO_2\cdot nPbO$，列式计算 x 值和 $m:n$ 值______。（答案为：$x=1.4$，$m:n=2:3$）

该题既有失重质量分数的概念，又有图像作为载体，还有混合物平均分子式

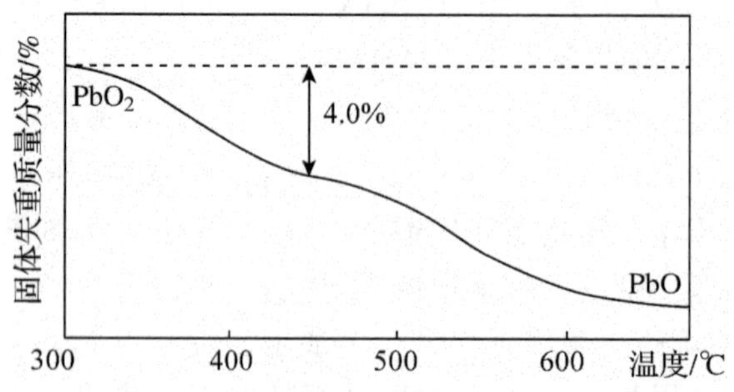

的计算，信息量很大，学生短时间很难从不同形式的条件中提取信息，失去得分机会。

（三）学生视角的解决策略

关于学生对教与学的建议，学生众口一词：希望教师按计算题类型、解题技巧和方法对计算题进行归类，做成专题试卷并详细讲解，然后举出大量类似例子，让学生勤加练习。

三、化学计算教学的对策

（一）注重基本概念和基本理论的教学，教学方式以学生探究与教师讲授优势互补

科学概念和理论在学科知识体系中占据了极为重要的地位，它是对客体本质属性的抽象和概括，是科学知识结构的基础，也是进一步探究科学规律、建构科学理论的基石。长久以来，我们的理科教育把重点放在了对概念的识记和解题应用上，对学生概念的形成和理解过程关注不够，造成学生对概念的一知半解，从某种程度上来说，这也是不少学生被迫进入“题海战术”的原因所在，如此一来，便形成了学生累、教师累的现状。科学概念教学往往更强调对具体的事实性知识的掌握和对科学概念的机械记忆，学生对科学概念不能真正认识和理解，科学概念教学没有真正实现学生对科学概念的建构，因而更无法形成对科学概念的正确观念。而提到化学计算，很多人会认为是那些各种名目繁多的计算技巧，然而，方法固然重要，但基本概念和理论却是核心。若不能正确书写化学方程式，如何能找到量之间的关系？若对盖斯定律、平衡常数、中和滴定概念不熟，如何能充分运用已知条件？学生与教师都不必过分追求技巧，应该首先打好基础，利用基本概念和理论来寻求量之间的关系。

在教学方式上，几乎每位高中化学教师都讲过化学计算专题及配套练习，但是高考计算题永远是新颖的，如果学生没有适应新情境的能力，不具备灵活运用知识构建解决方案的能力，训练再多相似题目也无益。学生对教师的建议是多年的应试教育带来的“病根”，“填鸭”和“题海”式的教学方式已经让学生产生了极强的依赖性，总是希望教师给他一种方法，他可以依葫芦画瓢，忽视了自身探索、创造、归纳、总结、反思的重要性。在教学中，我们常常看到教师课前做了大量题目，并把题目中可能遇到的陷阱、易错点、障碍等都归纳出来，在课堂上详尽地讲解。毫无疑问，学生完成具有类似障碍的题目时显得轻松，但却使学生失去了锻炼自已、提升能力的好机会，当他们面临新的挑战和陷阱时，同样会显得茫然。建议教师选取经典例题适度讲授，或者不举例即让学生去探究计算题的解法，若学生完成较好，可点拨学生自行总结归纳，教师再总结升华，详细阐述。

最后提供新颖原创题目进行检测，并督促学生在课外学习中不断反思与归纳。该方法实行之初也许学生会有抵触情绪，但若能真正实行，必定收获颇丰，也有助于实现化学计算题问题解决的终极目标：提升学生的综合能力。

(二)增强化学试题的实用性和情境性，通过分解与综合，联通“听得懂”和“做得起”之间的鸿沟

建构主义强调知识是由学生自己建构的，教学是引导学生积极主动地建构知识的过程。学习者不是空着脑袋进入学习情境中的，当问题呈现在他们面前时，他们会基于以往的经验，形成对问题的解释。建构的前提就是要了解学生原有的知识、经验基础，注重情境性。① 诚如杜威所说，不管是优等生掌握数学的基本原理，还是语言学校学生了解历史，或者大学生掌握哲学，任何情况下第一步都是准备。准备就是提出问题，激发学生联想到熟悉的个人经历，这在了解新的问题时很有帮助。已知的知识为理解未知的事物提供了依据，给人以亲切感。② 化学与我们日常的生活息息相关，教师可以挖掘的素材有很多，合理适时地运用这些素材能更好地激发学生学习化学的兴趣。化学计算作为化学学科中非常重要的组成部分，充分体现了化学的严谨性、准确性、实用性等。因此，在化学计算中出现新颖情境、贴近生活的信息是不可避免的，这些情境和信息让化学计算更加充满魅力，也可以使学生在解决问题的过程中体会到化学学科的价值。

针对化学计算题的问题解决，笛卡尔的方法论规则也许更能引发我们的思考，给我们启示。按照先分析后综合的顺序，笛卡尔建立起四条方法论的规则：第一，绝不接受我没有确定为真的东西；第二，把每一个考察的难题分析为细小部分，直到可以适当、圆满解决的程度为止；第三，按照顺序，从最简单、最容易认识的对象开始，一点一点地上升到复杂对象的认识；第四，把一切情况尽量完全列举出来。③ 在教学中，引导学生将不熟悉的题目进行分解，通过综合运用分解与综合的训练方式，帮助学生深化对相关知识的理解，在分解题目的过程中一方面可以帮助学生逐步形成丰富、组织完好的陈述性知识，另一方面，也可以使学生更加熟练地使用程序性知识，一举两得。现实中，学生常常感叹“听得懂，做不起”，究其原因，一是思考较少，不愿动手，学习主动性差；二是训练的循序渐进性不够，方法不当，而提高学生的逻辑思维能力是不可能一蹴而就的。教师要精选题目，合理安排，使训练符合认知规律。

---

① 陈琦，刘儒德，当代教育心理学[M]. 2版. 北京：北京师范大学出版社，2007：181－187.

② 约翰·杜威. 我们如何思维[M]. 伍中友，译. 北京：新华出版社，2010：167.

③ 赵敦华. 西方哲学简史[M]. 北京：北京大学出版社，2001：212－213.

(三)实施“头脑风暴”，注重一题多解，提高问题解决的综合能力

头脑风暴是通过集体讨论，使思维相互撞击，迸发火花，达到集思广益的效果。它是培养学生发散思维能力的一种有效方法。具体应用此方法时，应遵循四条基本原则：一是让参与者畅所欲言，对所提出的方案暂不作评价和判断；二是鼓励标新立异、与众不同的观点；三是以获得方案的数量而非质量为目的，即鼓励多种想法，多多益善；四是鼓励提出改进意见或补充意见。[①] 运用头脑风暴式师生互动的方法，可以创设比较宽松、自由的情境，使学生积极地思考，并敢于表达，善于表达，也可以让教师更了解学生真实的想法，促进良好师生关系的形成。教师可给出一个或多个已知条件，让学生在短时间内得出尽可能多的结论，这种“头脑风暴”式的训练，有助于提高学生思维的敏捷性和对条件的充分运用。例如，已知在 25℃、101kPa，可逆反应 $A(g)+B(g)=\!=\!=2C(g)\quad \Delta H=a\ kJ/mol$，相同条件下，容积为 1L 的恒容密闭容器中，加入 1mol A 和 1mol B 反应达平衡后，放出热量 0.25a kJ，试问可以求出哪些量？学生答：转化率、平衡常数、平衡时各物质的量、体积分数、再加入一定量物质后再次达到平衡时的组成、开始时加 2molC 达平衡时吸收的热量和转化率等。经常进行此类训练，学生可以边读题边思考并得出结论，读完题后解题方案也许便初步形成。

进行一题多解或一题多变的训练也是不错的教学策略，在训练中引导学生全方位、多角度分析问题，培养学生逆向思维能力，举一反三，融会贯通。在对典型题目进行一题多解训练时，最终一定要总结出该题的最常规解法，也就是该类题的通法。在实践中，有的教师和学生往往热衷于“最简单的方法”，然而，这种巧解方法往往具有个别性，真正需要重视的是常规解法，也就是最能体现学科本质的思维方法。科学教育的本质是要提高学生的科学素养，培养学生逻辑思维和创新思维能力，提升学生掌握知识、运用知识的能力，而不仅仅是模仿、记忆、重复的能力。

新课程改革注重三维目标的达成，而提高学生的化学计算能力与学习的三维目标理论本质上是一致的：增强化学计算的实用性、严谨性和趣味性，可促进学生建立正确的情感、态度与价值观；让学生一起参与计算方法的发现和总结和反思，体现了学习过程与方法的重要性；而扎实的基本知识和基本技能是掌握化学计算的前提。如何有效地促进学生化学计算的问题解决，仍需广大教育工作者在实践中不断探索，不断总结。

---

① 陈琦，刘儒德．当代教育心理学[M]．2版．北京：北京师范大学出版社，2007：352—361.

第四节　有机化学推断题问题解决困难成因及对策探析

有机推断题是高考中必考的题型之一，难度较大。对北京市普通高中234名高二学生的研究表明：学生两极分化明显，容易“一卡全卡”，最怕书写同分异构及化学计算；大部分学生缺乏深度系统的有机知识结构；部分学生不清楚反应中化学键的断裂与生成情况，尤其是取代和消去反应；绝大部分学生空间想象力不够，难以理解分子的空间结构。基于此，本节提出：通过点面结合来构建完整的有机化学知识结构体系；从键的不饱和度和键的极性来分析反应中化学键的变化情况；多维度提高学生对同分异构体的深度把握。

一、引言

有机化学是研究有机物的组成、结构、性质、制备方法与应用的科学。① 有机化学不仅与学生的生活紧密联系，而且是高中化学学科知识的重要组成部分，内容分布于必修二的一个章节以及选修五的整个模块，共六章内容。学生掌握好有机化学知识无论是对生活还是对学业都十分重要。

有机推断题是考试中最常见的题型，它整合了有机化学的知识，考查学生关于有机化学的知识点、知识结构、思维能力和空间想象能力等，难度较大。教学实践中，学生反映有机推断题困难较多。比如由于推断题大部分以框图的形式给出信息，一旦某处的关键物质没有正确推导，就会“满盘皆输”。而且推断题有较大的灵活性，几乎都是陌生的问题情境。学生若仅仅死记硬背书本上官能团的反应和性质，必然会无从下手。因此，研究学生在解答有机推断题时的困难并提出对策，十分必要。

对于高中生解答有机推断题的研究主要集中在以下几个方面：一是探讨有机推断题的解题思路，或者介绍某种解题技巧。如有人总结出“加减”“相似”和“正逆推”三种方法速解有机推断题。② 二是研究有机推断题复习策略，或者对书本知识进行二次总结。如从教材原顺序、反应类型、反应条件和特殊现象四个方面对教材知识进行详细的总结梳理。③ 三是研究学生在解答有机推断题时的心理过程，如有研究发现优中差三类学生在解题的问题表征、设计解题计划、执行计划和回顾四个阶段都存在差异。④ 四是对高考有机题进行分析，如将试题的特征总

① 普通高中课程标准实验教科书·化学5(选修)[M]. 2版. 北京：人民教育出版社，2016.

② 潘高峰. 速解高考有机推断题的三大方法[J]. 新高考(物理化学生物)，2009(Z2)：53－56.

③ 任慧云. 有机推断的教学研究与教学设计[D]. 天津：天津师范大学，2014.

④ 吴平. 高中生有机推断问题解决的信息加工研究[D]. 上海：华东师范大学，2009.

结为结构稳定，比例相近；立足教材，注重基础；关注实际，注重实验，等等。[①] 从数量上来看，研讨解题思路和研究复习策略的文献占绝大多数。内容上，大部分文献缺乏对学生解题出现困难的原因的深入分析。而一些知识总结性的文章，往往按照有机反应的类型、反应的条件、反应的官能团等列出详细的表格，例如总结出高中学过的所有取代、加成、消去和氧化反应，期待学生记住，而后直接运用在解题当中。本研究采用实证的方法，拟找出学生解答有机推断题时出现的困难并深刻分析其原因，从而提出切实可行的教学建议。

二、研究设计

（一）对象设计

本研究试图为高二教师教授有机化学模块提供教学参考和建议，因此以北京市普通高中的高二学生为研究对象进行测试，发放试题 260 份，有效回收 234 份，有效率为 90%。

（二）工具设计

本次调查采用的研究工具分为三个部分：客观题、主观题及访谈提纲。

(1)客观题部分。采用三道高考题。高考题是由许多专家花费较长的时间编制而成，信度、效度及区分度都有一定的保证，全国卷更是如此。在适用性较广的高考全国卷和新课标卷的有机推断题目中，选择 2010 年全国Ⅱ卷的 30 题、2012 年新课标Ⅱ卷的 38 题以及 2013 年新课标Ⅱ卷的 38 题作为学生的测试题目（以下分别简称 2010 年试题、2012 年试题、2013 年试题）。选择这些题目的理由是：他们考查的知识比较全面，尤其突出考查了官能团之间的相互转化关系。

(2)主观题部分。参考已有文献中对学生化学知识结构的考查方式，请学生用其愿意的任意方式（可以是文字、表格、箭头、漫画等）尽可能丰富地展现出学过的有机化学知识。考查时间为 20 分钟，期间没有参考任何资料，同伴之间没有相关交流。[②] 此题旨在明确学生头脑中的已有有机化学的知识，重点调查学生对有机的核心内容有无整体框架式的把握。进而与学生的答题情况联系，研究学生对有机知识的结构性把握对解题的影响。

(3)访谈部分。首先对 30 名学生进行了访谈，分别问学生：觉得有机推断题难吗？为什么觉得难？什么类型的问题答不出来？其次对 10 名教师进行了访谈，对被试学生的多名教师进行了访谈，分别问教师：觉得有机推断题是学生的难点

① 李金海，曾兵芳．2011 年全国高考有机化学试题评析[J]．教育测量与评价（理论版），2012(1)：56—59.

② 吴晗清，宋嫣然，李国超．化学知识结构与学业成绩关联的实证研究[J]．中国教育学刊，2014(3)：67—70.

吗？难点在哪里？哪种类型的题目学生解答有困难？要想提高学生的有机推断题的解答能力，教学中应该注意什么？为最后提出针对性建议提供参考。

(三)框架设计

为了了解学生解答有机推断题时存在的缺陷，笔者对每道题从题目考查内容、学生作答错误类型、错误率(该类型出错人数占总答题人数的百分比)以及错误原因四个方面进行了分析和整理。主要关注错误率较高的题型以及重复出现的错误原因。

三、结果分析

(一)客观题统计结果

表 5-6　学生试题作答分析

<table>
<tr><th>内容</th><th>错误类型</th><th>错误率</th><th>错误原因</th></tr>
<tr><td rowspan="2">命名</td><td>将支链结构写成直链</td><td>14.5%</td><td>不明白“只有一种氢”；
空间想象能力有待提高</td></tr>
<tr><td>名称书写的细节错误</td><td>17.7%</td><td>没有掌握命名规则的细节</td></tr>
<tr><td rowspan="10">方程式</td><td>生成物少写或者错写</td><td>28.0%</td><td>不明白反应中键的变化</td></tr>
<tr><td>取代基位置写错</td><td>19.3%</td><td>解题没有整体的思考</td></tr>
<tr><td>支链取代写成苯环取代</td><td>15.8%</td><td>不清楚不同条件下的取代反应</td></tr>
<tr><td>复杂产物结构想象困难</td><td>95.2%</td><td>陌生知识提取困难；空间想象能力有待提高</td></tr>
<tr><td>聚合物端基原子团写错</td><td>19.0%</td><td>不清楚酯化反应的过程</td></tr>
<tr><td>缩聚生成水的系数错误</td><td>9.5%</td><td>不清楚聚合反应的过程</td></tr>
<tr><td rowspan="2">反应产物推测错误</td><td>4.8%</td><td>计算的结果用不上</td></tr>
<tr><td>11.3%</td><td>不明白“一氯代物只有一种”</td></tr>
<tr><td>取代反应中少写生成物</td><td>16.1%</td><td>不明白取代反应中键的变化</td></tr>
<tr style="display:none"></tr>
<tr><td rowspan="2">反应类型</td><td>误将取代认成消去</td><td>3.5%</td><td rowspan="2">不明白不同反应类型之间的本质区别并且典型的反应条件混淆</td></tr>
<tr><td>将加成误认为取代</td><td>6.3%</td></tr>
<tr><td rowspan="4">结构简式</td><td>没有认识到生成酸钠和酚钠</td><td>10.5%</td><td>没有认识到羧基和酚的酸性</td></tr>
<tr><td>没有推导出来</td><td>13.3%</td><td>不明白官能团之间的转化关系</td></tr>
<tr><td>将支链结构写成直链</td><td>22.6%</td><td>因前面物质的错误推导，导致后续推导结果全部错误</td></tr>
<tr><td>双键的位置不正确</td><td>31.7%</td><td>不明白双键的平面结构</td></tr>
</table>

续表

内容	错误类型	错误率	错误原因
官能团	写错或写不出	6.3%	特殊反应条件不敏感
同分异构	没思路、没找全	67.7%	思维的严密性需要加强
氢谱应用	找不到、找错	67.7%	不会利用氢谱信息

从客观题的做题情况看，错误率最高的考查内容为：书写同分异构体、利用氢谱信息确定某种同分异构体。书写方程式和结构简式的题目，出错率也较高。明显看到，重复出现的错误原因有：不明白反应的过程(即反应中键的变化)以及空间想象能力有待提高。

(二)分析

1. 总论：学生两极分化明显，容易“一卡全卡”，最怕书写同分异构及化学计算

总体来看客观题部分学生的作答情况，两极分化较为明显。高分组(得分率2/3以上)、中等、低分组(得分率1/3以下)的人数比分别为83∶24∶127。也就是说大部分学生近似处于两个极端，一端是大题中的每道小题都有作答，只不过有些细小的错误；另一端则是试题中大部分都是空白，只是零星地对大题中的前一二问作答。访谈发现，73%的学生认为自己在解答有机推断题时存在困难。这说明除学优生之外的大部分普通学生，在解答有机推断题时还是存在困难。因此找到学生的困难点并提出学习建议还是很有必要的。

结合对学生的访谈发现，学生最害怕的考查内容是同分异构体，累计百分比62.8%；其次是有关化学计算的问题，累计百分比31.4%；然后还有少部分学生提到了有机化合物的命名，以及较为复杂的有机化学反应方程式的书写。至于解题困难的原因，累计17.1%的学生提到“一卡全卡”，也就是说若信息框图中的关键物质没有正确推导出来，后续物质就无从下手；14.3%的学生提到有机化学知识多而杂，系统掌握存在困难；另有累计11.4%的学生觉得利用陌生信息存在困难，等等。

2. 大部分学生缺乏深度系统的有机知识结构

近年来高考全国卷中尤其重视考查官能团之间的相互转化。例如2013年试题考查的物质转化，具体如图5-8所示。

$$① \underset{A}{H_3C-\overset{CH_3}{\underset{CH_3}{C}}-Cl} \xrightarrow[C_2H_5OH/\Delta]{NaOH} \underset{B}{(H_3C)_2C{=}CH_2} \xrightarrow[②H_2O_2OH^-]{①B_2H_6} \underset{C}{H_3C-\overset{CH_3}{\underset{H}{C}}-CH_2-OH} \xrightarrow[\Delta]{O_2/Cu}$$

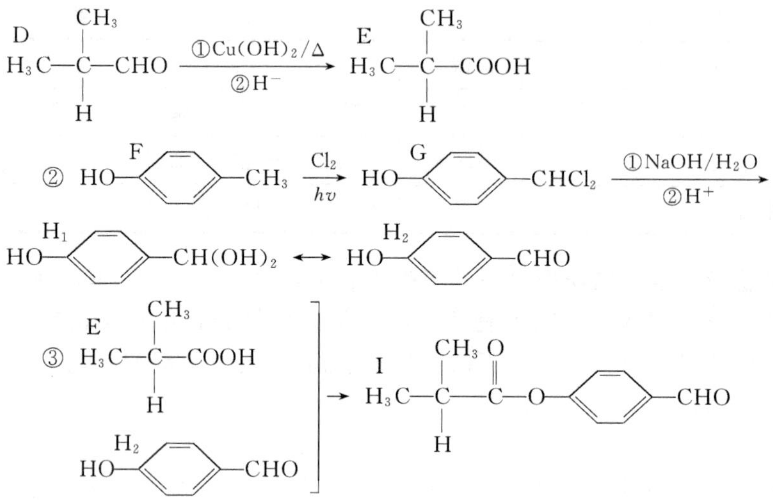

D $H_3C-CH(CH_3)-CHO \xrightarrow[②H^-]{①Cu(OH)_2/\Delta}$ E $H_3C-CH(CH_3)-COOH$

② F $HO-C_6H_4-CH_3 \xrightarrow[hv]{Cl_2}$ G $HO-C_6H_4-CHCl_2 \xrightarrow[②H^+]{①NaOH/H_2O}$

H_1 $HO-C_6H_4-CH(OH)_2 \longleftrightarrow$ H_2 $HO-C_6H_4-CHO$

③ E $H_3C-CH(CH_3)-COOH$ + H_2 $HO-C_6H_4-CHO$ $\rightarrow$ I $H_3C-CH(CH_3)-C(=O)-O-C_6H_4-CHO$

图 5-8　2013 年试题流程图

可以看出，此题完全以官能团之间的相互转化为思路进行命题。题目考查两条线：①线考查的转化关系为：卤代烃、烯烃、醇、醛和酸；②线考查的转化关系为：烃、卤代烃、醇和醛。最后两条线的终点 E 和 H 反应生成 I，考查的是醇和酸转化为酯的反应。

研究中的主观题部分，请学生用其能想到的任意方式尽可能丰富地展现学过的有机化学的知识。结果发现：大致上，高分组的学生，有机知识结构化程度高，能够系统回忆起较多的知识；低分组的学生则相反，基本没有将学过的有机知识结构化，回忆时，知识也不成体系，较为零散杂乱。

具体来说，学生关于官能团之间的相互转化的认识大致可以由低到高分为三个水平：较差(约 20%)、一般(约 60%)、较好(约 20%)。较差水平的学生仅能画出不完整的一维转化关系，甚至有些学生仅能写出一些官能团，这表示其内容体系是杂乱无章的，毫无结构可言。一般水平的学生会画出各官能团之间简单的一维转化图，典型的就是从烷烃到卤代烃到醇醛酸最后到酯。虽然其完整性有待提高，但是起码能够按照一定的顺序去掌握有机物，特别是对醇醛酸这条逐渐氧化的路线有一定的认识和敏感性。较好水平的学生，能够构建二维的有机知识结构。因为烯烃和卤代烃都可以直接和醇相互转化，烯烃和卤代烃也可以相互转化。如果仅用一维流程来表示官能团之间的转化关系，烯烃和卤代烃的位置就会有冲突。所以较好水平的有机知识结构一定不是一维线性的。此外少部分优秀的学生不仅可以完整无误地写出二维转化图，而且还可以标明各个转化反应的反应类型和反应条件。

3. 部分学生不清楚反应中化学键的断裂与生成情况，尤其是取代和消去反应

研究中，发现学生错误地判断反应类型，以及不会应用陌生情境中的新信息，都有一个共同的原因，就是不明白反应中的具体化学键的变化，不清楚哪些化学键断裂，哪些化学键生成。表现最突出的莫过于缩合反应和取代反应方程式的书写。如 2010 年试题中的第 4 小问，要求写出乙二酸和乙二醇缩聚生成聚乙二酸乙二酯的反应。有的同学在学习酯化反应时没有仔细思考，不明白反应时酸失去羟基、醇失去氢，认为生成水的羟基和氢原子是随意断裂下来的。那么就可能会在聚合物羰基一端加上氢，羟氧基一端加上羟基。又如学生若是不明白 $(2n-1)$ 个水是如何来的，就可能会把水前面的系数写作 $2n$。

$$nHO\overset{O}{\overset{\|}{C}}(CH_2)_4\overset{O}{\overset{\|}{C}}OH + nHOCH_2CH_2OH \xrightarrow[\triangle]{H^+} HO\text{-}\!\!\left[\overset{O}{\overset{\|}{C}}(CH_2)_4\overset{O}{\overset{\|}{C}}\text{—}OCH_2CH_2O\right]\!\!\text{-}_nH + (2n-1)H_2O$$

2012 年试题的第 2 小问中，要求学生书写对甲基氯苯在光照条件下发生取代反应的方程式：

$$Cl\text{—}C_6H_4\text{—}CH_3 + 2Cl_2 \xrightarrow{hv} Cl\text{—}C_6H_4\text{—}CHCl_2 + 2HCl$$

看似很简单，实则考查学生对取代反应中键的变化的理解。取代反应的核心是“取而代之”。有一个原子上去，就要有一个原子下来。用这个反应来说，断裂的是氯气的“Cl－Cl”键和甲基上的“C－H”键，生成的是甲基上的“C－Cl”键和“H－Cl”键。有的学生没有写生成物氯化氢，表明他对取代反应只是理解了一半，只是看中了“代替”，而没有重视“取下”。还有学生将生成物的氯化氢写为氢气，没有认识到取代断开的是“Cl－Cl”键，生成的是“H－Cl”键，而非生成“H－H”键。

4. 绝大部分学生空间想象力不够，难以理解分子的空间结构

有机化学不同于无机化学的一个重要原因就是有机化学尤其强调有机物的空间结构，包括平面和立体结构。虽然高中不同于大学，不会要求学生明白构象和手性，但是基本的例如甲烷为正四面体、乙烯苯环是平面形、乙炔是直线形的知识还是要知道，而且要求学生具有一定的空间想象能力。例如 2013 年试题的第 1 问，告诉 A 物质的分子式为 C_4H_9，并且已知 A 中只有一种化学环境的 H，需要学生在空间中想象出符合条件的烷基是异丁基。又如 2010 试题的第 5 问，在正确推导出两种反应物后，学生需要具有一定的空间想象能力，才能画出两个六元环部分重叠的产物。

此外，与空间想象力有关的，最为重要的就是寻找同分异构体。无论从客观题还是主观题中都可以明显看出，同分异构体的书写是学生的难点和易错点。寻

找同分异构体往往是有机推断大题的最后一问，难度较大，区分度较高。学生不是难在找不到，而是难在找不全。此类题考查的更多是学生的思维品质，要想找全同分异构体，一方面学生要有一定的空间想象能力，另外要求学生思维一定要周密和严谨。

四、结论启示

(一)点面结合，构建完整的有机化学知识结构体系

针对部分学生认为有机化学知识又多又杂，难记易忘的问题，笔者提出要用“点面结合”的方式来构建有机化学知识体系。一方面是各类型有机物的性质和反应，这对应“点”；另一方面是各类型化合物之间的相互转化，这对应“面”。

“点”方面，主要是官能团的相关反应。可以通过反应类型和反应条件两个维度梳理某一官能团的所有反应。首先用反应类型对某类物质可能存在的反应进行分类，然后再回想反应条件，进而明确每一个特定的反应。以乙醇为例，首先考虑取代反应，取代氢原子时，可以与钠反应生成醇钠，可以在浓硫酸存在下加热至 140℃与自身反应生成醚，可以在浓硫酸存在下加热至 170℃生成酯。取代羟基时，可以与浓氢卤酸反应生成卤代烃，可以自身反应生成醚。醇中没有双键或者叁键，因此不考虑加成反应。消去反应中，醇在浓硫酸加热条件下可以脱水生成烯烃。最后氧化还原反应中，醇可以在 Cu 的存在下被氧气氧化为醛或酮。

“面”方面，即各种官能团之间的相互转化。我们提出用二维结构图来引导学生熟悉官能团之间的相互转化，如图 5-9 所示。学生仅需掌握“卤代烃—烯烃—醇”在图中的正立三角的位置即可。因为烷烃的位置在标出卤代烃和烯烃的位置后自然就会确定。至于醇之后的醇、醛、酸、酯的三角关系，因为醇、醛、酸这三者的氧化关系和在课堂上学习它们的顺序相同，大部分学生对此还是比较熟悉，有了醇自然就可以顺序写出醛和酸，进而写出酯，完成三角。总之，醇处于各种物质转化的中心，重点掌握醇的反应有助于迅速把握整体转化关系。

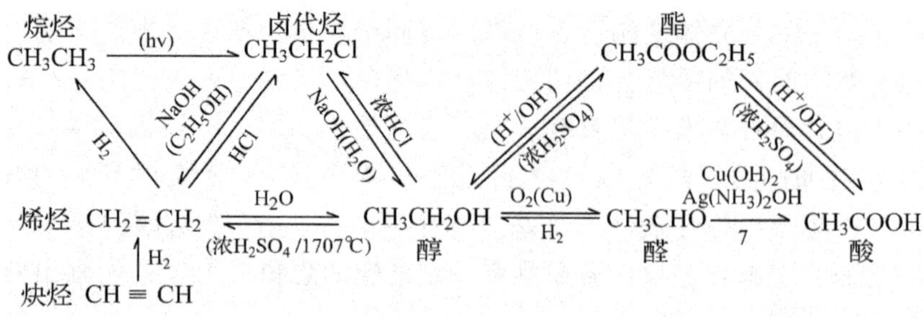

图 5-9　各官能团转化关系

(二)从键的不饱和度和键的极性来分析反应中化学键的变化情况

官能团是决定有机化合物绝大部分化学性质以及化学反应集中发生的原子或者原子团。官能团之所以能够决定有机化合物的性质，主要是因为两个方面的因素：一是某些官能团含有不饱和碳原子，二是某些官能团含有极性较强的化学键。这就为学生更加深入地分析化学反应提供了视角。

关于键的不饱和性。例如 2010 年试题的第 5 问，提供一个陌生反应的信息：单烯烃和共轭双烯烃反应生成环烯烃。要求学生仿照信息，写出该类型的其他物质的反应，具体如下面的方程式。从不饱和碳的角度来分析，对比反应物和生成物，发现 1、2 号和 3、4 号以及 5、6 号碳原子之间的双键断裂，三对双键在断裂为 6 个电子之后，2、3 号碳原子上的电子结合形成双键，1、5 号碳，4、6 号碳原子上的电子结合生成单键。清楚了反应中键的变化，书写方程式时只要找到反应物中等同于 1、2、3、4、5、6 号的碳原子即可。

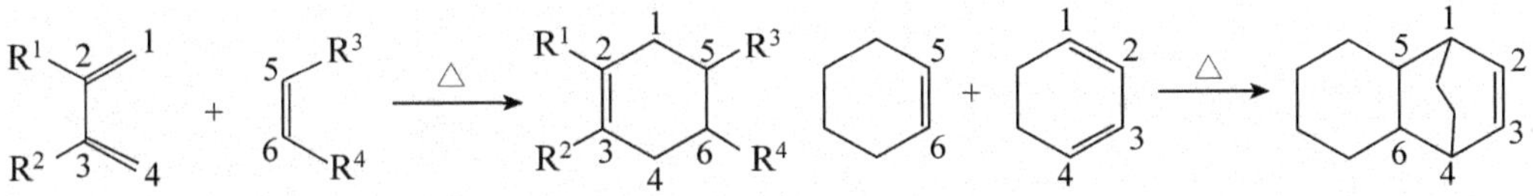

关于键的极性。仍以乙醇为例，乙醇的官能团为羟基，由于氧原子的高电负性，使得与氧相连的“O－H”键以及“C－O”键中，电子对均偏向氧，使得氧原子带一定负电，碳原子和氢原子带一定的正电。因此在乙醇的取代反应中，遇到不同反应物，断裂的键的位置也不同。当乙醇和钠反应时，钠极易失去电子成为正离子，易和带负电的氧结合，因此断裂的是“O－H”键；当乙醇和氢溴酸反应时，电负性较大的溴带负电，易和带正电的碳结合，因此断裂额是“C－O”键。因此，通过键的极性，可以在一定程度上分析和预测反应中键的变化情况。

(三)多维度提高学生对同分异构体的深度把握

高中阶段涉及的同分异构体类型包括官能团异构位置异构和碳架异构。不会辩识、少写、多写、重写同分异构体的情况经常发生。首先，可以从不饱和度及特殊原子(如氧原子)数目来掌握常见的互为同分异构体的物质，如烯烃和环烷烃、炔烃和二烯烃、醇和醚、醛和酮、羧酸和酯，以及较为复杂的两种或多种官能团混合的情况，如同时含有羟基和羰基的化合物可能和酯类化合物互为同分异构体。其次，从常见的限制条件来确定同分异构体中的官能团。比如能发生银镜反应，则含有—CHO；有手性碳原子，表明碳原子上连有四个不同的原子或原子团；一氯代物有几种、核磁共振显示几组峰及峰的面积比为多少、苯环上有几种不同环境的氧原子等限制条件，则说明需要写出的分子结构常常具有对称性。

最后，学生要注重分类意识，可以按照异构类型寻找同分异构体。一般来说，按照官能团异构—位置异构—碳架异构的顺序进行，就可以有条不紊、没有遗漏地找出所有符合要求的同分异构体。

参考文献

[1]Gibson H L，Chase C. Longitudinal impact of an inquiry-based science program on middle school students' attitudes toward science[J]. Science Education，2002，86(5)：693－705.

[2]Manning，Renfro C. The Teacher Evaluation Handbook：Step-by-Step Techniques & Forms For Improving Instruction Englewood Cliffs[M]. N J Prentice Hall，1988.

[3]Miller. Scientific Literacy：A Conceptual and Empirical Review[J]. Daedalus，1983，11(1)：29－48.

[4]Zimmerman B J. A social cognitive view of self-regulated learning. Journal of Educational Psychology，1989，81(3)：324－328.

[5]爱因斯坦．论教育．爱因斯坦晚年文集[M]．北京：北京大学出版社．2008.

[6]安德森．现象学[J]．哲学译丛，1990(2).

[7]北京师范大学无机化学教研室，等．无机化学(上册)[M]．北京：高等教育出版社，2002.

[8]北京师范大学无机化学教研室，等．无机化学(下册)[M]．4 版．北京：高等教育出版社，2009.

[9]波普尔．猜想与反驳[M]．上海：上海译文出版社．1986.

[10]布鲁纳．布鲁纳教育论著选[M]．北京：人民教育出版社，1989.

[11]陈琦，刘儒德．当代教育心理学[M]．2 版．北京：北京师范大学出版社，2007.

[12]杜威．民主主义与教育[M]．陶志琼，译．北京：中国轻工业出版社，2014.

[13]冯克诚．认知学习基本原理与教学策略文选论读 [M]．北京：中国环境科学出版社，2006.

[14]傅献彩，等．物理化学(上册)[M]．5 版．北京：高等教育出版社，2006.

[15]高鹏，李维俊．绿色化学与可持续发展[J]．北方环境，2011(9)：25－26.

[16]郭君瑞．给学生创造有意义的学习经历[J]．化学教学，2009(3)：7－9.

[17]何双安．高中化学生活化教学的有效实施途径[J]．化学教育，2013(4)：20－22.

[18]黑格尔．小逻辑[M]．北京：商务印书馆，1980.

[19]胡塞尔．欧洲科学危机和超验现象学[M]．上海：上海译文出版社，1988.

[20]怀特海．教育的目的[M]．北京：生活·读书·新知三联书店，2002.

[21]加涅，等．教学设计原理[M]．上海：华东师范大学出版社，2007.

[22]姜丽莉，等．高中生"原电池"错误概念的诊断及教学对策[J]．教学仪器与实验，2015(2)：3－7.

[23]教育部．普通高中化学课程标准[M]．北京：人民教育出版社，2007.

[24]库恩．科学革命的结构[M]．北京：北京大学出版社，2003.
[25]夸美纽斯．大教学论[M]．傅任敢，译．北京：人民教育出版社，1984.
[26]冷燕平，等．关于中学化学教学实验改革问题的思考[J]．化学教学，2008(4)：1－4.
[27]李德前．例谈初中化学实验创新的思维方法[J]．化学教学，2013(3)：65－68.
[28]李德顺．价值论研究的意义[J]．求是学刊，2000(6).
[29]王井明，李广洲，等．关于高中生化学实验学习情况的调查研究[J]．化学教育，2008(8)：45－48.
[30]李金海，曾兵芳．2011 年全国高考有机化学试题评析[J]．教育测量与评价(理论版)，2012(1)：56－59.
[31]李芒．论综合实践活动课程与教师的教学能力[J]．教育研究，2002(3)：63－67.
[32]李娜．倾倒二氧化碳熄灭阶梯蜡烛实验的改进[J]．化学教育，2014(5)：70－72.
[33]李岩．有关初、高中化学教学衔接的对策和实践[J]．化学教学，2010(3)：29－34.
[34]李志华．初高中化学教学衔接要突出学科本质[J]．人民教育，2012(7)：45－46.
[35]梁慧姝，郑长龙．化学实验论[M]．南宁：广西教育出版社，1996.
[36]梁永平．微粒作用观的科学学习价值及其科学建构[J]．化学教育，2003(6)：6－10.
[37]林崇德．创造性人才特征与教育模式再构[J]．中国教育学刊，2010(6)：1－4.
[38]刘知新．化学教学论[M]．4 版，北京：高等教育出版社，2009.
[39]刘知新．谈化学教育与科学素养[J]．化学教育，1999(9)：1－4.
[40]鲁洁．一个值得反思的教育信条：塑造知识人[J]．教育研究，2004(6)：3－7.
[41]陆绍闵．中外名人成功的启迪[M]．济南：山东科学技术出版社，1992.
[42]洛克．教育片论[M]．上海：上海人民出版社，2005.
[43]马克思，恩格斯．马克思恩格斯全集(第 19 卷)[M]．北京：人民出版社，1963.
[44]马克思，恩格斯．马克思恩格斯全集(第 26 卷第 3 册)[M]．北京：人民出版社，1974.
[45]马克思，恩格斯．马克思恩格斯选集(第三卷)[M]．北京：人民出版社，1972.
[46]美国国家研究委员会．美国国家科学教育标准[M]．北京：科技文献出版社，1999.
[47]美国科学促进协会．面向全体美国人的科学[M]．北京：科学普及出版社，2001.
[48]倪梁康．现象学及其效应[M]．北京：生活·读书·新知三联书店，1994.
[49]邵瑞珍．教育心理学[M]．上海：上海教育出版社，1997.
[50]施良方．学习论[M]．北京：人民教育出版社，2001.
[51]石里克．哲学的转变[C]//洪谦．逻辑经验主义．北京：商务印书馆，1989.
[52]石中英．波兰尼的知识理论及其教育意义[J]．华东师范大学学报(教育科学版)，2001(2)：36－45.
[53]石中英．论学校的价值[J]．中小学管理，2009(1)：7－11.
[54]宋天佑．无机化学(上册)[M]．2 版．北京：高等教育出版社，2009.
[55]王维臻，等．电化学认识模型及其在高三原电池复习教学中的应用[J]．化学教育，2014(1)：34－40.
[56]王卫东．关于教育价值问题的讨论[J]．教育研究，1996(4)：72－74.
[57]宋心琦，等．化学实验教学改革建议之二[J]．化学教学，2012(5)：3－5.

[58]宋心琦，等．化学实验教学改革建议之一[J]．化学教学，2012(4)：3－5，8.
[59]孙智昌．学生是如何学习的[M]．桂林：广西师范大学出版社，2011.
[60]汪华岳．新编马克思主义哲学原理[M]．北京：高等教育出版社，2011.
[61]王桂茹．催化剂与催化作用[M]．3版．大连：大连理工大学出版社，2007.
[62]王沛．中小学教师教育教学能力的内涵与结构[J]．课程教材教法，2010(6)：92－96.
[63]王素珍．例析高中化学“翻转课堂”与“传统课堂”教学之利弊[J]．化学教育，2014(19)：28－32.
[64]王文峰，袁耀锋．从电子流动观点看催化剂在有机反应中的作用[J]．大学化学，2016(6)：62－66.
[65]王宪平，唐玉光．课程改革视野下的教师教学能力结构[J]．集美大学学报(教育科学版)，2006，7(1)：6.
[66]王相宜，李远蓉，吴晗清．翻转课堂：化学教学变革性视野[J]．现代中小学教育，2015(2)：64－67.
[67]王玉芬．在注射器中进行铜和稀硝酸反应实验[J]．化学教学，2013(7)：41－42.
[68]王梓坤．科学发现纵横谈[M]．北京：北京师范大学出版社，2006.
[69]魏冰．“科学素养”探析[J]．比较教育研究，2000(s1)：105－108.
[70]魏建方．“先行组织者”在高中化学教学中的运用策略[J]．化学教学，2005(11)：12－14.
[71]吴晗清，韩蓉，赵冬青．化学探究性实验教学的困境与突破[J]．教学与管理(中学版)，2016(12)：74－76.
[72]吴晗清，李政，马薇．当代教学的转向：由教师华丽表演到学生朴实发展[J]．湖南师范大学教育科学学报，2014(3)：72－76.
[73]吴晗清，马薇．化学实验教学原则新探[J]．教学与管理，2013(3)：76－79.
[74]吴晗清，宋嫣然，李国超．化学知识结构与学业成绩关联的实证研究[J]．中国教育学刊，2014(3)：67－70.
[75]吴晗清，肖美超．联系生活的化学教学研究[J]．化学教学，2016(4)：3－7.
[76]吴晗清．高中化学实验教学实践症结与对策探析[J]．中国教育学刊，2013(2)：68－72.
[77]吴晗清，等．高中生科学素养模型的建构及其实证研究[J]．上海教育科研，2016(5)：32－36.
[78]吴晗清，郑冬梅．化学教育价值及其实现[J]．教育理论与实践，2014(2)：53－55.
[79]吴晗清，等．化学实验中学生“定量”概念的建构[J]．化学教育，2013(7)：70－72.
[80]吴晗清，等．化学问题解决中的科学方法教育[J]．化学教育，2011(3)：3－5.
[81]吴晗清，等．化学知识结构与学业成绩关联的实证研究[J]．中国教育学刊．2014(3)：67－70.
[82]吴晗清，周明忠．科学素养研究范式的嬗变及其对理科教师的启示[J]．中小学教师培训，2010(12)：58－60.
[83]吴晗清，等．化学教材中“通常”表述背后的意义[J]．中学化学教学参考，2015(3)：10－13.
[84]武克瑞．催化剂与催化作用[J]．中学化学教学参考，1978(4)：26－42.

[85]徐敏．深入原电池原理本质促进学生观念和能力的发展[J]．化学教育，2015(19)：27—31.
[86]杨汉麟，等．外国教育名家思想[M]．武汉：华中师范大学出版社，2010.
[87]杨鑫辉．西方心理学名著提要[M]．南昌：江西人民出版社，2002.
[88]俞叶．一场悄无声息的课堂教学革命——谈“翻转课堂与微课程开发”在化学教学中的应用[J]．中国信息技术教育，2014(13)：68—69.
[89]约翰·杜威．我们如何思维[M]．伍中友，译．北京：新华出版社，2010.
[90]张建伟，陈琦．认知结构的测查方法[J]．心理科学，2000(6)：750—751.
[91]张金磊．“翻转课堂”教学模式的关键因素探析[J]．中国远程教育，2013(19)：59—64.
[92]张莉．整合生活知识促进有效性化学教学[J]．化学教学，2009(5)：37—39.
[93]张霄，马薇，吴晗清．“原子结构发现史”中科学要素剖析及教学反思[J]．化学教学，2016(4)：33—36.
[94]赵安兴，冯英明，祁建平，等．初、高中化学教学衔接问题研究[J]．教学与管理(理论版)，2004(3)：71—72.
[95]赵敦华．西方哲学简史[M]．北京：北京大学出版社，2001.
[96]郑长龙．化学实验教学新视野[M]．北京：高等教育出版社，2003.
[97]郑长龙，等．高中新课程“实验化学”教学状况的调查与分析[J]．化学教育．2010(10)：58—61.
[98]中华人民共和国教育部．普通高中化学课程标准(实验)[M]．北京：人民教育出版社，2003.
[99]中华人民共和国教育部．义务教育化学课程标准(2011年版)[M]．北京：北京师范大学出版社，2012.
[100]周国韬，张林．中学生学习策略量表编制的研究[J]．心理学探新，2002(3)：48—52.
[101]周建华．高考化学有关催化效果比较类试题的思考[J]．中学化学教学参考，2010(1)：57—59.
[102]周青．化学学习论[M]．北京：科学出版社，2010.
[103]周庆华，王仲如．对原电池工作原理的探讨[J]．化学教学，2016(1)：38—39.
[104]朱清时．绿色化学的进展[J]．大学化学，1997(6)：7—11.

后　　记

十五年以来，我一直在关注化学教育实践问题。没想到，聚沙成塔、集腋成裘，这些小小的研究竟支撑起了对化学教育较为系统的一些初步思考。掩卷凝思，百感交集，甚是欣慰。早些年在北京师范大学攻读博士学位期间，导师裴娣娜教授就教导我们，做教学论的研究，必须沉下心来，扎进学科里，才能有收获，我深以为是。

刚开始研究时，并没有系统的构架。只是根据自己发现的问题，对一些细节作尝试性的探讨，比如化学与生活的关系、化学知识结构、原电池、实验教学、考试等。日积月累，这是一件很不可思议的事情。拿《化学学习研究》这一篇章来说，刚开始并没有什么体系。后来发现，初高中衔接、洞察力、知识结构、自主学习、先行组织者、三重表征及学习机制模型等这些原本独立的思考，却构成了化学学习研究的方方面面。其他四个篇章也大抵如此，真是“众里寻他千百度，蓦然回首，那人却在灯火阑珊处”。

非常感谢我的本科生、硕士生导师，西南大学化学教学论专业李远蓉教授。李老师直接指导我长达七年时间，离开重庆后还一直在关心我的成长。李老师不仅在学业上对学生因势利导、因材施教，更重要的影响在于她深厚的人文情怀、悲天悯人的菩萨心肠。在研三上学期，我以学生的身份走上了西南大学的“雨僧讲坛”，做了一个以先秦教育为主题的汇报。在学校历史上，大概是没有先例的。李老师不仅在精神上支持我这一极其“冲动”的行为，而且还全程听完了我的汇报，最后给了我温暖的拥抱，此生没齿难忘。后来我在自己的教育生涯中，也是一直将这种情怀传递给学生。教导学生“做人要极度温暖，做事要极度专业”。

感谢我的研究生团队，他们在课题研究中给予了我鼎力支持，尤其是在文献整理、发放问卷、师生访谈及数据处理方面。他们是李雅茜、李田田、刘秀英、赵冬青、韩蓉、张霄、李国超、杨小丽、马薇、李丹、张娟、姚梦娟、赵佳星、张晨敏、宋嫣然、肖美超、卢青青、吴彦瑾、戚真、李豆豆、张鸿智、王梦秦、侯嘉伟、高慧、陈萍、赵银花、林一青、穆铭、何维祥、李世玉、李琳娜、孙年冬、苏鑫、任丽娟、陈豆、刘聪、孟博研、赵芳祺、宋超、周迪、闫如月、孙天远、林雅琴、唐双凤、孙梦婷、何婷、张岩、李梦颖、贾茹、刘梦、董叶慧婷、唐慧、秦清青、李敏、田晓雨、吴涵挚、程竺君、宁婷婷，等等，另外在职教师冯亚东、李祥培、马海英、崔旭、潘淑兰、李海等老师也做了大量辛苦的工作。在此一致表示诚挚的谢意。

感谢我的同事、好朋友、首都师范大学物理化学专业娄新徽教授、有机化学专业王健春教授、分析化学专业叶能胜教授。他们不仅科研出色，而且是教书育人的模范。他们总是耐心地教导我们化学理论知识，给予了我们强大的专业支持。

感谢编辑老师的辛苦付出，在修改书稿的过程中，殚精竭虑、细致入微，令人非常感动。感谢出版社各级领导的厚爱，没有他们的鼎力相助，书稿难以付梓。

吴晗清

己亥二〇一九年秋 于京西花园桥